パーフェクトレッスンブック

テニス ダブルス 全戦略ガイド

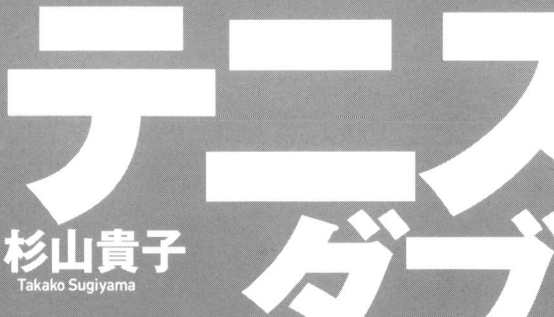

PERFECT LESSON BOOK

杉山貴子
Takako Sugiyama

実業之日本社

COURT No.1

CONTENTS

第1章 負けないダブルス

ダブルス用サーブのコツ①
なによりもまずコースを狙う ……………………………………… 12

ダブルス用サーブのコツ②
とっておきのサーブは 40-0 で！ ………………………………… 14

リターンで攻める①
クロスの速いリターンでチャンスをつかむ …………………… 16

リターンで攻める②
クロスに緩いリターンを打ち、ネットをとる ………………… 18

リターンで攻める③
アングルリターンは足元を狙う ………………………………… 20

リターンで攻める④
緩いアングルリターンでタイミングをはずす ………………… 22

ストレートボールを有効に①
早い段階で一発、ストレートパスを！ ………………………… 24

ストレートボールを有効に②
ストレートロブで相手の陣形を崩す …………………………… 26

サービスダッシュの攻略法
4 つのパターンを使い分けて… ………………………………… 28

リターン時の立ち位置
変化の多いサービスには一歩前で構える ……………………… 30

ボレーから攻める①
センターへのボレーで次につなげる …………………………… 32

ボレーから攻める②
ファーストボレーは深めに返す ………………………………… 34

ボレーから攻める③
ファーストボレーが返ってきたら次の一手は ……………… 36

ボレーから攻める④
ポーチを使って局面打開を ……………………………………… 38

ボレーから攻める⑤
ドロップボレーで一気にチャンスメイク！ ……………… 40

ボレーから攻める⑥
ボレー＆ボレーは攻め急がない ………………………………… 42

ボレーから攻める⑦
ハーフボレー＆ドライブボレーを有効に使う ………… 44

ペアとの連携①
パートナーがサーブしたら一歩前へ詰める ……………… 46

ペアとの連携②
パートナーがリターンしたら相手前衛の動きを見る ……… 48

ペアとの連携③
パートナーがボレーやポーチで攻めたときは… ……… 50

ペアとの連携④
パートナーがロブを上げたときはポーチの準備を ……… 52

ペアとの連携⑤
パートナーがアプローチショットを打ったら一緒に前に詰める … 54

ペアとの連携⑥
パートナーがスマッシュを打つときは邪魔しない ……… 56

相手のリズムを崩す
ひとりを集中攻撃してゲームの流れをつかむ ………… 58

ネットを先にとる！
「ポーン、スルスル」の感覚でネットへ！ ……………… 60

試合のリズムを早くする
ライジングショットで流れを変える ———— 62

試合を有利に進めるコツ
3 手先のショットを考えて 1 球目を打つ ———— 64

コラム 試合の動画を撮って、ミスの原因を探り出しましょう ———— 66

第2章 攻めて、守ってポイントを奪おう

ストレートへのショットに頼りすぎない
打つときは組み立ててスペースを空けてから ———— 68

センターセオリーからの展開①
相手の足元にボールを沈めてポーチへ ———— 70

センターセオリーからの展開②
センターへのボールを意識させてスキをつく ———— 72

センターセオリーからの展開③
相手の陣形を崩して空いたスペースを攻める ———— 74

ロブで攻める
対角線上の相手の頭上にトップスピンロブ ———— 76

サービスから攻める
ファーストサーブはセンターに確実に、が基本 ———— 78

攻めの流れを大切に
攻撃の勢いを止めないように臨機応変に動く ———— 80

チャンスボールを作って攻める①
ボレーの下手な人を狙う ———— 82

チャンスボールを作って攻める②
スライスのロブリターンから攻める ……………………… 84

チャンスボールを作って攻める③
スライスの浅いリターンから攻める ……………………… 86

確実なボレーを打つ
面を作って、ゆっくり運ぶように …………………………… 88

ダブルスのボレー術①
ハーフボレーはダブルスのマストアイテム！ …………… 90

ダブルスのボレー術②
アングルボレーに溺れない！ ………………………………… 91

リターンからの戦略①
相手を動揺させる見せ球リターン ………………………… 92

リターンからの戦略②
深い「中ロブリターン」からネットへ …………………… 94

リターンからの戦略③
ボレーのグリップでブロックリターン …………………… 95

ロブの処理
どちらに回り込んで打つか、即座に判断！ ……………… 96

ワイドに追い出されたときのリターン
ストレートへのスライスロブでしのぐ …………………… 98

リターンに自信が持てない場合
恥ずかしがらないで、ベースラインの並行陣で ………… 100

目の前に相手が来た！
いないところへ柔らかいタッチのドロップショット …… 102

リターナーのポジションの工夫
相手サーバーの心理を逆手にとる ………………………… 104

ミックスダブルスでの男女の役割分担①
センターのボールは男性に任せる ————————————— 106

ミックスダブルスでの男女の役割分担②
攻守のバランスをよ〜く考えよう ————————————— 108

コラム　試合だから勝ち負けは大切。でも楽しみましょう！ ————— 110

第3章　いろいろなシーン別攻略法

雁行陣からの攻撃
相手のテンポに合わせずに自分のペースをつくる ——————— 112

並行陣からの攻撃
ひとりを集中攻撃して活路を見い出す ————————————— 114

優勢なときは次の試合に向けて試してみよう
勝っているときこそペースを変えない ————————————— 116

劣勢からの逆転①
とにかく相手の弱点を見つけよう ————————————— 118

劣勢からの逆転②
負けているときこそパートナーと話し合う ————————— 120

ロブ合戦を制するには
ねばり強さと打つコースで攻めに転じる ——————————— 122

女子ダブルスでの攻め方のコツ
ひとりを集中的に攻める ——————————————————— 124

男子ダブルスでの攻め方のコツ
とにかく早くネットに詰める ————————————————— 126

ミックスダブルスでの攻め方のコツ
女性の頭上のボールをいかに制するかがポイント 128

対レフティ戦略
レフティに対してはセンターを狙え！ 130

タイブレイク攻略法
タイブレイクは得意な攻撃パターンを最初から出す 132

ノーアド攻略法
ノーアドはリターンが得意な人が担当する 134

コートのサーフェイス別対処法
コートの特質を味方につける 136

上手い人、下手な人と組んだときは…
上手な人はパートナーの力を引き出すように 138

コラム　用具との付き合い方 140

第4章　意表をついていこう

最上級のアングルショット
相手をあわてさせるアレーへのドロップショット 142

一発で決めるスマッシュ
スピードよりもコースを狙って 144

積極的にポーチに出よう！
ポーチのあとはすばやく状況判断を 146

フェイクをいれよう！
効果を発揮する体の動きとは？ 148

ミスを誘うテクニック①
深いラリーが続いたら、短いボールを ……… 150

ミスを誘うテクニック②
スピンとスライスを打ち分けてミスを誘う ……… 152

組み立てからの駆け引き
ゲームを組み立てる習慣をつけよう ……… 154

若いハードヒッターと試合をする場合
相手の力を利用して違う球種で返球する ……… 156

ベテランの「シコラー」と試合をする場合
ムキになって打ち合わない、無駄なショットを打たない ……… 158

コラム　シングルスをプレーすると、ダブルスがうまくなる ……… 160

第5章　勝てるダブルス練習法

サーブ／リターンの練習
同じ球種のボールを続けて打つ ……… 162

ボレー＆ストロークの練習
勝ち負けを取り入れた実戦的な練習が生きる ……… 164

ボレー＆ボレーの練習
とられにくいコースを体で覚える ……… 166

アングルボレーの練習
足と手をクロスさせてラケットを前に出す ……… 168

ロブの練習①
返す場所を決めて反復練習 ……… 170

ロブの練習②
走って、いろいろな球質のロブを打つ ……………………… 172

スマッシュの練習
相手の足元に送り込むスマッシュを覚えよう ……………… 174

ライジングショットの練習
ミニラリーで「タタン！」というリズムで打つ練習を ……… 176

フットワークとグランドスマッシュの練習
走って走って、拾いまくれ！ ……………………………… 178

コントロールをよくする練習
アレーだけを使って確実なラリーができるように ………… 180

サービスからのファーストボレー練習
スプリットステップで体勢を整える ……………………… 182

ロブリターンからの展開練習
リターンのコースに合わせた動きを覚えよう ……………… 184

サーブ＆ボレーの練習
ボレーを４つのコースに打ち分ける ……………………… 186

クロスコートでのストロークラリー練習
回り込んで打つ、走り込んで打つ ………………………… 188

半面でのゲーム形式練習
狭い範囲を効率よく守って攻撃する ……………………… 190

ポーチに出やすいボールを作る練習
相手のボールを浮かせるためのショットを身につける …… 192

ストロークのコントロール練習
どんな体勢でもクロスに返せるようにする ……………… 194

アプローチショットの練習
前へ詰めるコースと相手のクセを見極める 196

パッシングショットとボレーの練習
生きたボールをしっかりとパッシング 198

並行陣対並行陣の練習
ボールの位置にあわせて動く 200

ロブ対策の練習
すばやい判断と動きでロブをカットしよう 202

巻末コラム

確実なプレーと余裕のあるしぐさで相手を " 威圧 " する 204

セルフジャッジは相手に有利な判定が原則 205

試合に勝つための７つの力 206

あとがき 207

第1章

負けないダブルス

なによりも まずコースを狙う

　ダブルスのサーブは、とにかく狙ったコースに確実に入れることが大切です。サーブの威力でポイントをとるのではなく、**ファーストボレーをコントロールして優先権をとるため**のサーブと心がけましょう。それには、リターンの角度が広がらないように、デュースコートでの**ファーストサーブはフラット系の速めのボールをセンターに**入れていきましょう。サーブをワイドに入れると、前衛はサイドライン寄りに一歩寄らなくてはいけませんし、ストレートロブやアングル系のリターンが返ってくることも考えられます。アドコートからのサーブは相手のバックに入れると、それほど鋭いリターンは返ってきません。**セカンドサーブはスライスかスピンの変化のあるボールをワイドに**入れると有効です。

　いずれにしても相手がどんなリターンを返してくるタイプなのか、早い段階で情報を収集しておくことが大切です。試合前の練習ではいろいろなコースに、いろいろな球種を打って相手の特徴を見極めましょう。

ワンポイントアドバイス

- ●スピードや球質よりも、コースを確実に！
- ●デュースコートではファーストはセンターにセカンドは球質を変えて、コースを確実に！
- ●相手のリターンの特徴を早く見極めて！

FOR BEGINNERS　サーブは自分から始められる唯一のショット。フォームはどうであれ、とにかくまずは入れましょう。

サーブがワイドに入ると守備範囲が広くなる

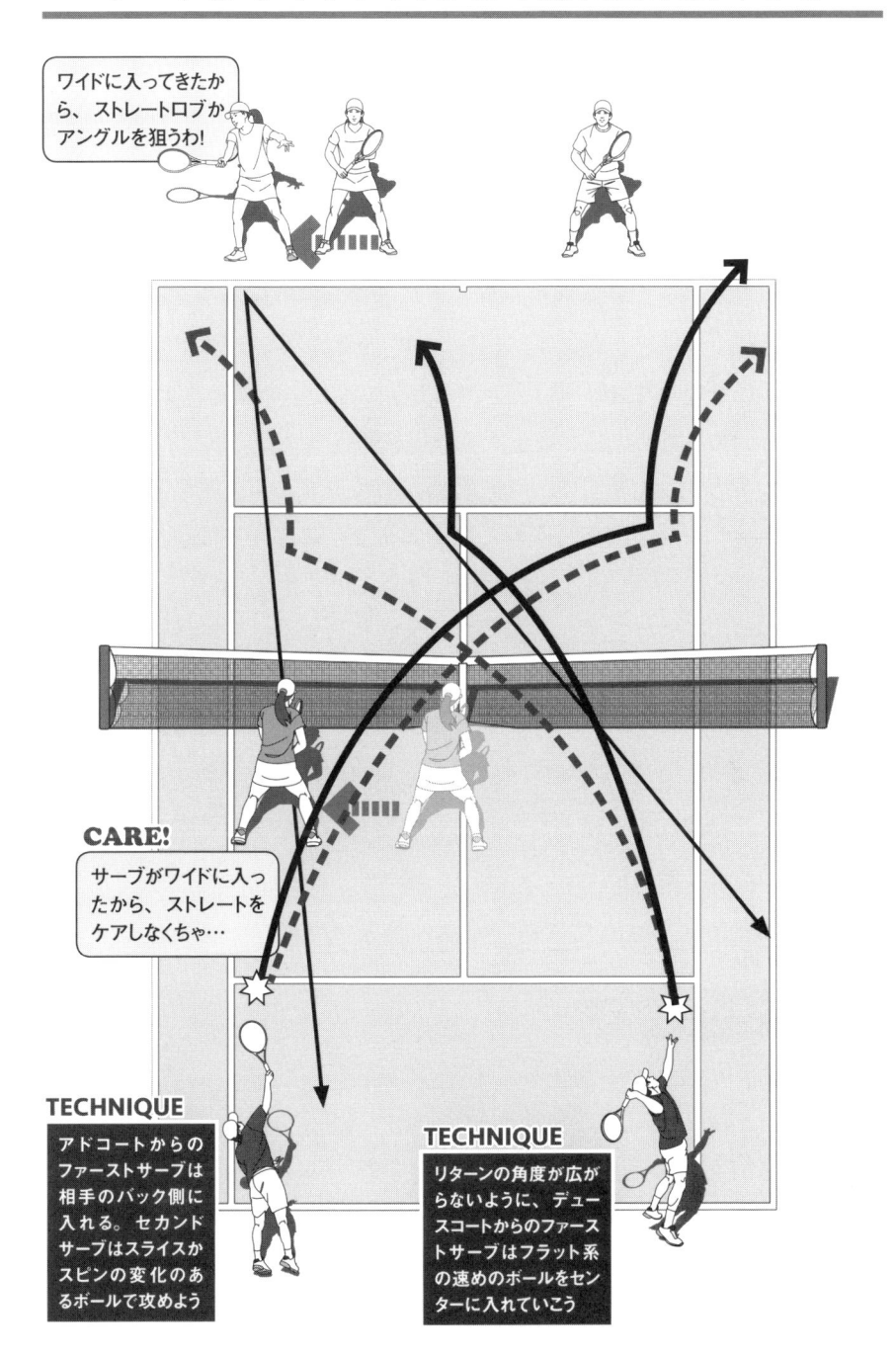

ワイドに入ってきたから、ストレートロブかアングルを狙うわ!

CARE!

サーブがワイドに入ったから、ストレートをケアしなくちゃ…

TECHNIQUE

アドコートからのファーストサーブは相手のバック側に入れる。セカンドサーブはスライスかスピンの変化のあるボールで攻めよう

TECHNIQUE

リターンの角度が広がらないように、デュースコートからのファーストサーブはフラット系の速めのボールをセンターに入れていこう

とっておきのサーブは 40-0 で！

ダブルスではシングルス以上に**ファーストサーブの確率を上げること**が大切です。とくにポーチでボレーがきれいに決まったときのような、クリーンエースをとったあとは絶対にファーストサーブを入れていきましょう！

相手は「決められた！」というイメージが強く残っているので、次のポーチを警戒して思い切ったリターンを打ちにくくなります。**緩くてもいいからファーストサーブを確実に入れる**と有効です。ここで失敗すると「セカンドサーブなら、なんとかしのげるかもしれない！」と思われてしまいます。

このほか 40-0 になるまで、同じコースでサーブを打ち続けていたら、ここで初めて違うコースに打ってみるのも効果的。「こんなサーブを持っていたの？」と思わせることができれば、次のゲームがラクになります。

これはサーブに限らず、すべてのゲームの組み立てに通じることですが、**得意なコースは最初から使わない**、**自分の持ち駒を最初からすべて見せない**ということも必要です。

ワンポイントアドバイス

- とにかくファーストの確率を上げましょう！
- クリーンエースのあとのサーブは特に大切！
- 自分の得意なサーブは最後に使いましょう！

FOR BEGINNERS いいサーブが入っても自分で驚いていないで、すぐに備えるようにしましょう。

得意のコースは、"ここぞ"というときに

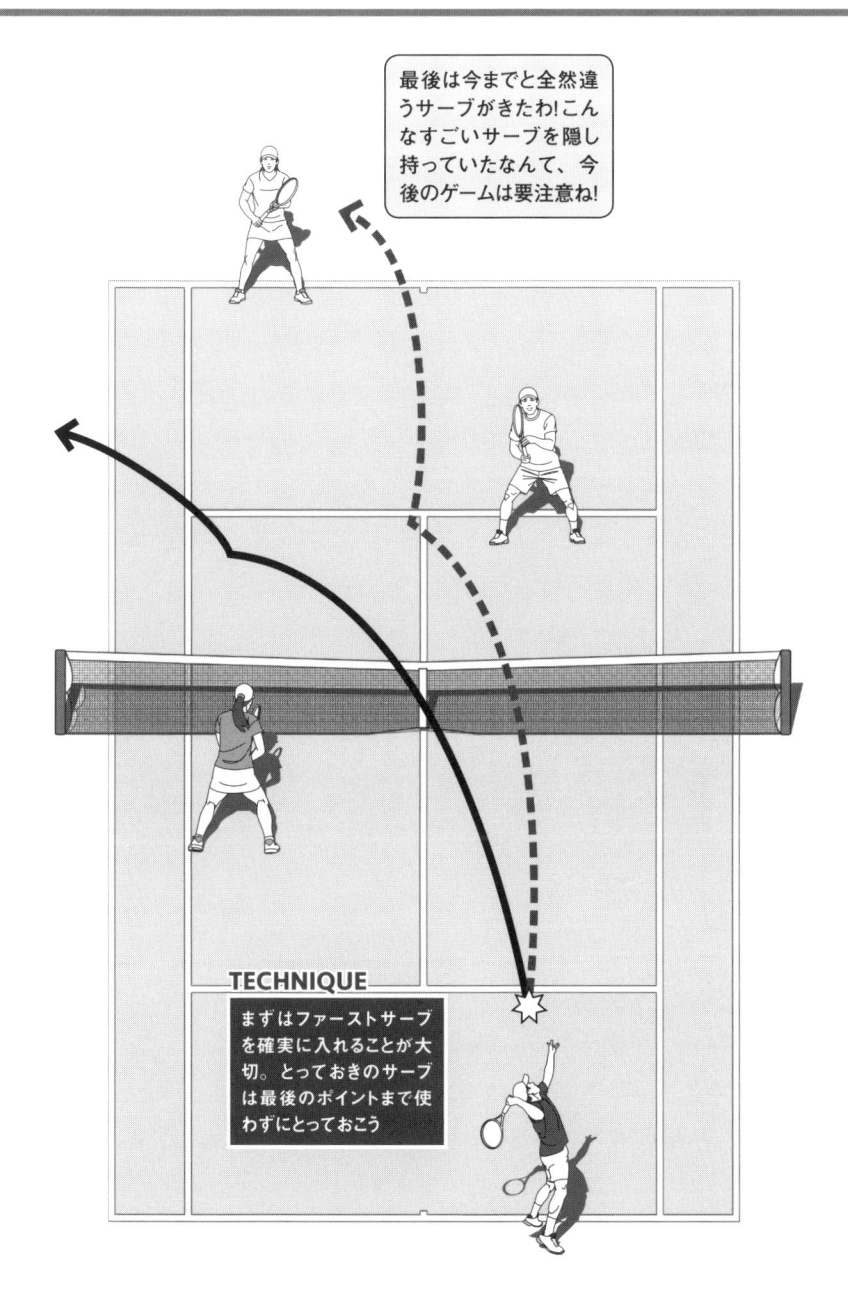

最後は今までと全然違うサーブがきたわ!こんなすごいサーブを隠し持っていたなんて、今後のゲームは要注意ね!

TECHNIQUE

まずはファーストサーブを確実に入れることが大切。とっておきのサーブは最後のポイントまで使わずにとっておこう

クロスの速いリターンでチャンスをつかむ

　クロスに速いリターンを返すと、リターンエースでポイントがとれる可能性が高くなるだけでなく、リターンを叩いて前に出てこようとする相手を**ベースライン付近に足止め**しておくことができます。さらに、速いリターンに驚いたサーバーからは、甘いチャンスボールが戻ってくることも考えられます。甘いボールが返ってきたら、前衛はそのボールを叩いてポイントを奪いにいきましょう。リターナーの前に甘いボールが戻ってきた場合は、**高い打点から叩き込むように**打っていきましょう。

　前衛の人はリターナーの速いボールが自分の前にいるプレーヤーにいったら、**もう一歩前に詰める**ことを忘れないでください。ネットに詰めれば詰めるだけ、相手ペアにプレッシャーを与えることができます。さらに、相手が返してくるコースも狭くなるので、ポーチに出るチャンスも生まれてきます。ただ、速いボールに対しての振り遅れでボールがストレートに飛んでくることがあるのも忘れずに。

ワンポイントアドバイス

- ●速いリターンでサーバーをベースラインにくぎ付け！
- ●返ってきたチャンスボールは見逃さずに！
- ●リターンが自分の前にいるプレーヤーに戻ったら前衛は一歩前に詰めましょう！

FOR BEGINNERS　前衛になったら、相手の前衛の動きとパートナーが打つボールのコースをよく見ておきましょう。

ステイしているサーバーを、押し込めよう

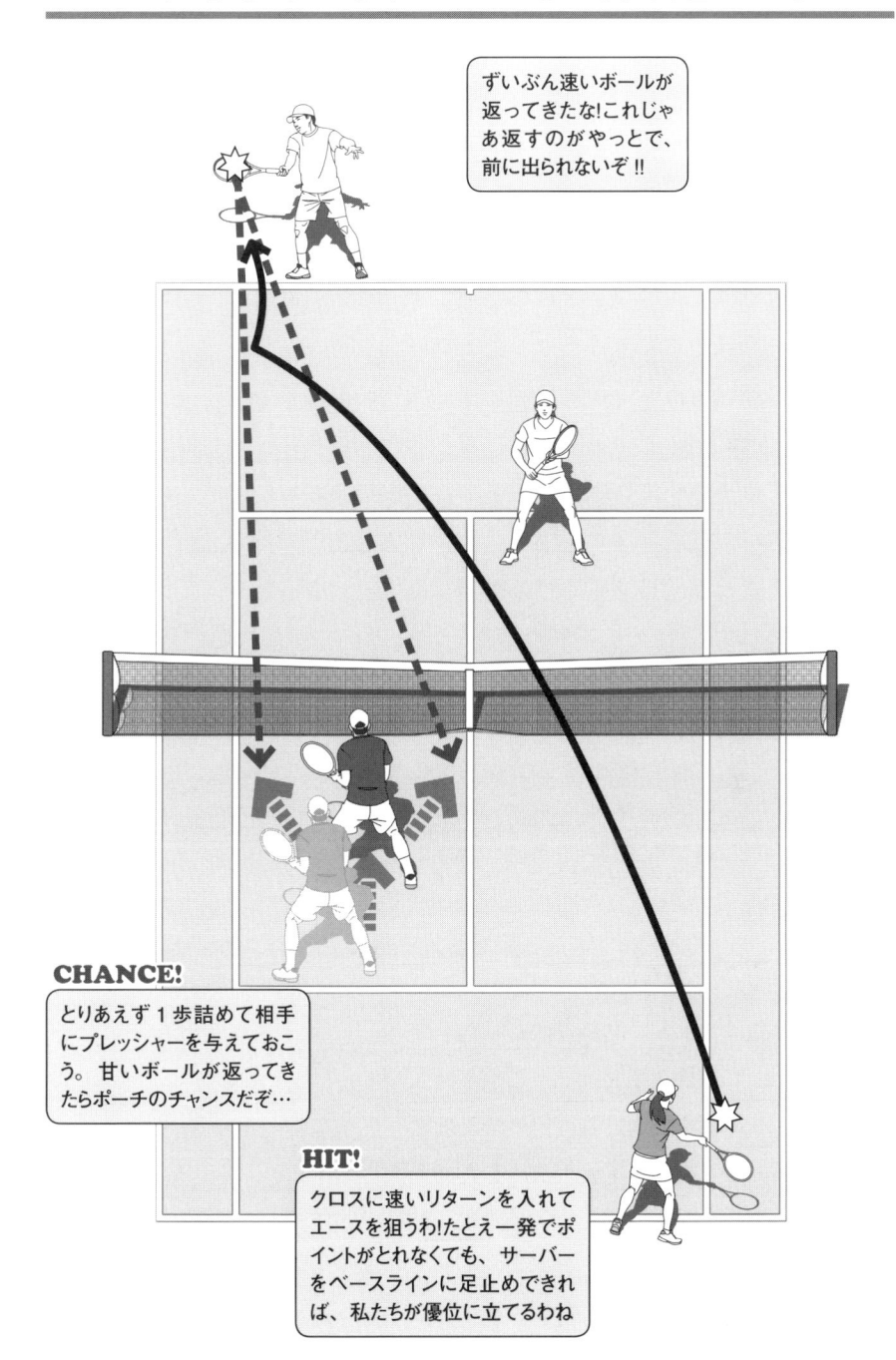

ずいぶん速いボールが返ってきたな！これじゃあ返すのがやっとで、前に出られないぞ‼

CHANCE!

とりあえず1歩詰めて相手にプレッシャーを与えておこう。甘いボールが返ってきたらポーチのチャンスだぞ…

HIT!

クロスに速いリターンを入れてエースを狙うわ！たとえ一発でポイントがとれなくても、サーバーをベースラインに足止めできれば、私たちが優位に立てるわね

リターンで攻める②

クロスに緩いリターンを打ち、ネットをとる

　ダブルスでは先にネットに詰めた側がボールを有利に支配できます。

　サーバーがステイしているようであれば、タイミングをはずした**クロスへの緩くて深いリターン**が効果的です。滞空時間が長いので、その間にスルスルっと前に詰めてネットをとりましょう。さらにこのリターンに対する返球は、普通のクロスボールかストレートロブが多いので、ふたりでロブをケアしながら前に詰めていくようにしましょう。

　サービスダッシュしてくる相手の場合には、リターンサイドは最初からネットに対して2対1の不利な状態といえるので、できるだけ早く**2対2のイーブン**に持っていくための策を練りましょう。リターンに自信がない人はサーバーの正面に思い切りリターンをして、そこから次を考えるという方法もあります。ある程度のウォッチボールでも、**正面にくると触ってしまいがち**です。上級者は**サーバーの足元**に沈めて、浮いたボールをポーチで決めたいですね。

ワンポイントアドバイス

- ●ダブルスはネットに詰めた側が有利！
- ●緩いボールの滞空時間はけっこう長い！
- ●リターンに自信がなければ相手の正面に！
- ●前にくる相手には、足元へ沈める意識を強く持って！

FOR BEGINNERS　ストロークが苦手だったら、面をしっかり作り当てて返すようにして前に詰めてボレーで攻撃しましょう。

正面に打てばアウトボールでも触ってくれるかも

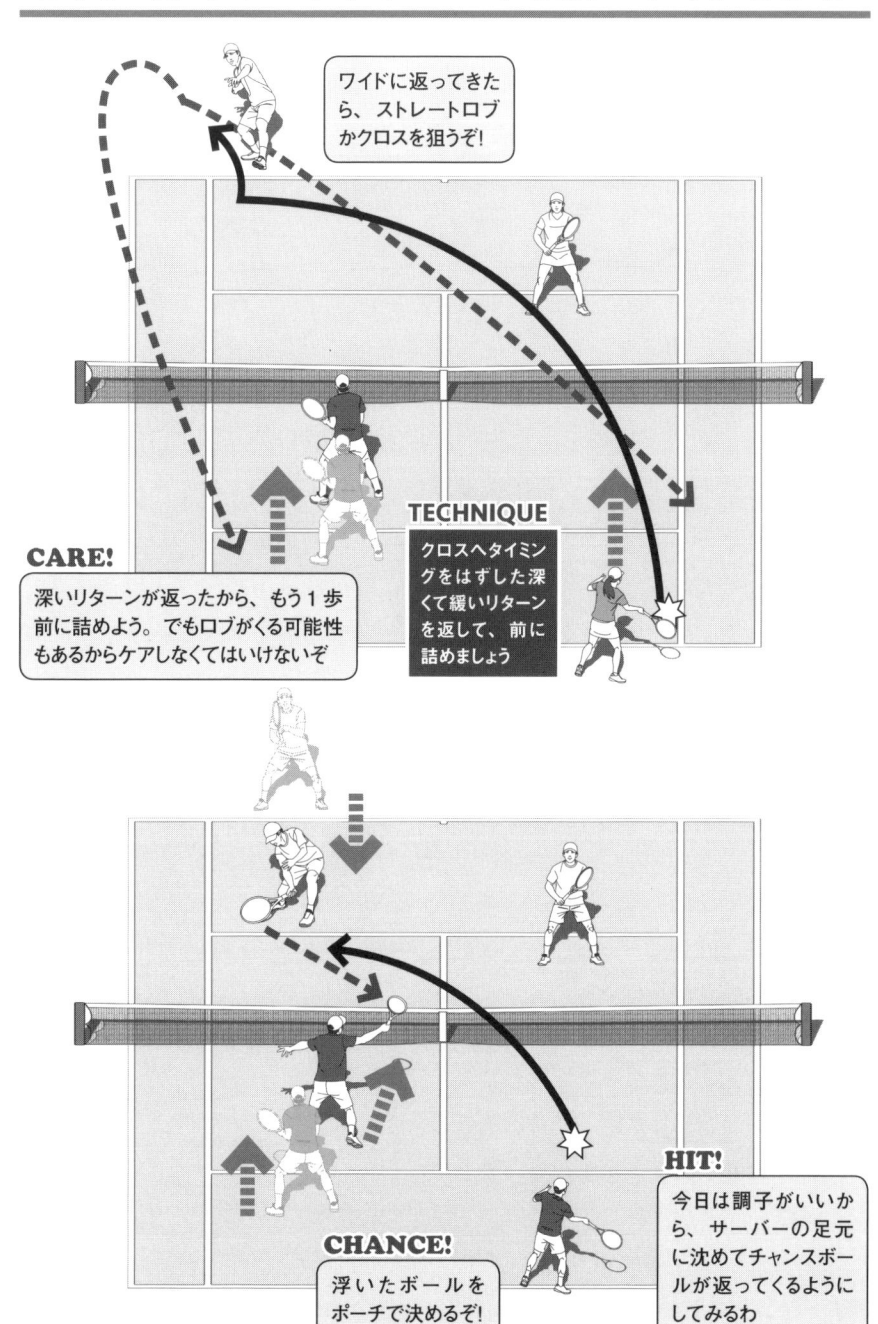

ワイドに返ってきたら、ストレートロブかクロスを狙うぞ!

TECHNIQUE

クロスへタイミングをはずした深くて緩いリターンを返して、前に詰めましょう

CARE!

深いリターンが返ったから、もう1歩前に詰めよう。でもロブがくる可能性もあるからケアしなくてはいけないぞ

CHANCE!

浮いたボールをポーチで決めるぞ!

HIT!

今日は調子がいいから、サーバーの足元に沈めてチャンスボールが返ってくるようにしてみるわ

19

アングルリターンは足元を狙う

　アングルのリターンとは、たとえばスピンサーブで入ってきたボールをブロックして、角度をつけてアレーに落としていくようなボールのことです。これはリターンが苦手な人でも、**ボレーのグリップでラケットを高い位置**にセットして、上から下に送り出すような感じで運ぶようにすれば、比較的簡単に打てます。サービスダッシュしてくる相手の足元に落ちるので、とても返球しにくいボールになります。このアングルのリターンを打てるとかなり幅の広がるゲームができるようになるので、がんばってみてください。これは特に**ミックスの男性のサーブに対して効果的**です。

　リターンがアングルに返って相手を完全にコート外に追い出した場合は、浅いチャンスボールか、緩くて深いストレートロブ、クロスの深いロブの返球が考えられるので、リターンがアングルに入ったら、**前衛は一歩外に寄って、ストレートをケア**するのも忘れないようにしましょう。

ワンポイントアドバイス

- ●ボレーを打つような感覚で打つ！
- ●ミックスの男性サーブに対して特に効果的！
- ●チャンスボールが戻ってくる確率はとても高い！
- ●ストレートのケアを忘れないで！

FOR BEGINNERS　ネットに詰めてきたサーバーの足元にボールがいくように心がけてみましょう。アングルはその応用です。

スピンサーブを高い打点でブロックして！

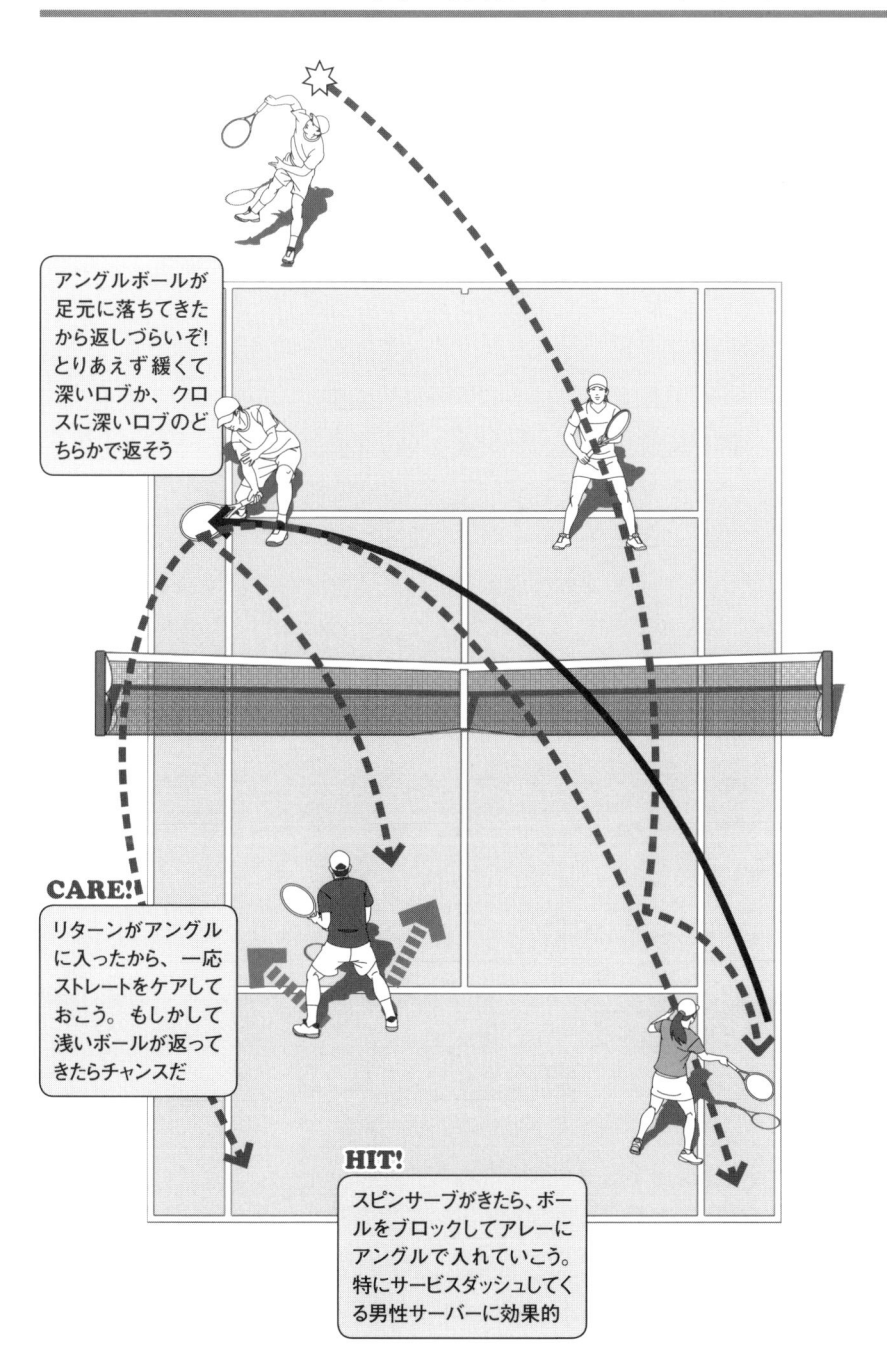

アングルボールが足元に落ちてきたから返しづらいぞ！とりあえず緩くて深いロブか、クロスに深いロブのどちらかで返そう

CARE!!

リターンがアングルに入ったから、一応ストレートをケアしておこう。もしかして浅いボールが返ってきたらチャンスだ

HIT!

スピンサーブがきたら、ボールをブロックしてアレーにアングルで入れていこう。特にサービスダッシュしてくる男性サーバーに効果的

緩いアングルリターンでタイミングをはずす

　打つ前にちょっとタイミングをずらしてフワッとしたボールで間をはずし、**ドロップショットに近い**ような、ネットを越えて落ちるリターンのことです。じつはこれがとても効果的なボールなんです。サーバーは今までと同じタイミングの早いリターンが返ってくると思っていたのに、あまりの遅さにタイミングをはずされてとっさに動けなくなります。

　とくに前に詰めてきたサーバーの足元に落ちるようなボールが効果的です。緩く角度のついたボールは**コートの外に逃げていく**ので、返球しにくいのです。

　アングルのリターンが返ったときのパートナーは、アングルに入ったボールの方向へやや寄って**ストレートへの返球をケア**しましょう。またアングルボールは、**アングルに返ってくることが多い**ことを覚えておきましょう。自分で処理できる範囲にボールが戻ってきたら、センターなど相手コートの空いているスペースに決めていきましょう。さらに、その次にくると予想される**中ロブやストレートロブのケア**も忘れずに。

ワンポイントアドバイス

- ●ボールの遅さでタイミングをはずす！
- ●アングルにはアングルで返ってくることが多い
- ●中ロブやストレートロブのケアも忘れずに！

FOR BEGINNERS　コートの広いところだけでなく、狭い場所にもボールを送る意識も持っておくようにしましょう。

タイミングをずらして姿勢を崩させる

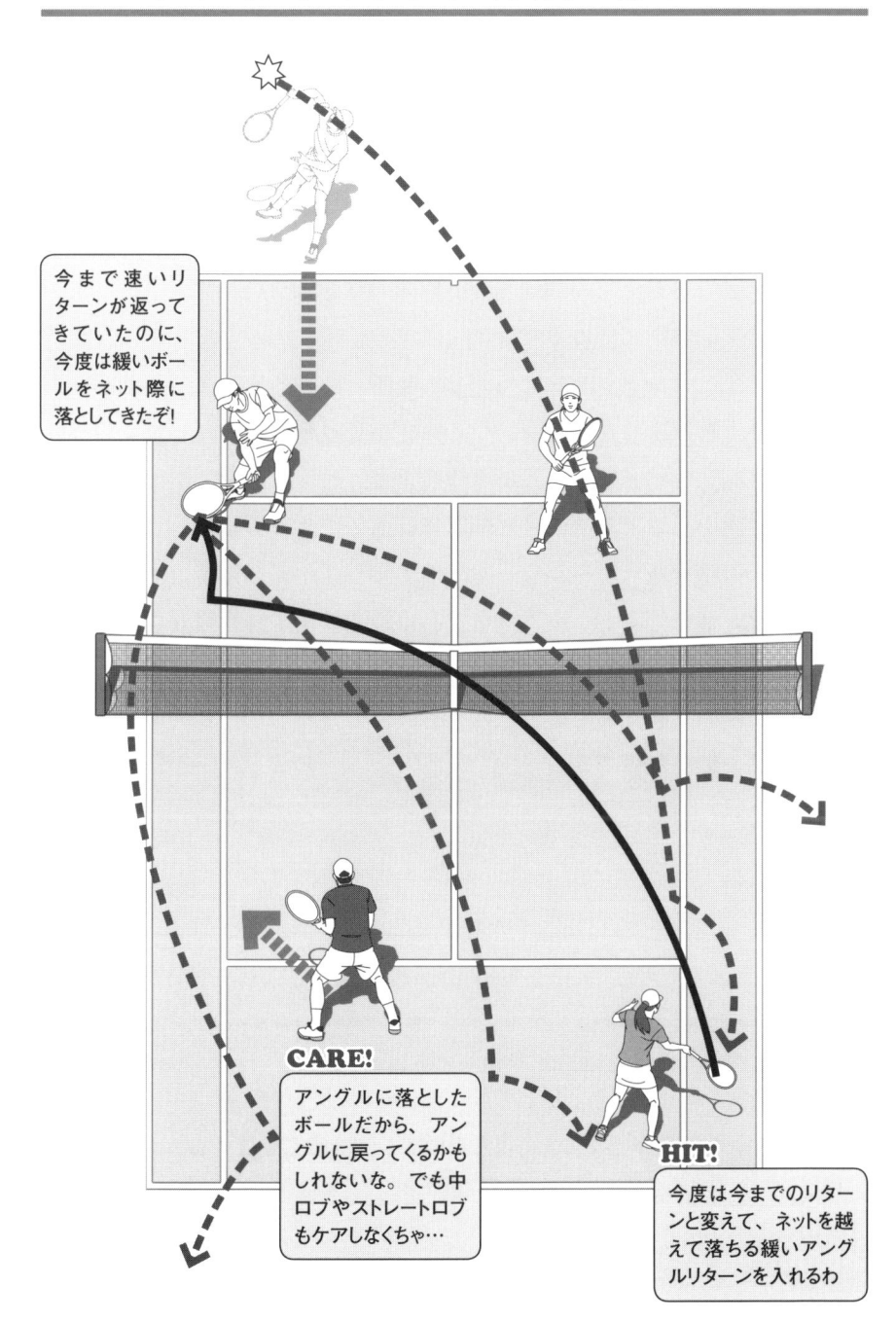

今まで速いリターンが返ってきていたのに、今度は緩いボールをネット際に落としてきたぞ!

CARE!

アングルに落としたボールだから、アングルに戻ってくるかもしれないな。でも中ロブやストレートロブもケアしなくちゃ…

HIT!

今度は今までのリターンと変えて、ネットを越えて落ちる緩いアングルリターンを入れるわ

早い段階で一発、ストレートパスを！

　ストレートのリターンのなかでも、前衛の横を抜くパッシングショットは、**試合の早い段階に打っておく**と、たとえそのボールがアウトになっても相手に心理的プレッシャーを与えられます。もちろん、スピードボールを打つ必要はありません。とはいっても、あまり緩くてはとられてしまうので、適度なスピードで打っておきましょう。とくに緩くて短いサーブに対しては、高い打点で速めのスピードで打っていきましょう。

　この前衛の横を抜くボールを一本打っておくことで、相手はポーチに出づらくなり、さらにストレートをケアしようと**サイドに寄りがち**になります。これで、**徐々にセンターが空いてくる**はずです。つまり相手ペアのひとりの守備範囲を狭くさせることができ、自分たちのボールを返すコースが広くなるというわけです。

ワンポイントアドバイス

● エースをとろうと思わないこと！　さわらせるだけで OK

● センターの守備が徐々に手薄になるので、次はそこも狙える！

FOR BEGINNERS　まだボールコントロールが定まらないうちは、むやみにストレートに打つのは避けましょう。

早めのストレートアタックで空きスペースをつくる

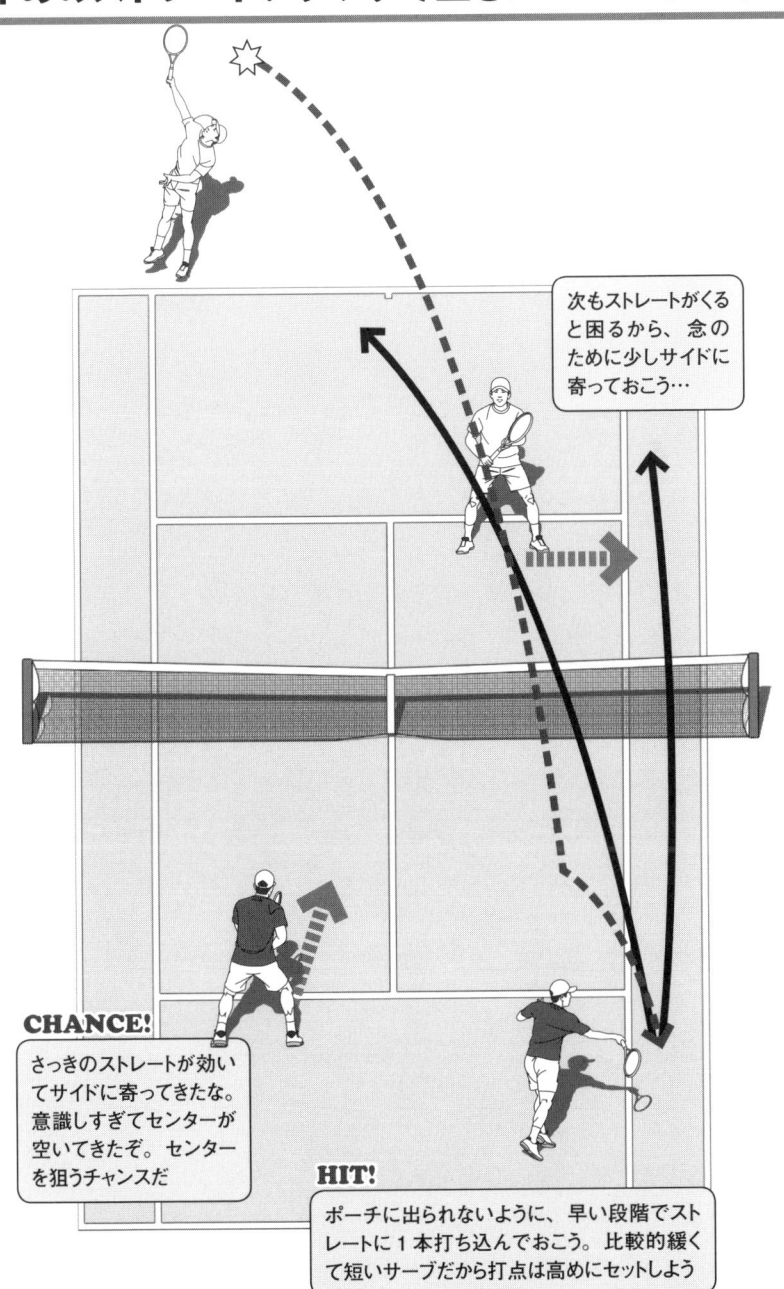

次もストレートがくると困るから、念のために少しサイドに寄っておこう…

CHANCE!
さっきのストレートが効いてサイドに寄ってきたな。意識しすぎてセンターが空いてきたぞ。センターを狙うチャンスだ

HIT!
ポーチに出られないように、早い段階でストレートに1本打ち込んでおこう。比較的緩くて短いサーブだから打点は高めにセットしよう

ストレートロブで相手の陣形を崩す

　ミックスダブルスや男子ダブルスなど比較的テンポの早い試合で、ポーチに出てくる相手に対して有効なのが、このストレートロブです。相手の動きをよく見てポーチに出てくるのを見極めてから、そのあとで**ふわっとした感じのボール**でストレートを抜くのがコツです。これは自分がボールを打つまでに、**どれだけしっかりとためる**ことができるかで勝負が決まります。

　ストレートロブは相手の陣形を崩すための作戦なので、ストレートにロブリターンをしたときは、リターナーはスルッと前に出て並行陣をとり、さらに**パートナーよりも前に出て**、返ってきたチャンスボールをポーチで決めるのが最高のパターン。このときのパートナーは、逆にクロスにロブがくるのをケアしてステイしていることが大切です。クロスのロブをふせぐためにも、ストレートロブを打った人が前に詰めて、クロスの位置にいるパートナーには、**やや下がり気味の位置**にいてもらいましょう。

ワンポイントアドバイス

- ●相手の動きをよく見てから打つ！
- ●ストレートロブは緩いボールで十分！
- ●ロブをあげた人は前に詰めましょう！
- ●パートナーはクロスのロブをケア！

FOR BEGINNERS ロブは逃げるためだけのものではありません。深く安定して打てるように練習しておきましょう。

陣形を崩してから攻めの展開へ！

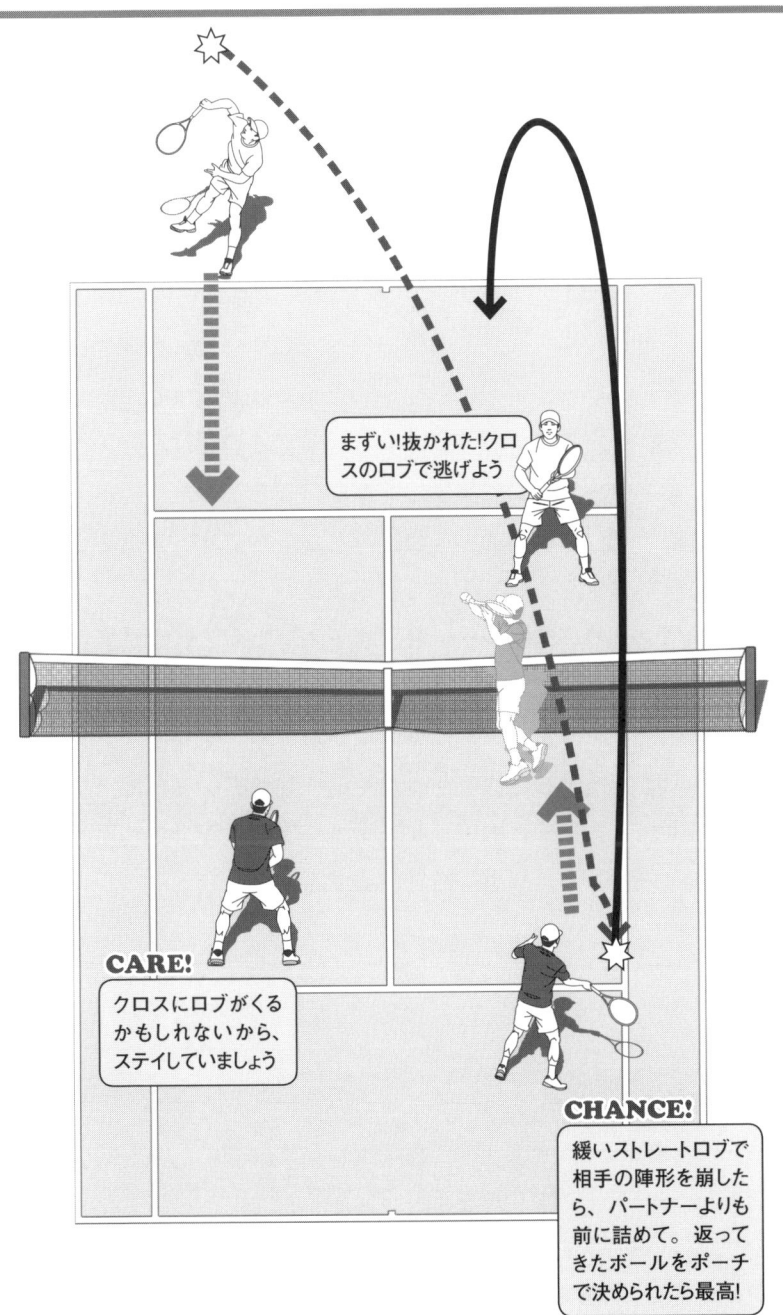

まずい！抜かれた！クロスのロブで逃げよう

CARE!

クロスにロブがくるかもしれないから、ステイしていましょう

CHANCE!

緩いストレートロブで相手の陣形を崩したら、パートナーよりも前に詰めて。返ってきたボールをポーチで決められたら最高！

４つのパターンを使い分けて…

　サービスダッシュしてくる相手へのリターンは４通りの方法が考えられます。まずひとつは、緩くてもいいので、相手の**足元へ沈めるボール**です。この場合は、ローボレーになり浮いたボールが返ってくる可能性が高いのでパートナーがポーチしやすくなります。２つ目は**深いストレートロブ**です。このボールを打つと相手の前衛がロブを追ったり、ポジションをチェンジするので、相手の陣形を崩すことができます。また繰り返し打てば、サーバーがダッシュしてこなくなります。

　３つ目は**バックのハイボレーになるボール**です。これは滅多なことでは強打されません。とくに女性にはバックのハイボレーが苦手な人が多いので、ミックスや女子ダブルスでは有効な配球です。４つ目は**アングルに沈めるボール**です。ただしここでせっかく前へ沈めているのに、パートナーが前に詰め遅れると相手がボールを返すコースが広がりこちらの守備範囲が広がってしまうので、早めに前に詰めてもらいましょう。

ワンポイントアドバイス

- ●サーバーの足元へ決めるボールを打つ！
- ●深いストレートロブで陣形を崩す！
- ●バックのハイボレーを打たせる！
- ●アングルに沈めるボールも効果的！

単調なリターンでは、相手も安心して攻めてくる

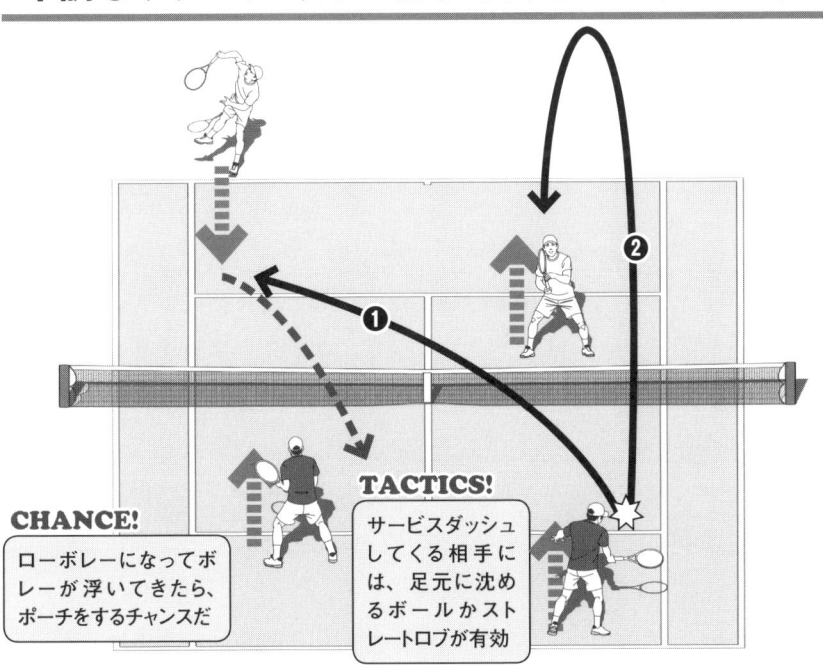

CHANCE!

ローボレーになってボレーが浮いてきたら、ポーチをするチャンスだ

TACTICS!

サービスダッシュしてくる相手には、足元に沈めるボールかストレートロブが有効

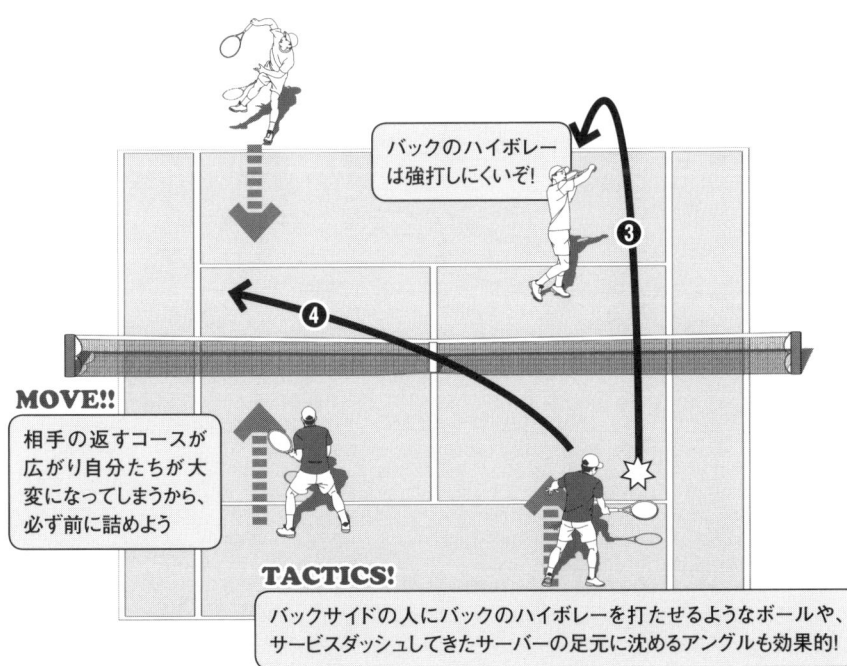

バックのハイボレーは強打しにくいぞ!

MOVE!!

相手の返すコースが広がり自分たちが大変になってしまうから、必ず前に詰めよう

TACTICS!

バックサイドの人にバックのハイボレーを打たせるようなボールや、サービスダッシュしてきたサーバーの足元に沈めるアングルも効果的!

変化の多いサービスには一歩前で構える

体はネットではなく**ボールに対して**常に**正面**を向くことが大切です。スライスサーブのリターンはシングルスラインをまたいで構えるくらいでもOKです。また、打たれたくないコースをわざと狭めるのもいいでしょう。

女子ダブルスのように直線的なサーブに対してなら後方で待っていてもいいのですが、ミックスダブルスで変化の多い**男性サーブに対しては、いつもより一歩前**に構えたほうが返しやすいでしょう。バウンドした後、大きく変化する前に打つことができるからです。

サーブに対して構える姿勢ですが、最初から**背筋を伸ばしてゆったりと構える**ことをおすすめします。これだと、ボールを打つまでに「前傾姿勢から起き上がる」という動作を省け、視界が広がるメリットもあります。さらに上体が起きているので、前傾で構えているときよりも腕を自由に動かすことができます。あとは膝をやわらかくし、腰のターンでいろいろなショットに対応できると、リターンがとてもラクになります。

ワンポイントアドバイス

● サーブのボールに対して正面を向く！

● 打たれたくないコースを狭める！

● 変化してくるサーブは一歩前でとらえる！

● 背筋を伸ばしてゆったりと構えましょう！

FOR BEGINNERS リターンを打ったら、自分のボールに酔わないでレディポジションにすぐ戻る癖をつけておきましょう。

大きく変化する前にヒット！

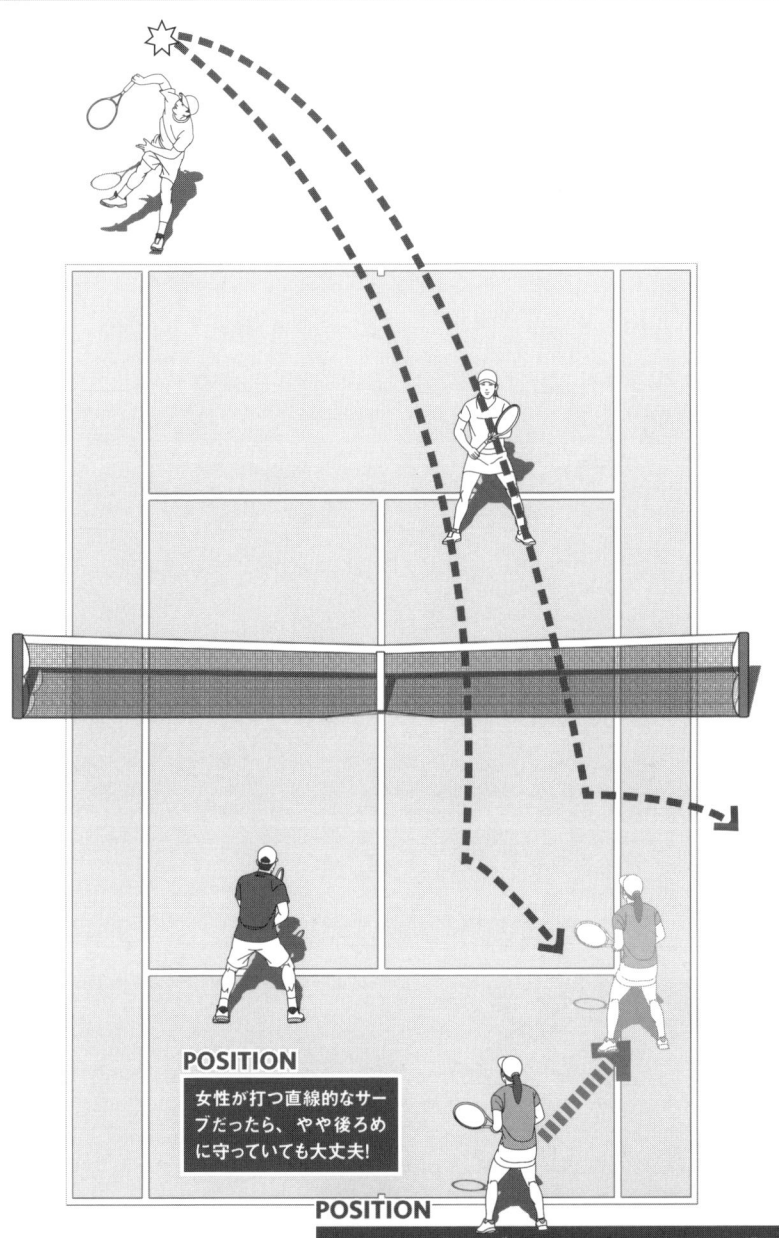

POSITION

女性が打つ直線的なサーブだったら、やや後ろめに守っていても大丈夫!

POSITION

変化の多い男性サーブだったら、いつもより一歩前で構えていましょう。とくに外に逃げていくスライスサーブだったら、シングルスラインをまたいで待っているくらいでないと返せません

ボレーから攻める①

センターへのボレーで次につなげる

　センターへのボレーは一回で抜こうとするものではなく、**その次のボールで決めるための手段**と考えましょう。とくに相手が並行陣になっているときは、ふたりがとりにいきたくなるようなところにボールを配球するのが効果的です。ふたりでボールをとりにいって、お互いのラケットがぶつかってしまった場合は、そのことばかりに意識がいってしまいがちです。とくに女子ダブルスの場合には、ラケットがぶつかったことで、お互いが遠慮してしまい、次のボールに手が出ないというケースも見受けられるので、もう一回センターにボールを運ぶのも有効です。

　自分たちが走らされて体勢が崩れたり、ポジションチェンジせざるを得なくなったら、**とりあえずセンター**に返すように心がけましょう。無理な体勢から角度のあるボールを打ってもミスの可能性は高くなり、センターから打たせたほうが、返ってくるボールの角度があまり広がらず、その分、自分たちの守備範囲を狭くすることができるからです。

ワンポイントアドバイス

● センターへのボレーは次のボールへの布石！

● 相手ペアのふたりが手を出しそうなところへ！

● 体勢が崩れたらとりあえずセンターへ返しましょう！

FOR BEGINNERS ボレーは人に返すのではなく、空いているスペースを狙って打つという意識を強く持ちましょう。

ふたりのラケットがぶつかったら、もう一度そこへ！

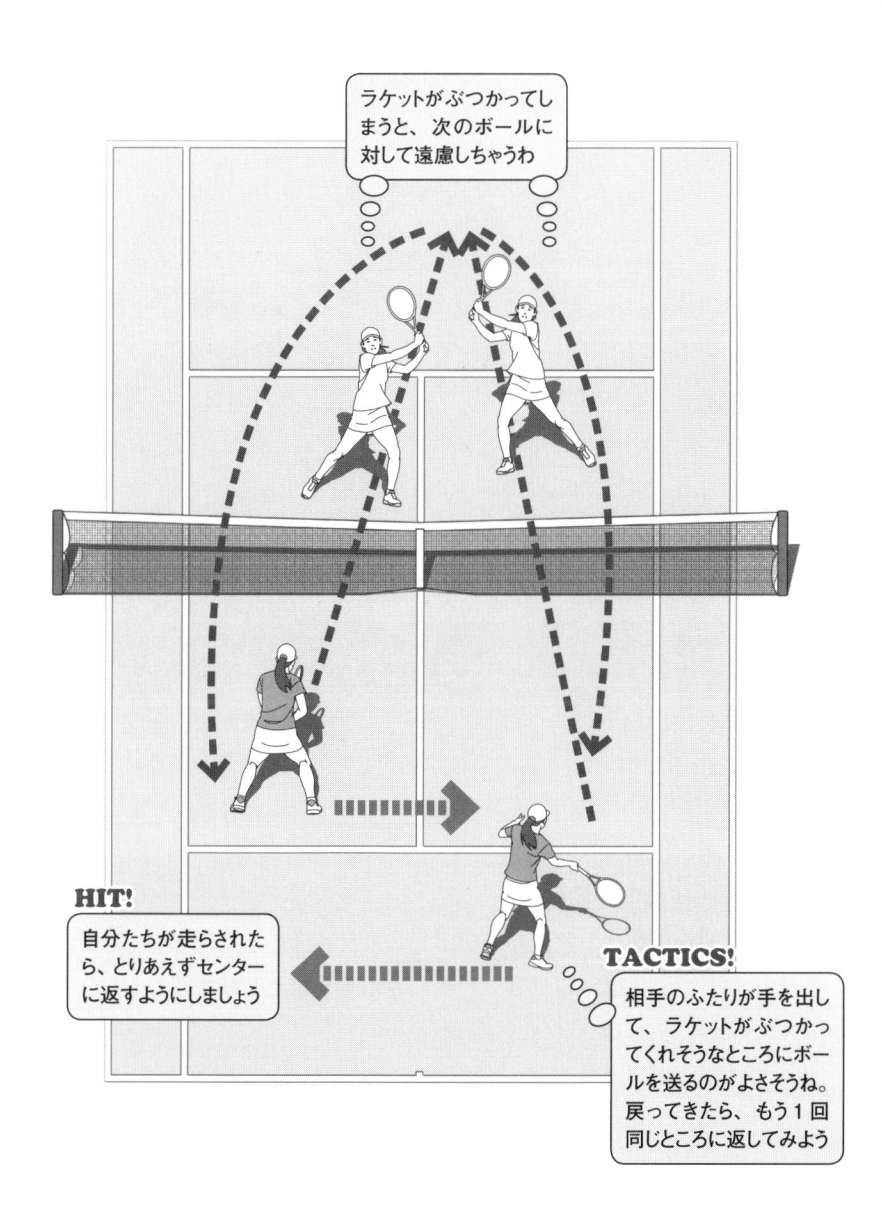

ラケットがぶつかってしまうと、次のボールに対して遠慮しちゃうわ

HIT!
自分たちが走らされたら、とりあえずセンターに返すようにしましょう

TACTICS!
相手のふたりが手を出して、ラケットがぶつかってくれそうなところにボールを送るのがよさそうね。戻ってきたら、もう1回同じところに返してみよう

ファーストボレーは
深めに返す

　ファーストボレーはサービスラインの中に一歩でも入って、なるべく深く返すようにしましょう。もしサービスラインの後ろでファーストボレーをさせられた場合は、無理にローボレーをせず、**ハーフバウンドで処理**するようにしましょう。ハーフボレーは**ラケット面の調節だけ**でボールのコースや長さをコントロールできます。クロスへの深い返球、アングル、タイミングをはずしてストレート、など、バリエーションのある展開にもつなげられます。なかなか前に詰められない人も、このショットをマスターすれば自信を持ってネットに近づくことができます。

　また速いサーブを打てる人ほど、ファーストボレーが苦手なことが多いようです。サービスダッシュをしてファーストボレーをしたいのならば、速いフラットサーブではなく、**回転系のサーブを打って**前に詰めていく時間を作りましょう。もちろんロブもケアしなくてはいけませんから、ネットではなくボールに正対して入っていくことを忘れないでください。

ワンポイントアドバイス

- 前に詰められなかったらハーフボレーで！
- 速いサーブの人は、ファーストボレーが苦手なことが多い！
- 深い回転系のサーブは前に詰めやすい！

FOR BEGINNERS　体が前に突っ込まないように！まずはしっかり止まってから打つようにしましょう。

出遅れたら無理せずハーフボレーで

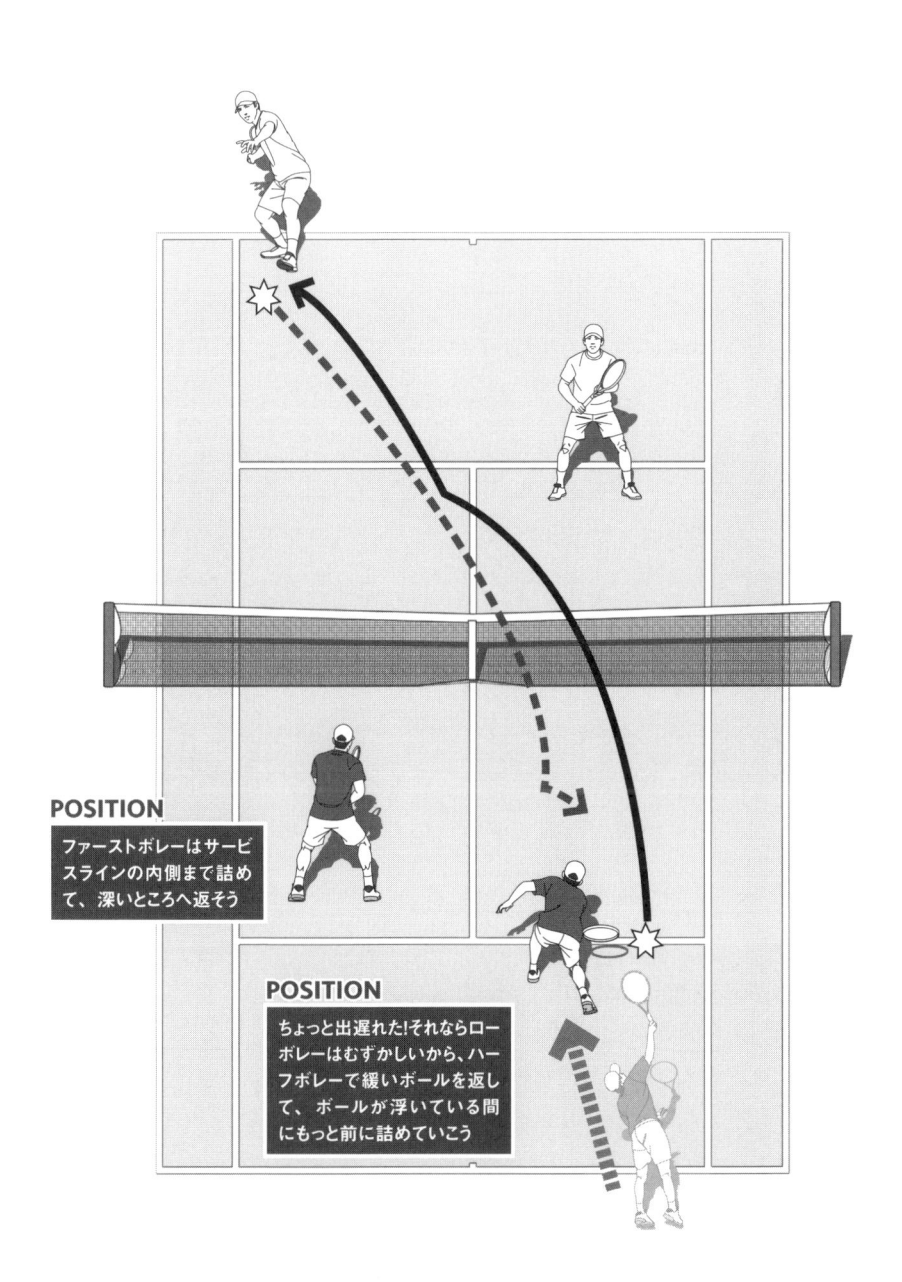

POSITION

ファーストボレーはサービスラインの内側まで詰めて、深いところへ返そう

POSITION

ちょっと出遅れた！それならローボレーはむずかしいから、ハーフボレーで緩いボールを返して、ボールが浮いている間にもっと前に詰めていこう

ファーストボレーが返ってきたら次の一手は

　自分の打ったファーストボレーが戻ってきたら、次のボールはセンターを狙って返すようにしましょう。その場合、レベルの違うふたりが組んでいる相手に対しては、**弱い人の脇にボールを配球**していくのが効果的です。そのボールを2〜3本続けてから、逆のコースに落としていくとポイントがとりやすくなります。

　同じレベルのふたりが組んでいるペアと戦う場合は、同じ球種を2球続けるとポーチに出られて相手にポイントをとられてしまいます。その場合は、同じプレーヤーに返球するにしても、**コースを少し変えて相手を動かす**ようにしましょう。ボールの速度にも変化をつけることが大切です。

　たとえば、1球目にフラット系の速いボールを打ったら、次は速さを変えて沈むボールをセンターに送ります。すると相手はセンターに寄るので、もう一度同じサイドの人のアレー側にボールを送ることができます。**3球続ければ確実に相手の陣形は崩れます**。相手がやや前に出てきたら、ストレートロブで抜くのもひとつの手です。

ワンポイントアドバイス

- より弱い人の脇にボールを運ぶ！
- 同レベルの場合はボールに変化をつける！
- ときにはストレートロブも考えて！

FOR BEGINNERS　まずはセンターを狙って返しましょう。

後ろにいる人はゲームを作る意識を持って！

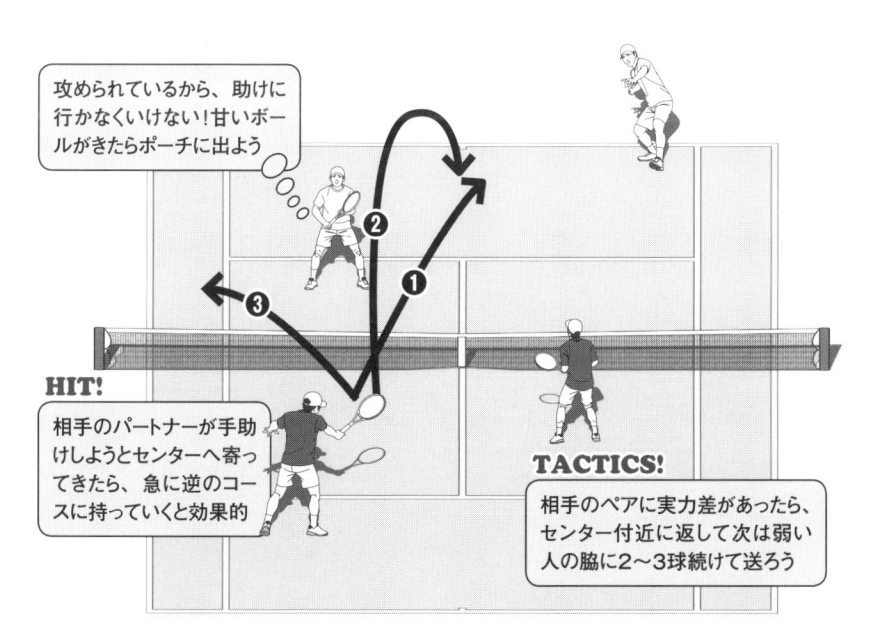

攻められているから、助けに行かなくいけない！甘いボールがきたらポーチに出よう

HIT!
相手のパートナーが手助けしようとセンターへ寄ってきたら、急に逆のコースに持っていくと効果的

TACTICS!
相手のペアに実力差があったら、センター付近に返して次は弱い人の脇に2〜3球続けて送ろう

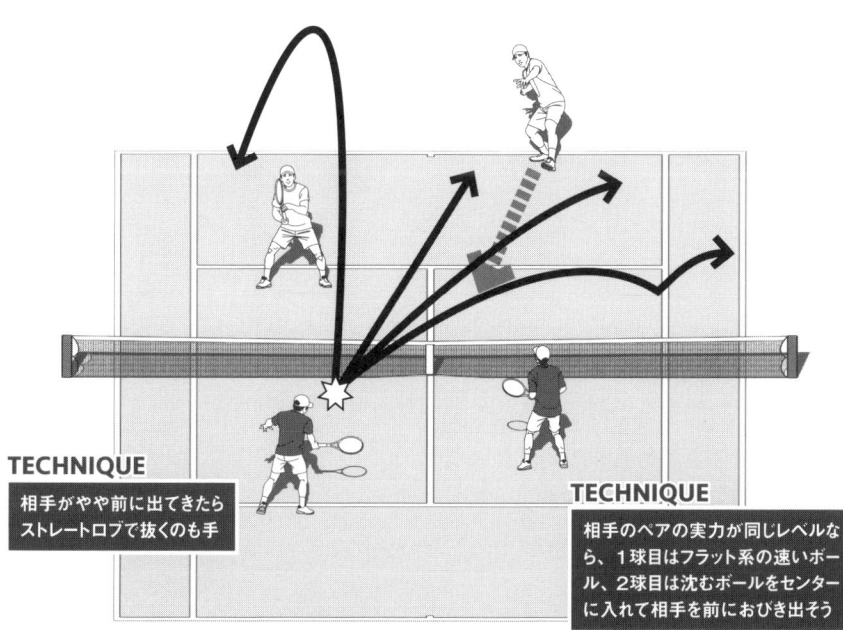

TECHNIQUE
相手がやや前に出てきたらストレートロブで抜くのも手

TECHNIQUE
相手のペアの実力が同じレベルなら、1球目はフラット系の速いボール、2球目は沈むボールをセンターに入れて相手を前におびき出そう

ポーチを使って局面打開を

　パートナーへ飛んできたボールを途中で叩いて決めるポーチは、ポイントをとれる最も有効なショットです。ただし動くタイミングや動き方を失敗すると、一気に不利な形になるので注意も必要です。

　ポーチに出るタイミングとしては、相手が**リターン**をしたとき、相手の**陣形が崩れた**とき、頭を越える高さの**ロブを相手が無理に返してきた**とき、**同じテンポのラリー**が続いたとき、などです。ほかにもパートナーが**低く沈んだリターン**を返したときは、威力のないファーストボレーが浮いて返ってくる可能性が高いのでチャンスです。打つコースとしては**相手の前衛の足元**が効果的です。

　ボールをとりに大きく動いたプレーヤーの脇（体重がかかった方向とは逆側）に打つのもいいでしょう。飛んできたボールの**コースを大きく変える必要がないので、ミスが少ない**という利点があります。ここだ！というときには、思い切ってポーチに出てみましょう。

ワンポイントアドバイス

- ●ポーチに出たら絶対に決めるという気持ちで！
- ●相手の前衛の足元を狙いましょう！
- ●相手が外に追い出されたときもチャンス！

FOR BEGINNERS 真横に出るのではなくて、まず一歩前にステップを入れ詰めてから動くようにしましょう！

ポーチにはいつでも出られるように

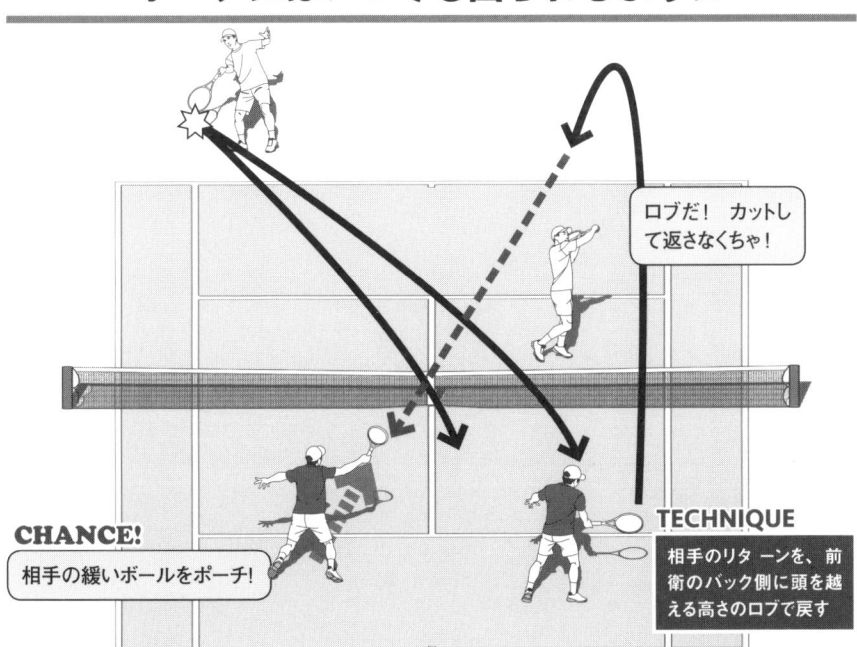

ロブだ！ カットして返さなくちゃ！

CHANCE!

相手の緩いボールをポーチ！

TECHNIQUE

相手のリターンを、前衛のバック側に頭を越える高さのロブで戻す

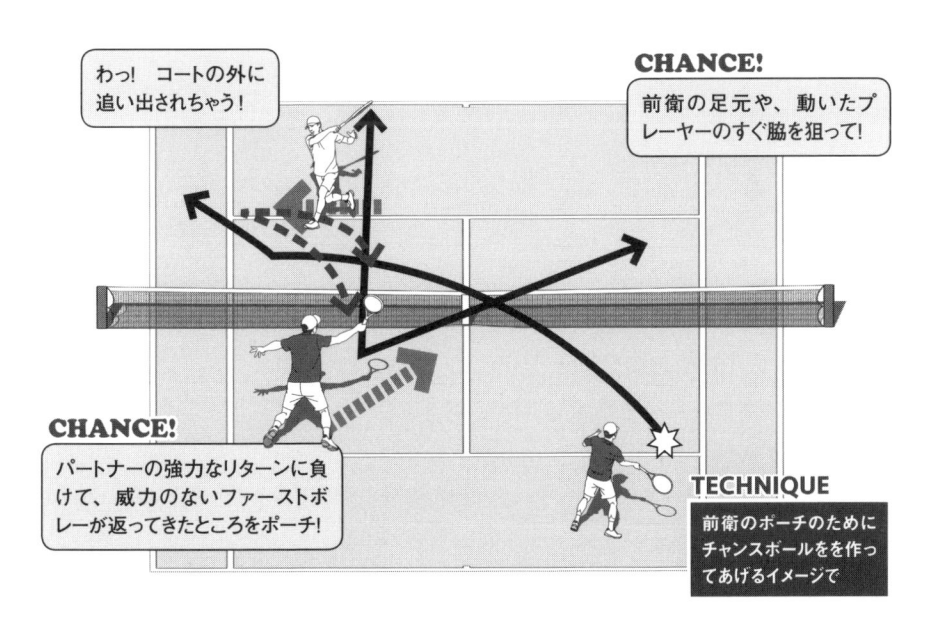

わっ！ コートの外に追い出されちゃう！

CHANCE!

前衛の足元や、動いたプレーヤーのすぐ脇を狙って！

CHANCE!

パートナーの強力なリターンに負けて、威力のないファーストボレーが返ってきたところをポーチ！

TECHNIQUE

前衛のポーチのためにチャンスボールをを作ってあげるイメージで

ドロップボレーで一気にチャンスメイク！

　ドロップボレーを上手に使いこなせるようになると、試合運びがとても有利になります。とくにミックスダブルスの場合は、ベースラインにいる**女性の前のスペースにボールをポトンと落とす**ことができると、あわててミスをしてくれるケースも出てきます。

　女子ダブルスでも、相手のペアが**ふたりとも後ろ気味に立っているとき**などにも使えます。ドロップショットで前に引っ張り出すことができれば、次の展開も考えやすくなります。

　一回のドロップボレーで決まればラッキーですが、たとえ返されたとしても、相手の陣形を崩すことができるので、次のボールでポイントをとりやすくなります。また、前に走った状態で打つので、苦しい体勢での返球になる可能性が大きく、チャンスボールになる確率も高いのです。ただし**苦しまぎれのストレートロブ**が戻ってきたりすることもあるので、「決まった」と思って気を抜かないようにしましょう！

ワンポイントアドバイス

- ●ミックスでは女性の前に！
- ● 1 球で決まらなくても相手の陣形を崩せる！
- ●苦しまぎれのストレートロブに注意！

FOR BEGINNERS 　力の抜き加減を間違えると、浮いて一気に相手のチャンスボールになるので注意しましょう。

精神的なダメージも与えられる！

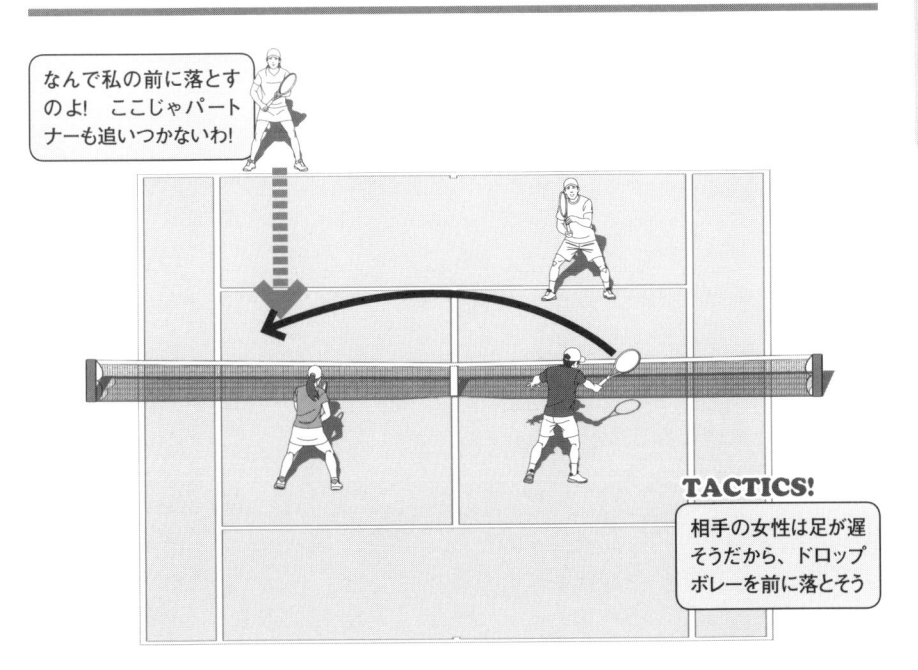

なんで私の前に落とすのよ！ ここじゃパートナーも追いつかないわ！

TACTICS!

相手の女性は足が遅そうだから、ドロップボレーを前に落とそう

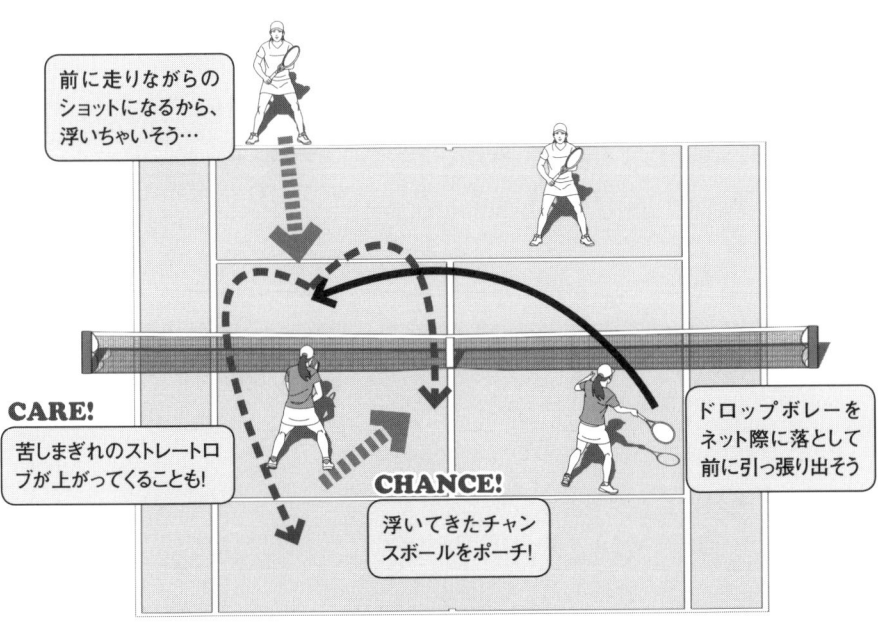

前に走りながらのショットになるから、浮いちゃいそう…

CARE!

苦しまぎれのストレートロブが上がってくることも！

CHANCE!

浮いてきたチャンスボールをポーチ！

ドロップボレーをネット際に落として前に引っ張り出そう

ボレー＆ボレーは攻め急がない

　ボレー＆ボレーの局面では、自分たちから先に攻め急がないことが大切です。ボールはゆっくりでいいので、決して**浮いたボレーにならないように**気をつけます。相手の足元に沈めるボールを使って、逆に相手のボールを浮かせるようにしましょう。

　ボールのコースは**相手のセンター寄りに集める**ようにします。弱気になって両サイドの空いたスペースに打つ「逃げのボレー」では、ミスの確率も高くなります。また弱気になったボールはどうしても浮いてしまいがちなので、相手に打ち込まれるリスクも高くなります。

　あえて一回ボールをコートに落として時間をつくり、その間に相手の動きを観察してから空いているコースにハーフボレーを入れていくのも有効です。男子ダブルスのボレー＆ボレーは、4人ともネット前に出てきている状態が多いので**ロブを使うのも手です**。急にロブを上げられると「お見合い」したりして、出足も少し遅くなるからです。

ワンポイントアドバイス

- ●相手のボールを浮かせるように！
- ●弱気になるとボールが浮いてしまいがち！
- ●ハーフボレーでテンポを変えてみましょう！

FOR BEGINNERS　常にラケットは体の前にセットして、正面にきたボールはバックボレーで処理できるようにしておきましょう。

ボールが浮いてくるまでガマン、ガマン…

TECHNIQUE

4人ともネット前に出たボレー&ボレーの展開からいきなりのストレートロブ!

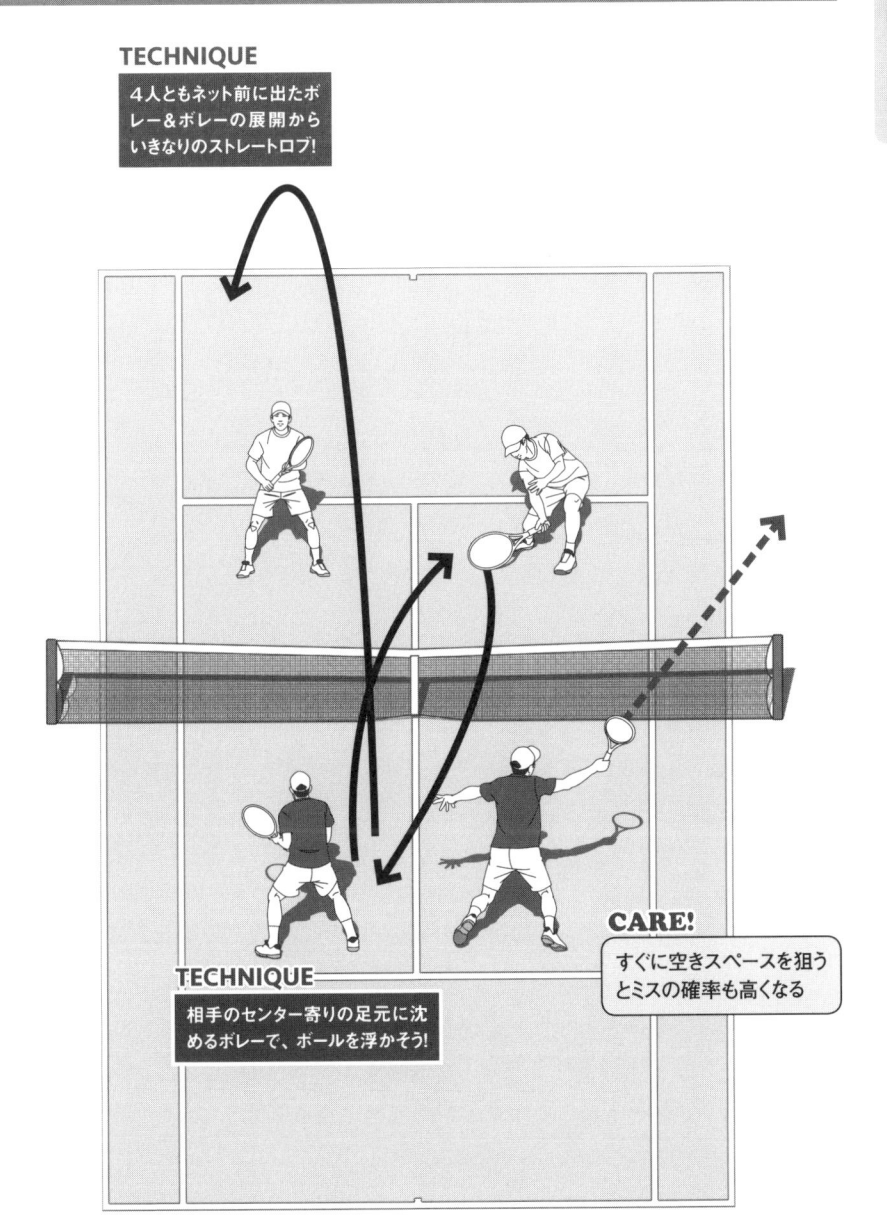

TECHNIQUE

相手のセンター寄りの足元に沈めるボレーで、ボールを浮かそう!

CARE!

すぐに空きスペースを狙うとミスの確率も高くなる

ハーフボレー＆ドライブボレーを有効に使う

　ボレー＆ボレーになったときだけでなく、**すべてのシーンで有効なのが**ハーフボレーです。ハーフボレーは、一回コートにボールを落として時間を作ることができるので、その間に相手の動きを観察してハーフバウンドで相手のいないコースに配球できます。

　成功させる秘訣は、打つタイミングを**ぎりぎりまで遅らせ、タメを作る**ことです。ときにはボールが自分の体の後ろにいってから打つこともあります。打つまでにどれだけ踏みとどまって、相手の動きを見ることができるかがポイントです。

　ドライブボレーはややむずかしいショットですが、**ゲームの流れを変える**ことができます。たとえば、ロブ合戦になったときなどに、やや短い中ロブ系のボールがきたら、サービスライン近くまで詰めて積極的にドライブボレーを打っていきましょう。ただし、**コントロールを定めにくい**ショットなので、**センターを狙って**打っていきましょう。

ワンポイントアドバイス

- わざとボールを落として相手を観察！
- 打つタイミングをぎりぎりまで遅らせてタメを作る！
- ドライブボレーでロブ合戦の展開を変えてみましょう！
- ドライブボレーはセンターを狙って！

FOR BEGINNERS　ハーフボレーではラケットを大きく引かないようにしましょう。

ドライブボレーは相手コートのド真ん中へ！

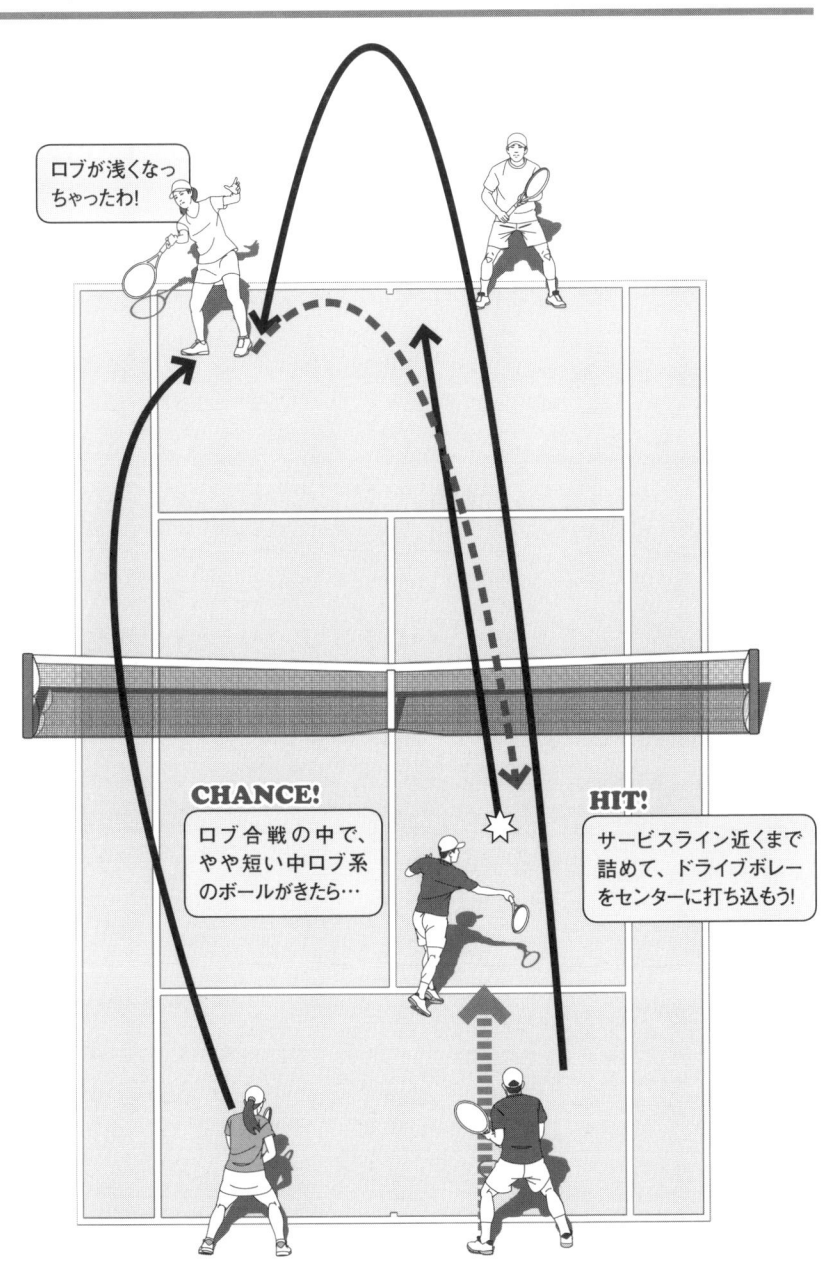

パートナーがサーブしたら一歩前へ詰める

　前衛は、モーションをかけて相手に**心理的プレッシャーをかける**のも役目のひとつです。積極的に動いて自分の存在を相手側にアピールするようにしましょう。

　たとえばパートナーのファーストサーブがセンターに入ったら、普通に返ってくることを想定して、前衛は一歩センター寄りに近づきましょう。それによって相手のリターンの角度がさらに狭くなり、サイドアウトしてくれる場合もありますし、チャンスボールがきたらポーチに出やすくなります。前衛の立ち位置は、**コート半分を３つに分けた真ん中付近**が基準。バックサイド側にいる場合は、左足を出しながら上体をターンさせ、右足を大きく踏み出すことでアレーまでカバーできるし、センターも右足→左足と踏み込んで打つこともできます。

　またサービスがワイドに入ったら、一歩サイドに寄って**ストレートをケア**することも忘れずに。パートナーのサービスが緩い場合や、セカンドサーブの場合は、**少し下がり気味に立つ**のもいいでしょう。

ワンポイントアドバイス

● 自分の存在を意識させてプレッシャーを！

● サーブがセンターに入ったら一歩内側へ！

● サーブがワイドに入ったらストレートをケア！

FOR BEGINNERS　「絶対に自分の横は抜かれない」という気持ちでいましょう。

サーブのコースでポジションも変える

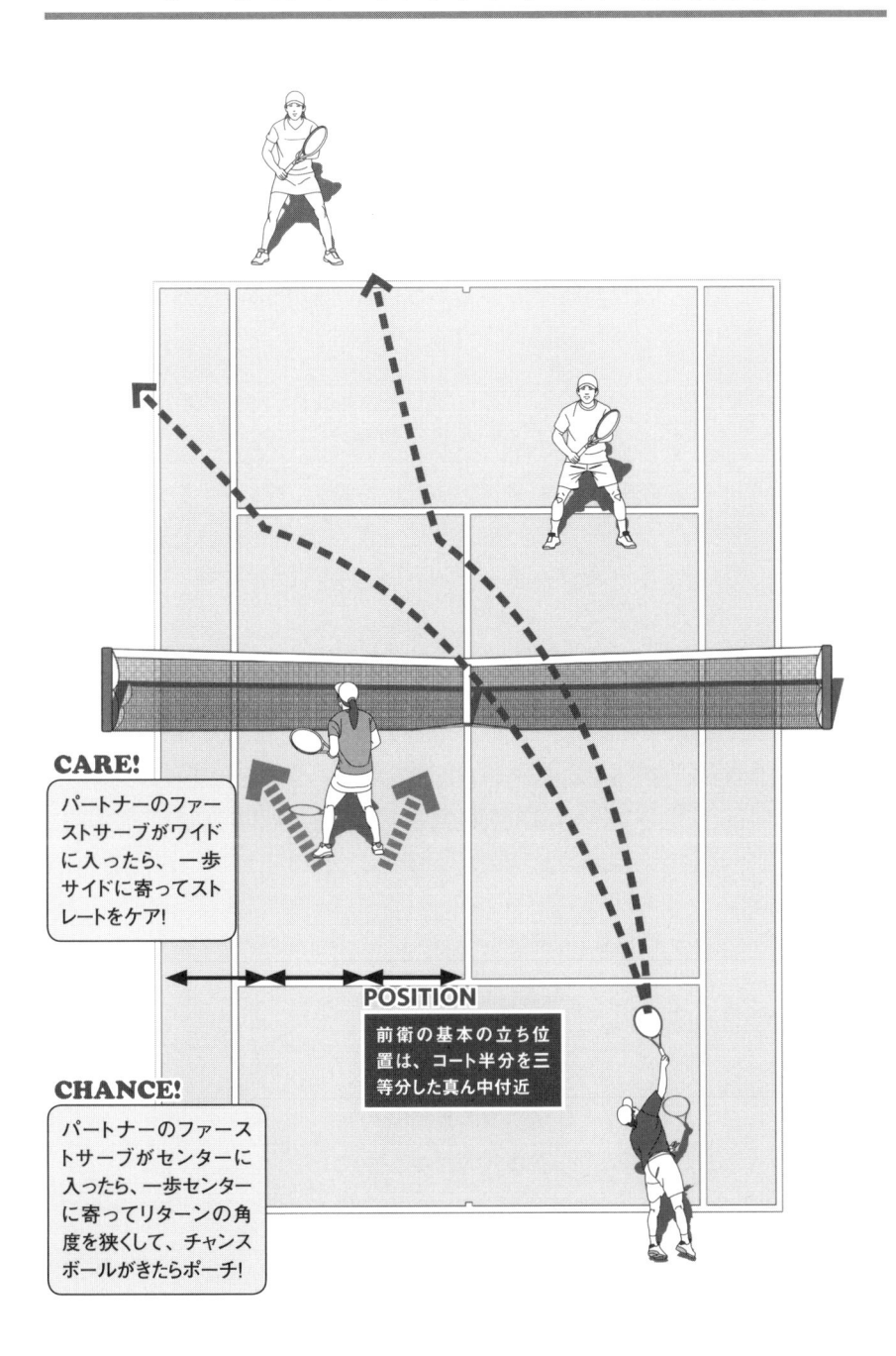

CARE!

パートナーのファーストサーブがワイドに入ったら、一歩サイドに寄ってストレートをケア!

POSITION

前衛の基本の立ち位置は、コート半分を三等分した真ん中付近

CHANCE!

パートナーのファーストサーブがセンターに入ったら、一歩センターに寄ってリターンの角度を狭くして、チャンスボールがきたらポーチ!

パートナーがリターンしたら相手前衛の動きを見る

　自分のパートナーがリターンしたときは、**相手の前衛の動き**をしっかりと見ましょう。パートナーのリターンがセンターマーク寄りの深い位置に返ったら、前衛はよりセンター寄りに前へ詰め、ポーチを狙いましょう。反対にリターンがワイド気味に入ったら、ややサイドをケアしながら前に詰めていきます。自分の前にいる相手にボールが入ったら、必ず一歩前に詰めて相手にプレッシャーをかけるようにしましょう。その上で、ボールのコースなどを見極め、**無駄な動きを少なくしていく**のがポイントをとる早道です。

　リターンがストレートロブだったときは、ロブをあげた**リターナーが前に詰めていった**ほうがいいでしょう。その場合、**パートナーはやや下がって**、クロスにロブが返ってくることをケアします。このロブは、コートに一度落とすと外に弾むので返球がむずかしくなります。とくにトップスピンロブを使ってくる相手には要注意です。

ワンポイントアドバイス

- ●相手の前衛の動きをしっかりと見て！
- ●センター寄りに返ったらポーチの準備を！
- ●ワイドに返ったらサイドをケアして！
- ●ストレートロブで返ったらクロスのロブを警戒！

FOR BEGINNERS　ボールにすぐ反応できるように、前後には素早くコンパクトに動きましょう。

無駄な動きをできるだけ少なく！

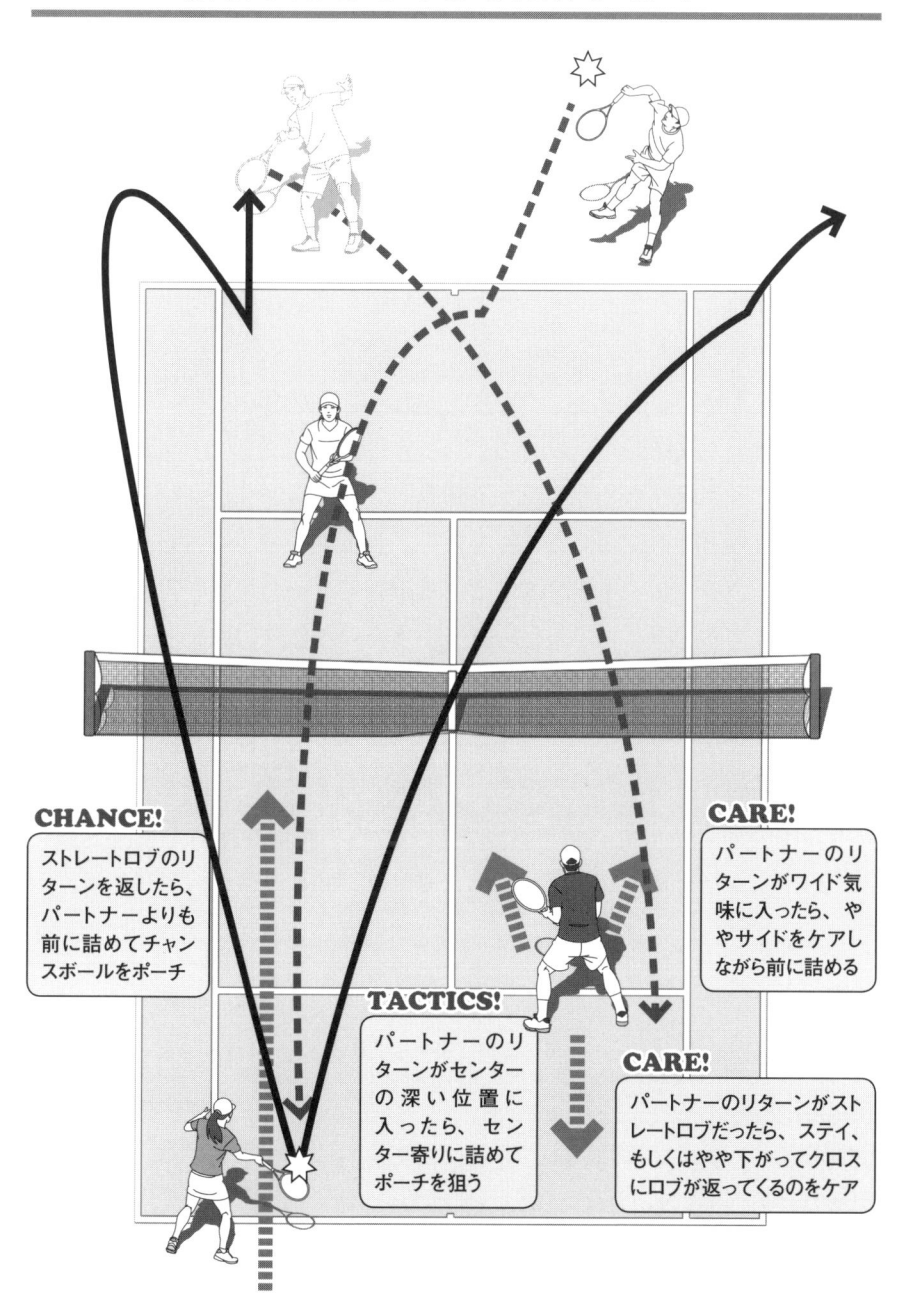

CHANCE!
ストレートロブのリターンを返したら、パートナーよりも前に詰めてチャンスボールをポーチ

TACTICS!
パートナーのリターンがセンターの深い位置に入ったら、センター寄りに詰めてポーチを狙う

CARE!
パートナーのリターンがワイド気味に入ったら、ややサイドをケアしながら前に詰める

CARE!
パートナーのリターンがストレートロブだったら、ステイ、もしくはやや下がってクロスにロブが返ってくるのをケア

パートナーがボレーやポーチで攻めたときは…

　パートナーがショートクロスへボレーしたときは、**アングルに返ってくることが多い**ものです。ただしストレートロブで返されることも頭に入れておかなくてはいけません。ストレートロブがきたら、アングルを打った人が責任を持って追いかけます。

　パートナーがロブをハイボレーで相手のクロスに深く返したときには、クロスにもう一度ロブがくることを頭に入れて動くように。超上級者を目指すなら、**ハイボレーを自分の前にいるボレーヤーの足元やアレーに決め**にいってみましょう。ハイボレーはセンターかクロスに返すイメージがあるのでボレーヤーは油断しがちです。

　パートナーがポーチをしたときは、ポーチをしてそのままコートの反対側に抜けるのか、戻るのかを前もって決めておきます。ポーチをした場所がセンター寄りだったら戻るほうが自分たちの陣形が崩れません。センターラインを越えてポーチをしたら、ロブケアでやや下がり気味にチェンジしましょう。ポーチが決まらなかった場合は、ポーチに出た人にボールが戻ってくることが多いので、素早く構えておくように。

ワンポイントアドバイス

●ショートクロスへの返球はアングルに注意！

●ハイボレーを深く入れたらロブをケア！

●ハイボレーは前衛のアレーが狙い目！

●ポーチ後の動きを話し合っておきましょう！

大胆に、キビキビとポジショニング！

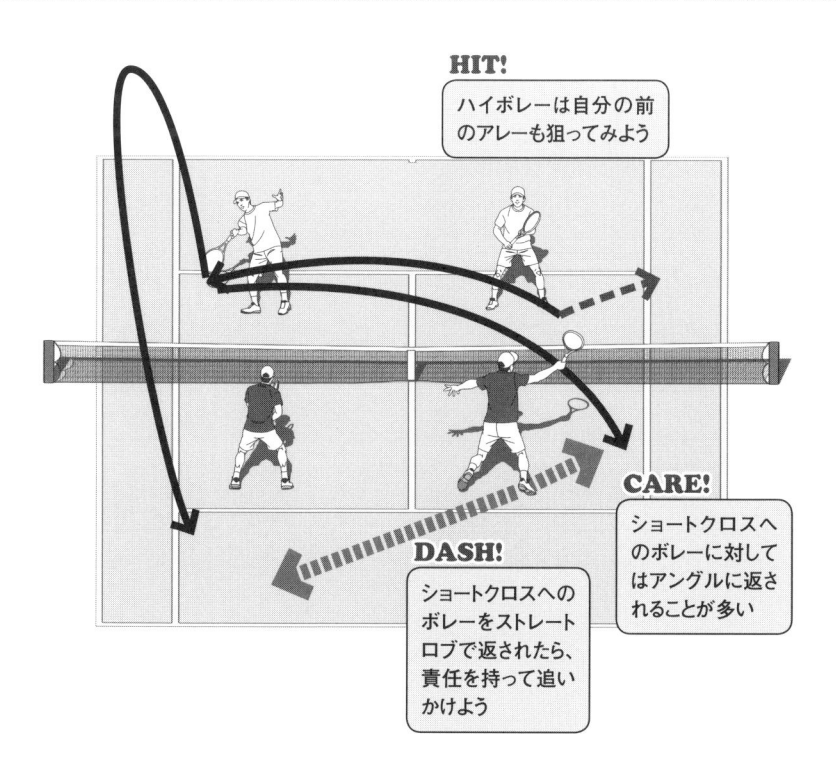

HIT!
ハイボレーは自分の前のアレーも狙ってみよう

CARE!
ショートクロスへのボレーに対してはアングルに返されることが多い

DASH!
ショートクロスへのボレーをストレートロブで返されたら、責任を持って追いかけよう

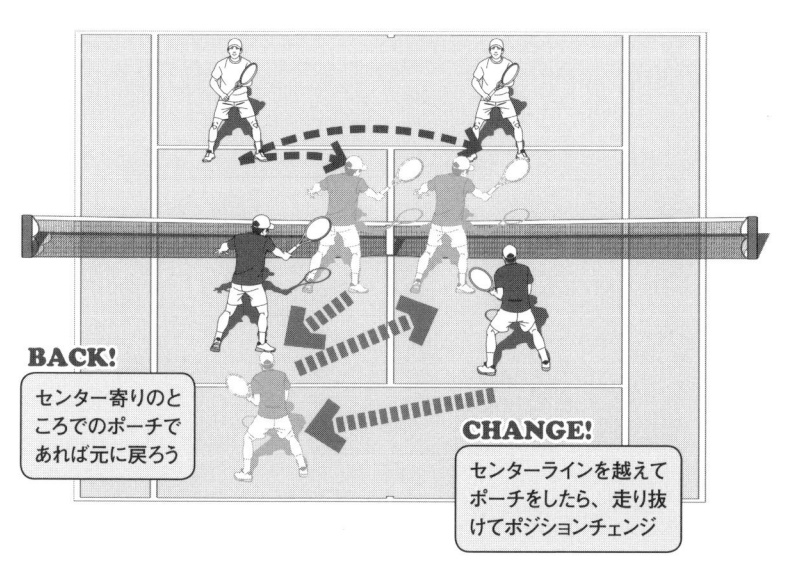

BACK!
センター寄りのところでのポーチであれば元に戻ろう

CHANGE!
センターラインを越えてポーチをしたら、走り抜けてポジションチェンジ

パートナーがロブを上げたときはポーチの準備を

　パートナーがストレートロブを上げたときには、相手からもロブが戻ってくることを警戒して**サービスライン付近**で待っていましょう。パートナーのストレートロブが相手のバックサイドに入った場合は、比較的甘いボールが返ってくることがありますので、準備を怠らずに構えて、ポーチやスマッシュを打って確実にポイントを取りにいきましょう。

　反対に相手のフォア側に入った場合、フォアハンドで強打できる上級者は、**ストレートへのパス**を打ってくることも十分考えられるので、抜かれないように注意しておきましょう。そのためには相手のフォームを注意して見ておくことが必要です。

　またパートナーのロブが浅くなってしまった場合は、スマッシュされることを覚悟しましょう。もちろん、浅いロブになってしまったら、ロブを打った本人がそのことを言葉で自分のパートナーに伝えることを忘れてはいけません。特に初心者と組んだ場合は必ず伝えるようにしましょう。

ワンポイントアドバイス

- ●ストレートロブがバックに入ったらポーチを！
- ●ストレートロブがフォアに入ったらパスをケア！
- ●浅いロブはスマッシュで打ち込まれる覚悟を！
- ●ロブが浅くなったら大声でパートナーに伝えること！

FOR BEGINNERS ロブの深さを早めに判断してポジションをとりましょう。

ロブが浅くなったら大声で知らせよう！

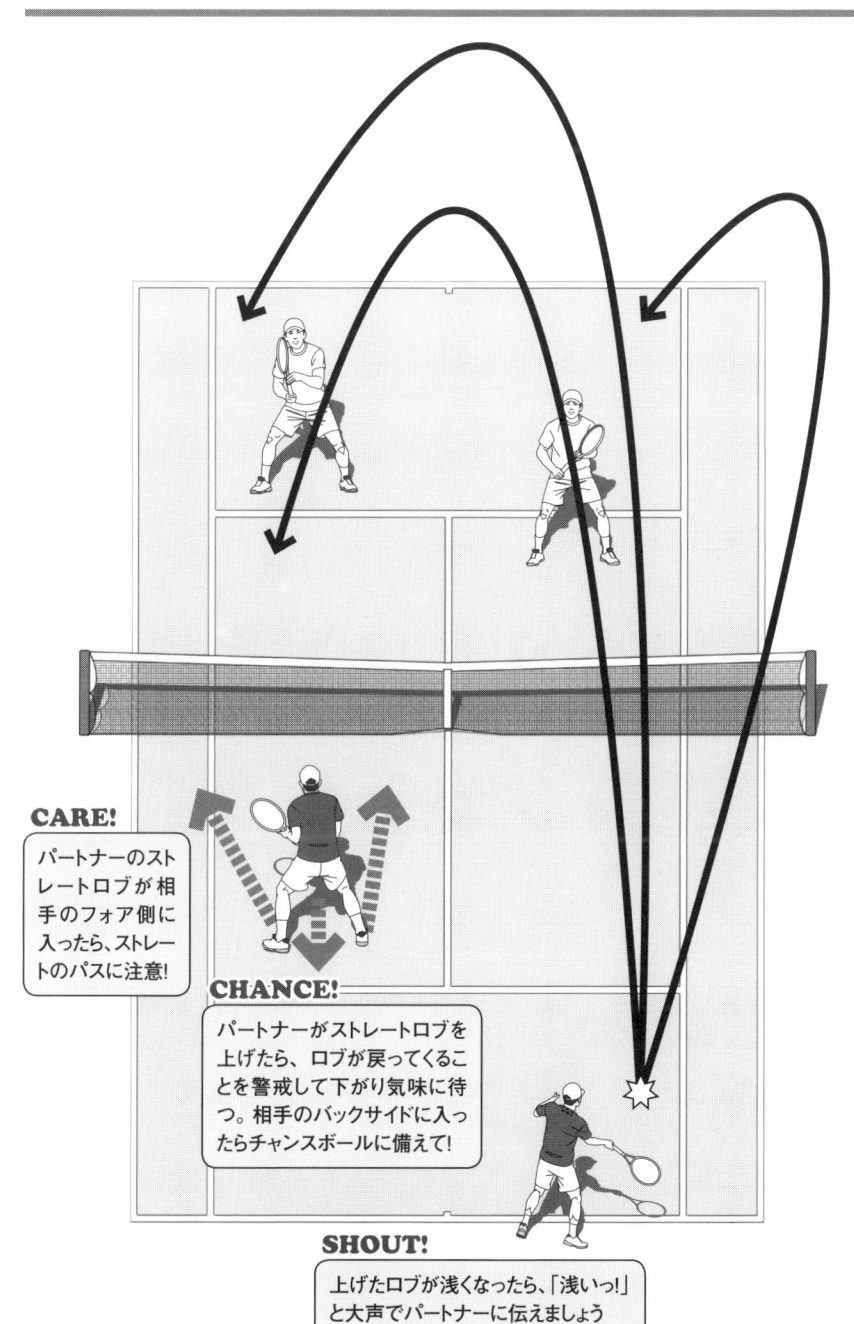

CARE!

パートナーのストレートロブが相手のフォア側に入ったら、ストレートのパスに注意!

CHANCE!

パートナーがストレートロブを上げたら、ロブが戻ってくることを警戒して下がり気味に待つ。相手のバックサイドに入ったらチャンスボールに備えて!

SHOUT!

上げたロブが浅くなったら、「浅いっ!」と大声でパートナーに伝えましょう

パートナーがアプローチショットを打ったら一緒に前に詰める

　パートナーがアプローチショットを打って前に詰めてきたときには、パートナーと一緒に**さらに少し前に詰めていく**ようにしましょう。前に詰めないでいると、せっかくパートナーが打ったアプローチショットが無駄になってしまいます。とにかく、**相手よりも先にネットをとることが攻撃のポイント**です。

　アプローチショットがサイド寄りに入ったらサイド寄りに前に詰めます。センター付近に入ったら、センター寄りに前に詰めていきます。パートナーがストレートへアプローチを打ったときには、基本的にはセンターを守って相手が返してくるコースを狭めておきましょう。相手のフォア側に入ったら、パスで逆襲されることもありますから、相手の動きをよく見ておくことが大切です。**バック側に入ったら**「フォアよりもバックが得意」という人以外は、それほど厳しいボールが返ってこないので、**ポーチでアタックする準備**をしておきます。

ワンポイントアドバイス

- アプローチショットを打ったら、ふたりで前に詰める！
- 相手よりも先にネットをとる動きが大切です！
- 甘いボールがフォアに入ったらパスの逆襲があるかも！

FOR BEGINNERS　アプローチショットのコースや速さを見極めてボレーの準備をするようにしましょう。

アプローチのコースをよく見ておこう

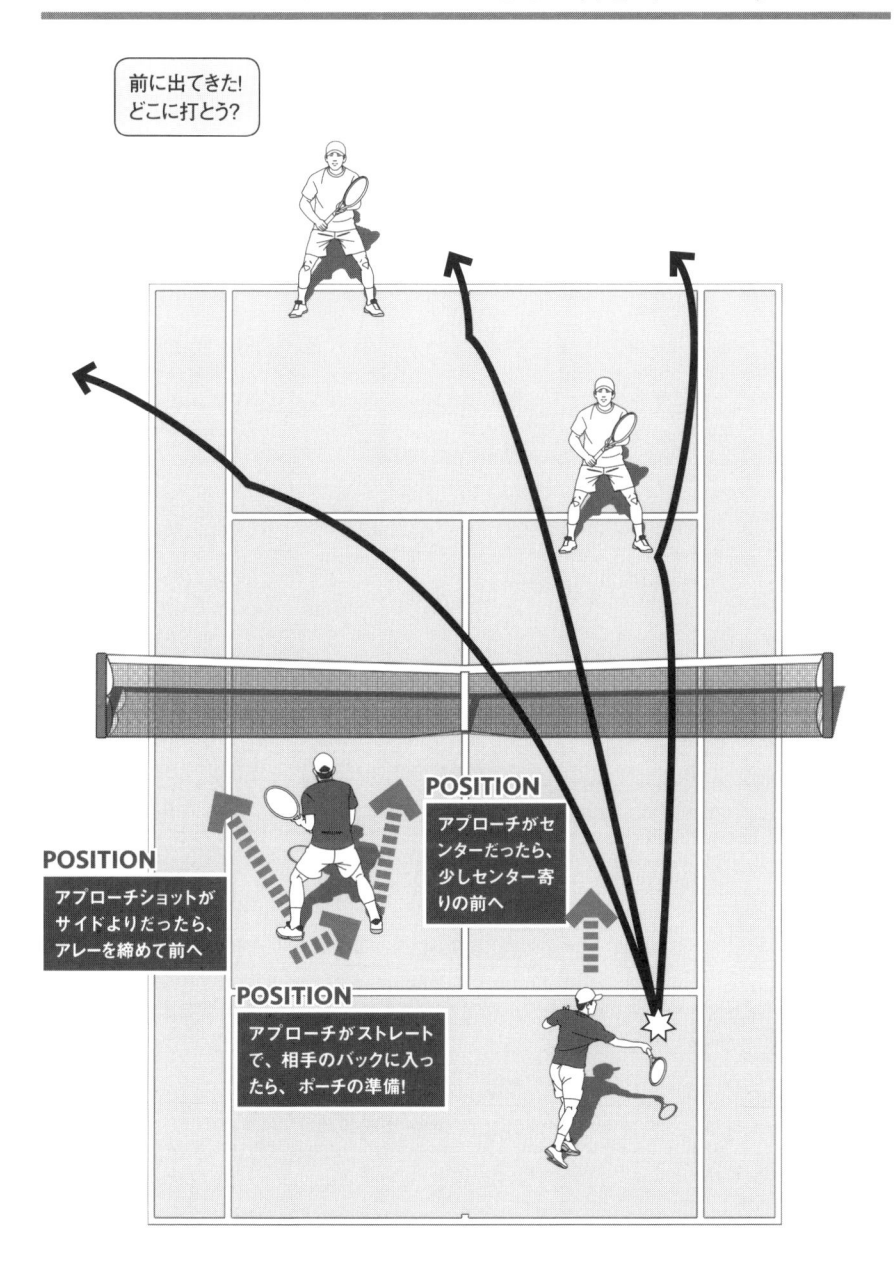

パートナーがスマッシュを打つときは邪魔しない

パートナーがやや後ろの位置からスマッシュやグランドスマッシュを打つときには、とりあえず邪魔にならないように、**頭を下げて体勢を低く**しましょう。センターベルトあたりを狙うことが多いので、打つコースを妨げないようにすることが大切です。

ロブを上げられて、自分の頭の上を抜けたときも同じです。ゆっくりとした動作でチェンジする人がいますが、**すばやくチェンジして**低い体勢をとって打つコースを広げてあげましょう。

パートナーのスマッシュがうまく合わされて返球されたとしても、チャンスボールが返ってくる確率が高いので、**ポーチに出る準備**をしておきましょう。パートナーのスマッシュに威力がある場合は浅いチャンスボールが返球されてくるケースが多いはずです。ただし深いロブが返ってくるときのために準備も忘れずに。威力がないスマッシュに対しては、反対に打ち込まれることもありますからストレートもケアしましょう。

ワンポイントアドバイス

- ●前衛は体勢を低くしてコースを空けて！
- ●チャンスボールが返ってきたらポーチで決める！
- ●威力がないスマッシュにはストレートケアを！

FOR BEGINNERS パートナーがスマッシュを打つ様子をボーっと見ていたりしないように！

ネット前で体を低く構えて

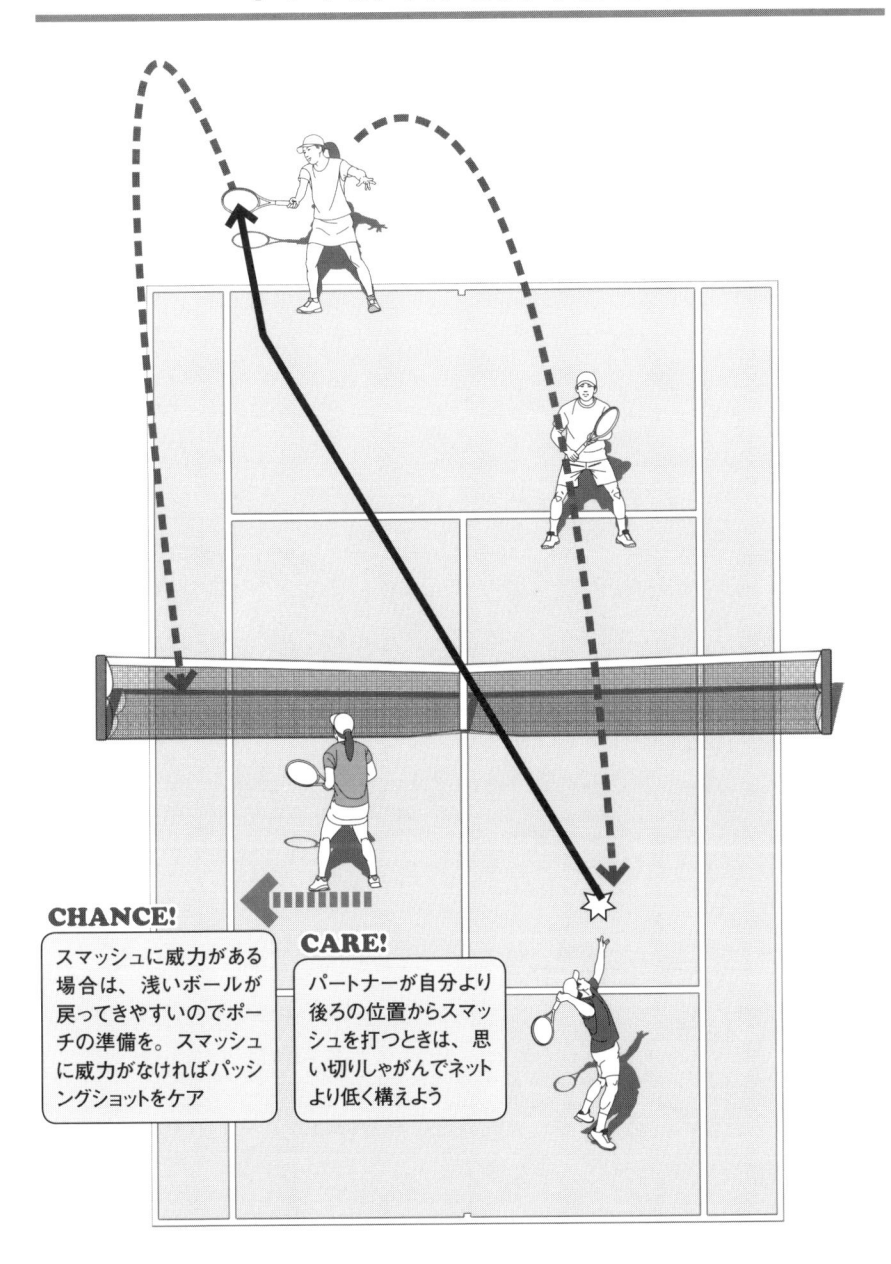

CHANCE!
スマッシュに威力がある場合は、浅いボールが戻ってきやすいのでポーチの準備を。スマッシュに威力がなければパッシングショットをケア

CARE!
パートナーが自分より後ろの位置からスマッシュを打つときは、思い切りしゃがんでネットより低く構えよう

ひとりを集中攻撃してゲームの流れをつかむ

相手のペアに実力差がある場合は、弱いと思われる**ひとりを狙って徹底的に攻める**のが鉄則です。もちろん、弱い人を狙ってポイントをかせぐのはあたりまえですが、弱いほうが攻められていると、レベルが上の人がカバーしようとして、**陣形が崩れてくる**ことがあるので、そこがチャンス！

そうなったら今度は上手い人側のオープンスペースに決めにいってみましょう。返球されるというリスクはありますが、これが成功してポイントをとると、相手のペアにかなりの**ダメージを与えることができます。**

弱い人は自分のせいでポイントを失うことが続くと、パートナーに対して「申し訳ない」という思いが出てくるもの。レベルが上の人もカバーしきれない自分のふがいなさと、自分のパートナーへの不満で、しだいにお互いのリズムが狂ってくるはずです。こうなったらしめたもの！　一気にたたみかけて勝ちにいきましょう。

ワンポイントアドバイス

- ●レベルが下の人を徹底的に攻めましょう！
- ●陣形が崩れてきたら、上手い人側のオープンスペースへ決め球を！
- ●上手い人を攻めてポイントがとれたらこっちのもの！
- ●相手のリズムが崩れたら一気に勝負を！

FOR BEGINNERS 何球も返ってくるからといって早くコースを変えないように。しつこくひとりを集中攻撃しましょう。

陣形だけでなく、リズムも崩せる！

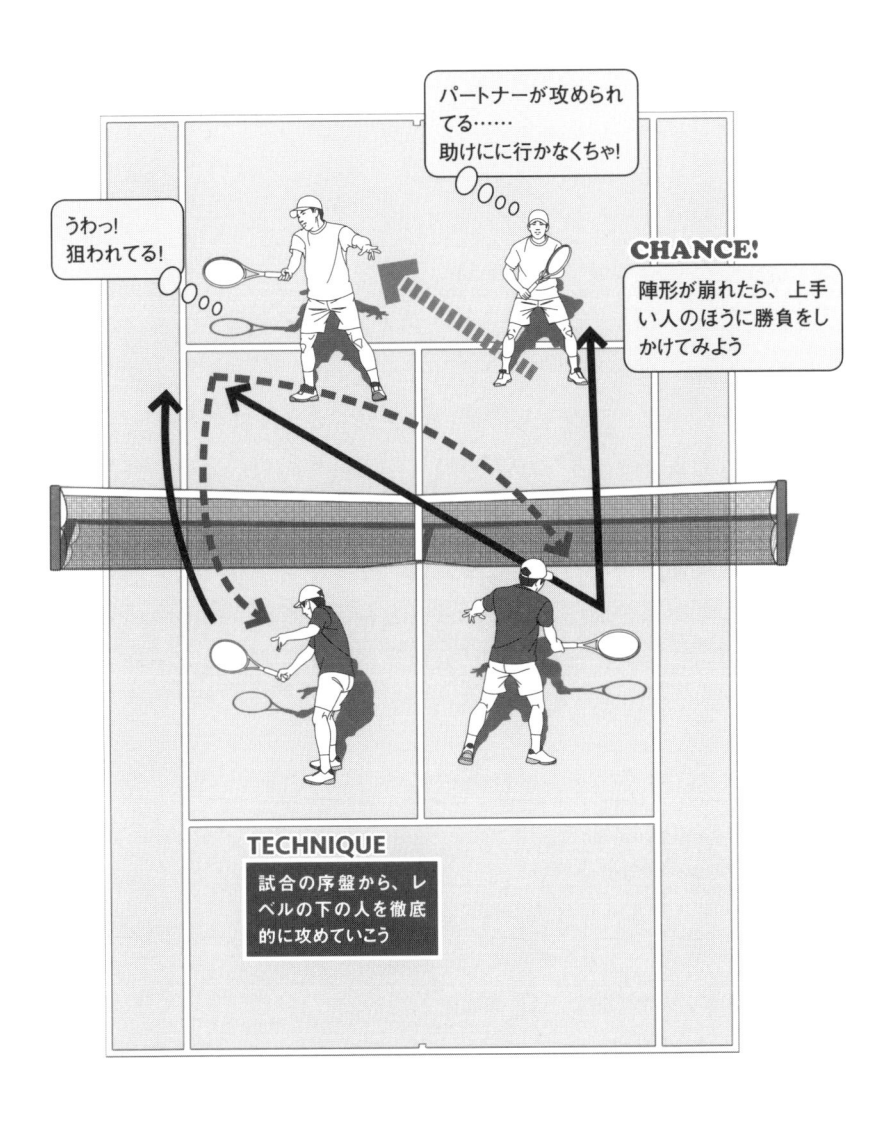

「ポーン、スルスル」の感覚でネットへ！

　前にも書いたように、ダブルスの試合では先にネットをとったほうが有利です。できるだけ早いタイミングでネットに詰めるように心がけましょう。鋭いアプローチショットは必須ではないんです。緩くて深いショットは想像以上に有効です。滞空時間のある球をポーンと打って、飛んでいる間にスルスルと前に出る、**「ポーン、スルスル」の感覚**を覚えておきましょう。

　パートナーがボールを処理している間に、すばやく前に出る方法もありますが、この場合はパートナーが打ったボールのコースや球種で、返ってくるボールを予測して動く必要があります。

　ロブが返ってきた場合は、**できればスマッシュ**を打っていきましょう。スマッシュに自信がない人でも**ロブカット**して早めに前に詰められるように。カットしたボールが甘くなると相手のチャンスボールになってしまうので注意してください。

ワンポイントアドバイス

- 緩くて深いショットはとても便利！
- 返ってくるボールを予測して前に詰める！
- ロブは下がらずにカットして処理しましょう！

FOR BEGINNERS　怖がらずに自信をもって前に出ていきましょう。

滞空時間のあるボールを有効に使う

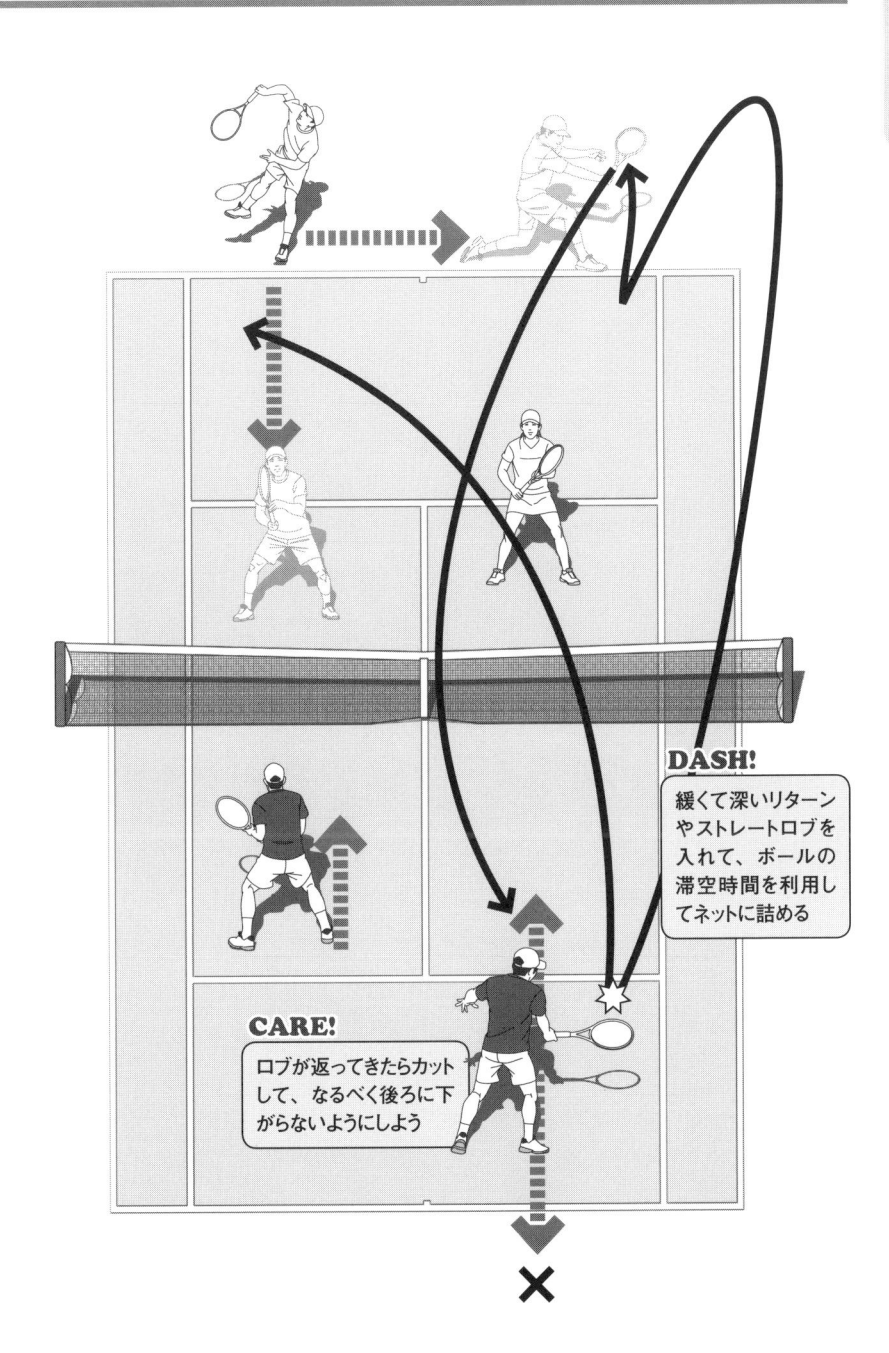

DASH!
緩くて深いリターンやストレートロブを入れて、ボールの滞空時間を利用してネットに詰める

CARE!
ロブが返ってきたらカットして、なるべく後ろに下がらないようにしよう

ライジングショットで流れを変える

　バウンドしたボールの上がり際を叩くライジングショットは、多くの利点をもつショットです。**自分のリズムを作りやすくなる**ので、マスターすると大きな武器になります。またどんなボールに対しても**早いテンポで返**すことができるので、**相手に時間的な余裕を与えない**で済みます。また、ラケットのスイング幅が小さいのでミスを少なくできるという利点もあります。スピンなどの回転系のボールを打つ相手に対しても、ボールが変化する前に叩くことができるので、体が泳がされて**バランスを崩すことがなくなり**ます。ほかにも、**相手の力を利用して打てるので疲れない**など、いろいろなメリットがあります。

　試合のなかでは、通常の立ち位置より前に詰めてリターンをしたいときにも有効ですし、ロブ合戦になったときにも、早い展開で相手より先に攻撃を仕掛けることができます。特に女性でストロークに自信がない人にはオススメ。「**タタン！**」**というリズム**で打つようにしてみましょう。

ワンポイントアドバイス

- ●早いテンポで自分のリズムを作れるからラク！
- ●ショットのミスを少なくできる万能ワザ！
- ●回転系のボールが変化する前に打てる！
- ●相手の力を上手に利用して！

FOR BEGINNERS　ラケットをやや短く持ち、ボレー感覚でやってみましょう。

マスターすれば速いテンポのゲームが作れる

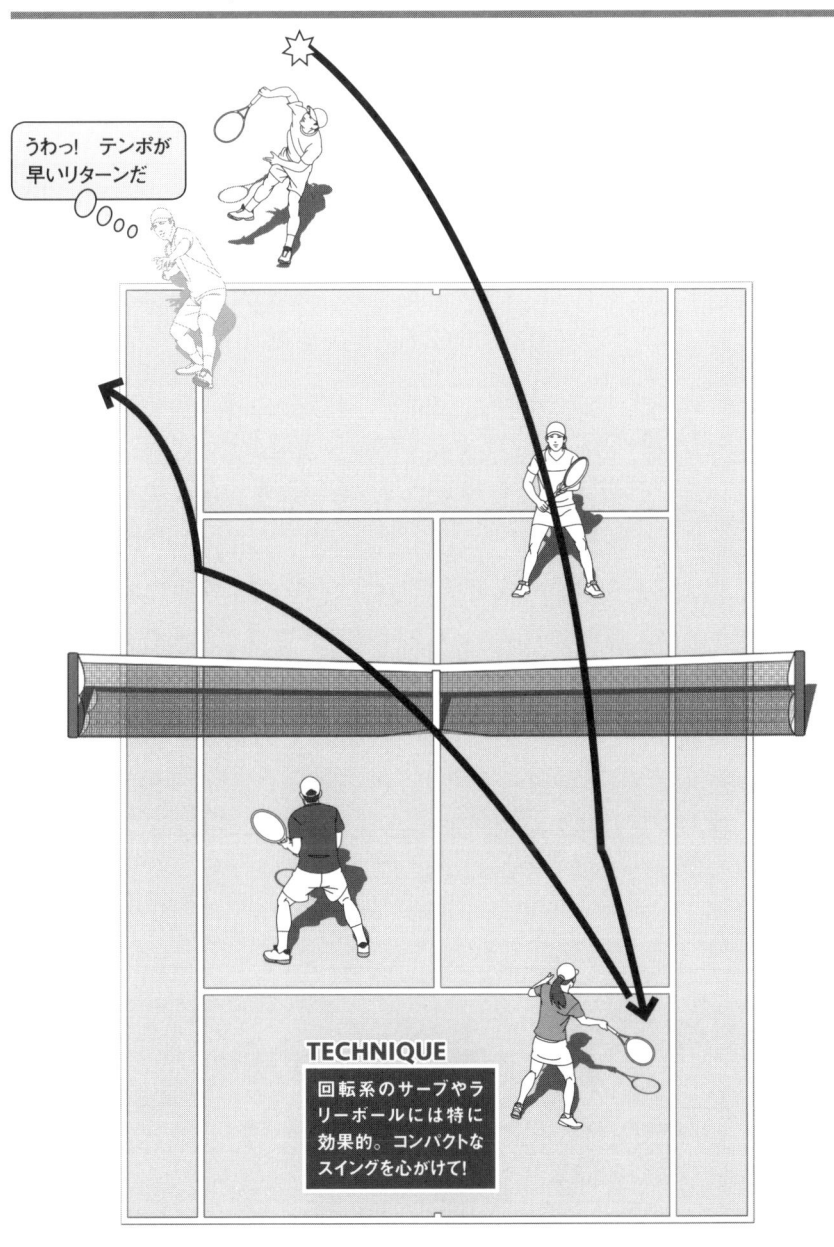

３手先のショットを考えて１球目を打つ

　みなさんの中には「そんな先のことなんて考えるのは無理」と思う人もいるかもしれません。でも自分の試合中のことを思い出してください。２手先までのプレーは、ある程度の予想を立て進めていませんか？　もう１手先のことを考えるのはさほどむずかしいことではありません。試合を優位に進めるには、この**３手先を自分たちに有利なボールにする**ために考えて配球することが重要なのです。

　３手先のショットを自分のものにするには、まず１手目のボールに対して、相手がどのようなボールで返してくるのかを読むことが大切です。この返ってくるボールの球種とコースとスピードを、瞬時に何種類予測することができるかがポイントになります。ここで**５種類くらいのパターンを思い浮かべて**プレーできるようにしておきたいですね。相手の動きを読んでいれば、どんなボールが返ってきても驚かないし、反応もしやすいものです。練習のときから、常に３手先のショットを考えながらボールを打つ習慣を身につけましょう。

ワンポイントアドバイス

- ３手先のために１手目のボールを考えて配球！
- 相手からの返球の球種とコースとスピードを瞬時に予知！
- 最低５種類くらいの返球パターンを予測しましょう！

FOR BEGINNERS 返ってくるボールのコースを、何通りもイメージできるようにしておきましょう。

返球を予想しておけば、反応もラク！

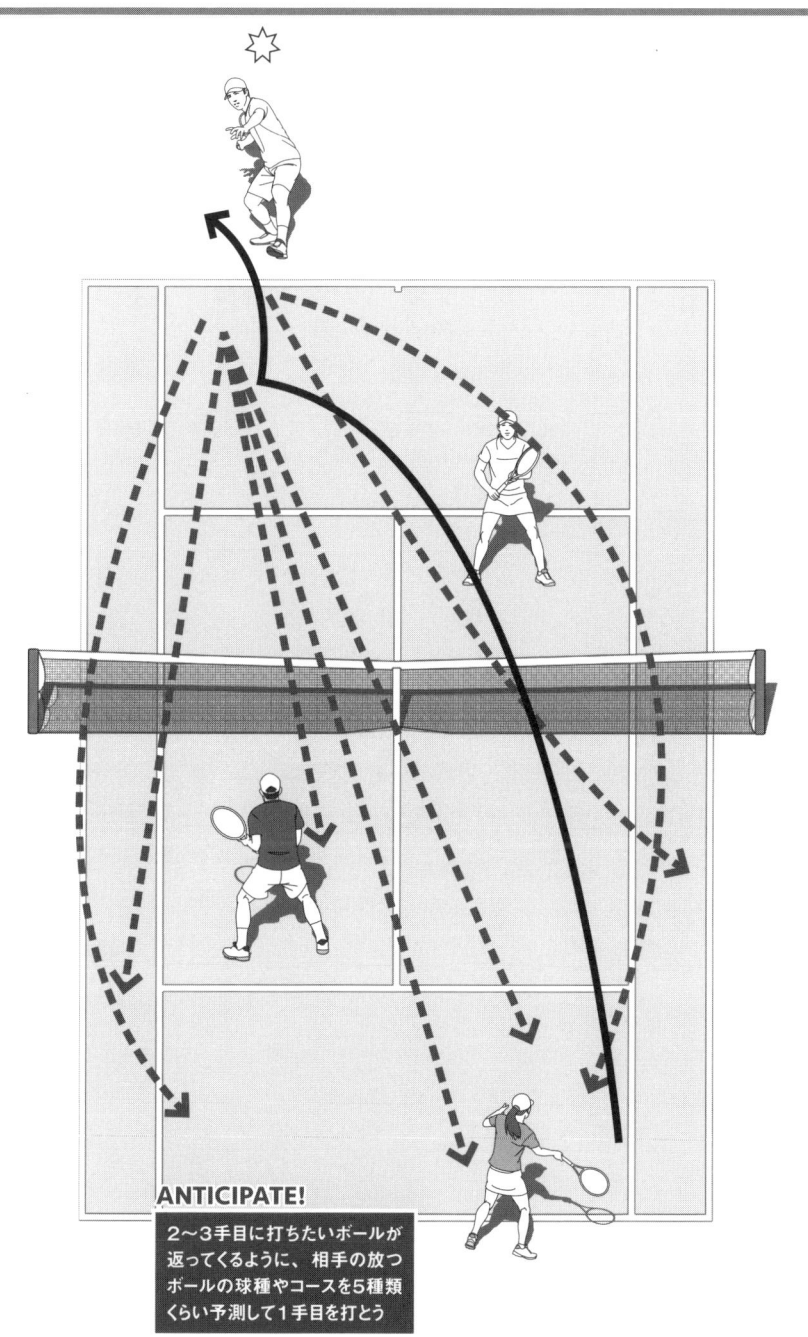

ANTICIPATE!

2〜3手目に打ちたいボールが
返ってくるように、相手の放つ
ボールの球種やコースを5種類
くらい予測して1手目を打とう

試合の動画を撮って、ミスの原因を探り出しましょう

　自分の試合を動画で撮ってみましょう。いまはスマホでも簡単に撮ることができるので、ぜひやってみてください。私は、草トーナメントに出始めた最初の頃はビデオを撮ってもらっていろいろと研究していました。その場合でも、自分の打つときのフォームをアップで撮影するのではなく、試合全体の流れやポジショニングがわかるようなアングルから撮影してみましょう。コートの後ろの真ん中付近で、コート全体が見下ろせる高い位置がベストです。

　動画を見ると、ミスをしてポイントを失ったときは、そのショットだけでなく、そのポイントを失った原因が、その何回か前のショットから始まっているということがわかります。ミスをする何回か前のボールが甘かったために、相手にエースをとられてしまったということに気がつきます。自分たちがエースをとったときも同様です。

　また相手のペアのポジショニングや、得意なショット、不得意なショットがよくわかります。もちろん、自分たちペアのポジショニングの反省もできます。そうやって研究することで、次の試合ではもうひとつ上のレベルにいくことができるはずです。

第2章

攻めて、守って
ポイントを奪おう

ストレートへのショットに頼りすぎない

打つときは組み立ててスペースを空けてから

初級者同士の試合では、ストレートへのショットだけで試合に勝てたりします。ただしそのような単純な組み立てだけでは、ステップアップにはつながりません。中級者・上級者のレベルになると、最初の1〜2本はストレートへのショットが決まるかも知れませんが、その後は**しっかりとケアされて、逆襲される**ようになってしまうので気をつけましょう。ただし「ストレートにも打てるよ」という**プレースタイルを見せて相手にプレッシャーを与え**、相手にストレートをケアさせてポーチに出にくくするという戦略は効果的なので、ゲームの早い段階で、**とくにリターンなど**でぜひ実践してみてください。

ストレートへのショットでポイントをとるには、まず、相手のサイドを空けさせるための準備が大切です。たとえば、相手がボレーで触れるか触れないかくらいのクロスの**見せ球をセンター寄りに一球**打って、そのボールをとりにいったときに、空いたサイドにストレートボールを打つといったパターンです。このときのショットは、空いたコースに送ればいいわけですから、**無理に速いボールを打つ必要はありません**。確実に入れてポイントをとりましょう。

ワンポイントアドバイス

- 単純なストレートショットに頼りすぎないで！
- 相手をポーチに出にくくさせるストレートは、試合の早い段階で
- ストレートに打つまでの配球が大切

相手のポジションを動かしてからストレートへ！

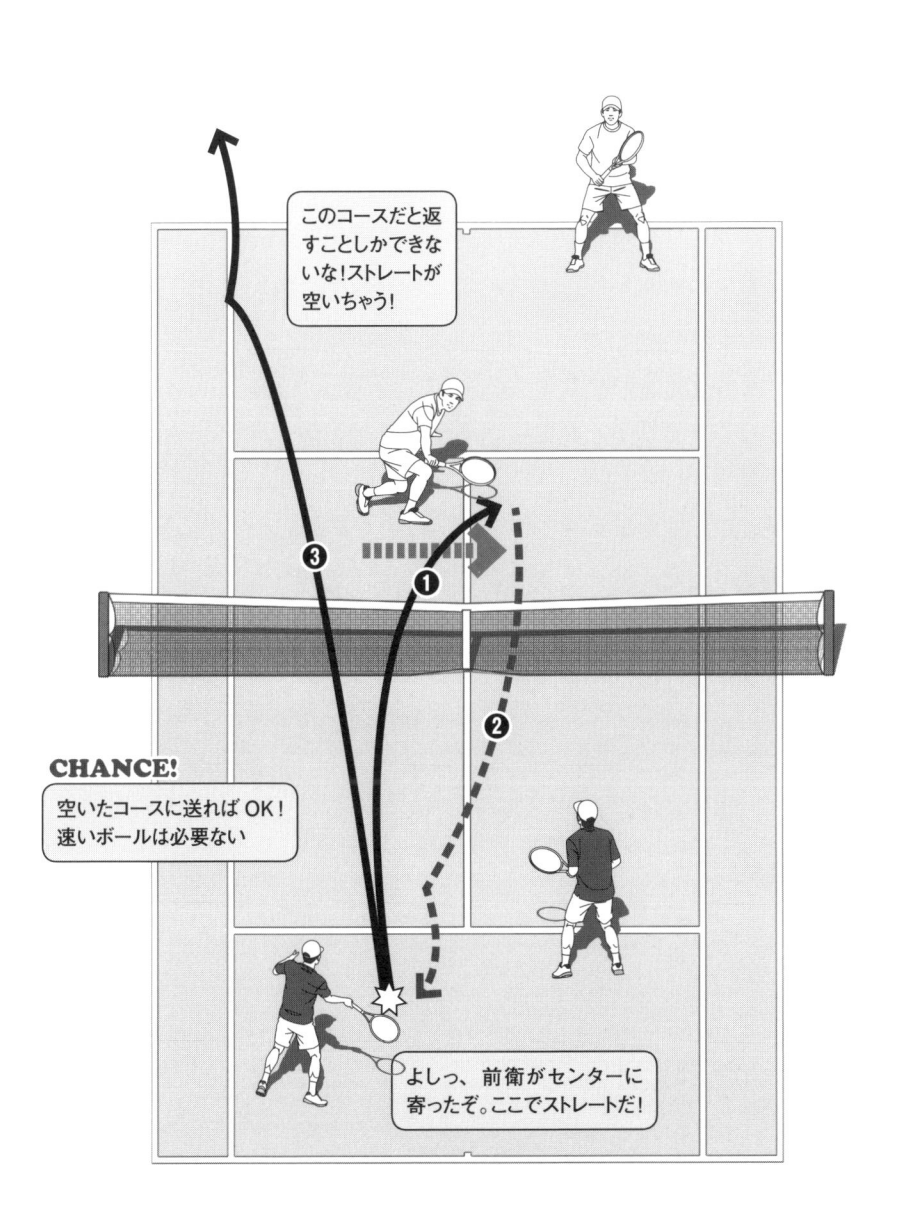

このコースだと返すことしかできないな！ストレートが空いちゃう！

CHANCE!

空いたコースに送れば OK！
速いボールは必要ない

よしっ、前衛がセンターに寄ったぞ。ここでストレートだ！

相手の足元にボールを沈めてポーチへ

センター部分のネットは、両サイドよりも低くなっています。この**ネットの低さをもっと利用**しましょう。センターへボールを通す利点としては次の三点が考えられます。

①ネットの高さが低いのでネットミスが少なくてすむ。

②アレーを狙って打った場合に、ボールコントロールが悪いとサイドに流れてアウトしやすい。

③相手が返球してくるボールのゾーンを狭くすることができる。

とくに相手の足元に沈めるようなボールは、このネットの低さを利用したほうがいいでしょう。足元に沈んだボールは返球がむずかしく、チャンスボールが返ってくる確率が高いので、ボールが相手のセンター側の足元に入ったら、前衛はセンター寄りに**一歩斜め前**に詰めましょう。上級者の場合は、アレーの狭いほうに切り返してきたりしますが、通常は**飛んできた方向に返ってくることが多い**ので、パートナーは返ってきたボールをポーチしていきましょう。

ワンポイントアドバイス

● センター部分のネットが低いのを意識して！

● センターに打てば相手からの返球ゾーンが狭くなる

● 足元に沈めるボールはセンターが狙い目

浮いてくるボールをポーチ！

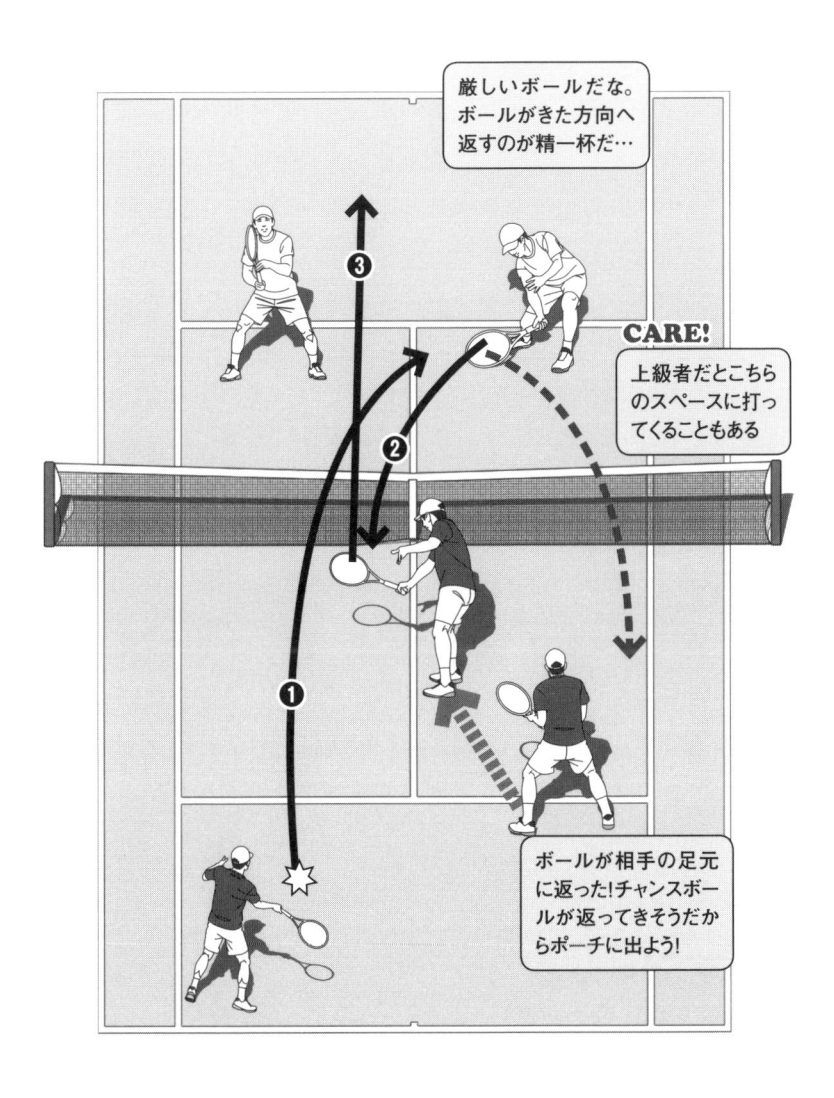

厳しいボールだな。ボールがきた方向へ返すのが精一杯だ…

CARE!

上級者だとこちらのスペースに打ってくることもある

ボールが相手の足元に返った！チャンスボールが返ってきそうだからポーチに出よう！

センターへのボールを意識させてスキをつく

　並行陣をとりつつも、あまり前後の差をつけず真横に並んだポジションをとっているペアを見かけることがあります。そんなペアを相手にした場合は、**センターへのボールを意識**させて、相手のスキをつく戦略がとても有効です。ぜひ試してみましょう。

　このようなペアの場合は、センターへきたボールに対して、両方が無理にとりにいこうとするケースがよく見られます。ここが狙い目。戻ってきたボールを、**もう一度2人の真ん中**に打っていきましょう。2球目に対してはお互いが遠慮してラケットを出すのをためらって、対処が遅れてしまうことが多いのです。

　またこのような攻撃を繰り返されると、相手ペアはそれまで以上にセンターに意識をとられて、互いに真ん中に寄りがちになります。すると**自然とサイドが空いてくる**ので、そこをついてストレートやロブを打ってポイントをとりましょう。このとき、サイドが空いているからといって焦って速いボールを叩き込むのはミスのもと。確実に入れていけばポイントがとれる場面なので、落ち着いて、**スピードを抑えたボールを配球**していきましょう。

ワンポイントアドバイス

- 前後差ない並行陣の相手にはセンターへのボールが効果的
- 相手が動揺したら、再び同じところへ配球！
- 相手をセンターに寄せて空いたスペースを狙いましょう

センターに寄せておいてストレートへヒット！

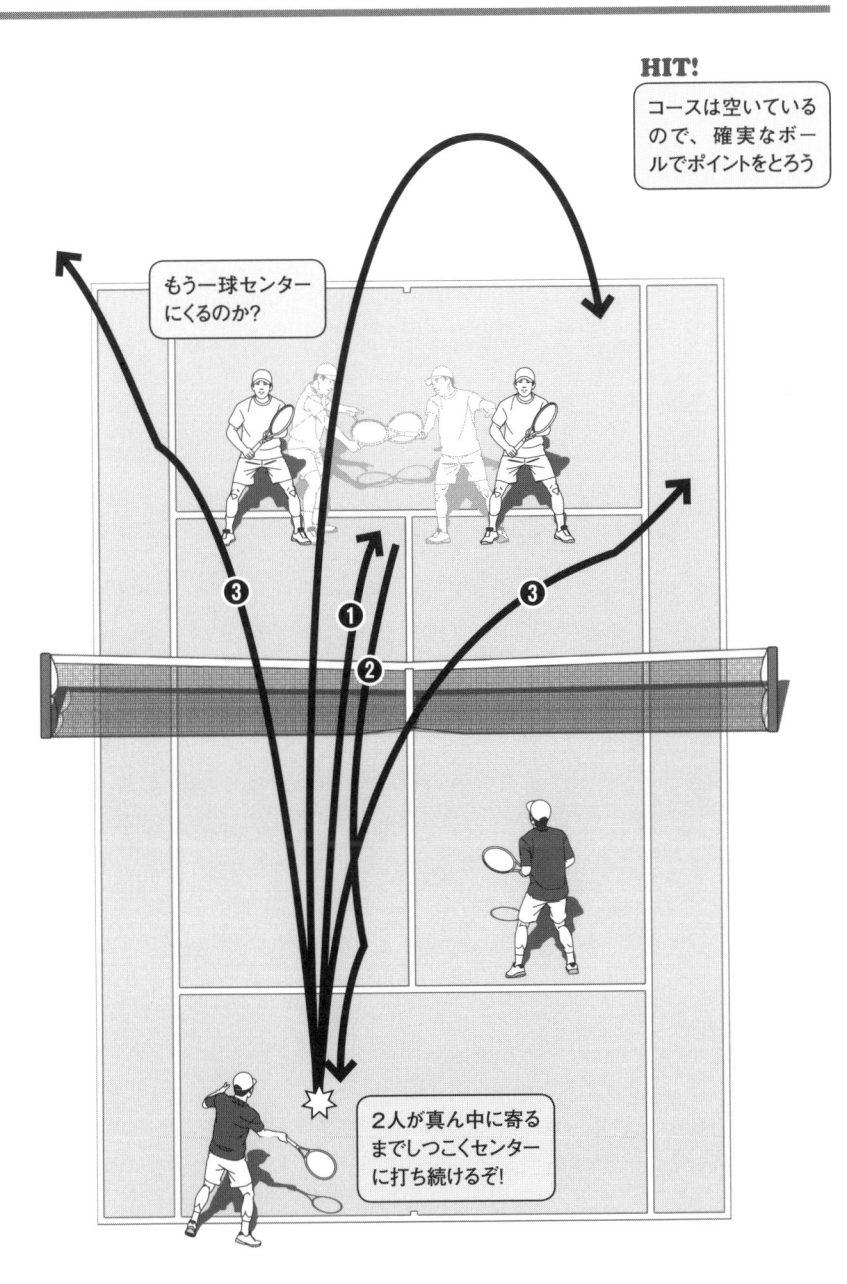

HIT!
コースは空いているので、確実なボールでポイントをとろう

もう一球センターにくるのか?

2人が真ん中に寄るまでしつこくセンターに打ち続けるぞ!

相手の陣形を崩して空いたスペースを攻める

返ってきたリターンを、相手のセンター寄りに続けてボールを送っても、確実に返ってくるような展開からは、このふたつのパターンにトライしてみてください。

一つ目は、アレーにボールを沈め、それをとりにいかせて相手を動かす方法。このアレーへのショットはエースになるようなボールである必要はありません。**相手が触れるかどうかのボール**で十分です。ただしここで大切なのが、アレーにボールを打った人は、反対に自分のアレーにボールが返ってくることも念頭において、**前に詰める**ことが大切です。そして返ってきたボールは**相手ペアのセンターに**決めにいきましょう。このときのパートナーは一歩斜め前に入ってストレート方向をケアすることを忘れずに。そうすると、壁ができて相手の返すゾーンが狭くなります。

二つ目のパターンとしては、**ロブを使って相手の陣形を崩す**方法。相手がやっと返したボールを、前に詰めてボレーやスマッシュで決めていきましょう。また、直接スマッシュを打つのが苦手な人は、ワンバウンドさせてグランドスマッシュで、相手ペアのセンターに決めていくのもおすすめです。

ワンポイントアドバイス

- リターンが返ってきたら、すぐに次の組み立てを考える！
- 仕掛けるボールはスピードよりもコントロール！
- 相手を動かしてスペースを作る！

陣形崩しほど楽しいことはない！

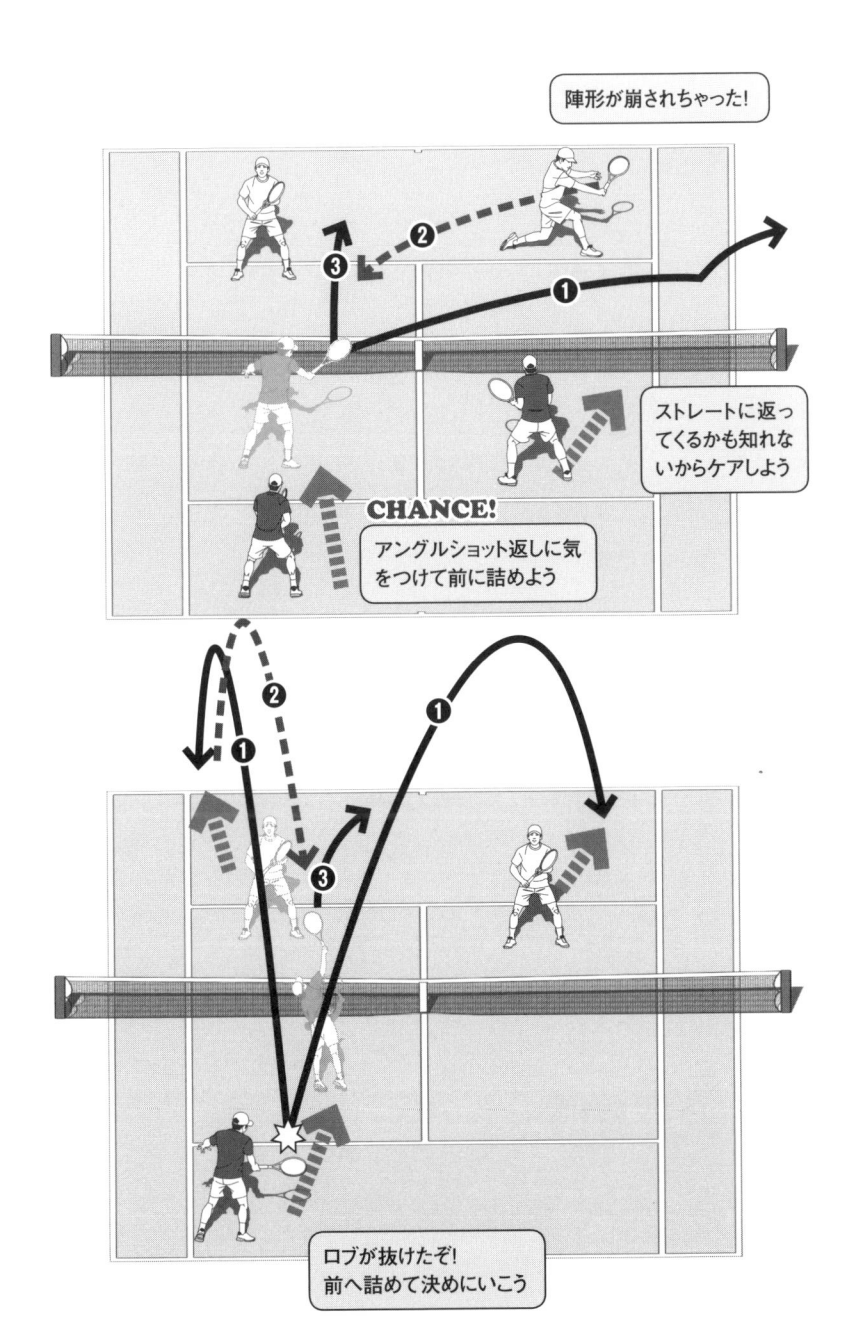

陣形が崩されちゃった！

ストレートに返ってくるかも知れないからケアしよう

CHANCE!

アングルショット返しに気をつけて前に詰めよう

ロブが抜けたぞ！
前へ詰めて決めにいこう

対角線上の相手の頭上にトップスピンロブ

攻めるロブは、決まると一気に流れが変えられるショットです。

とくに効果的なのは、相手がサービスダッシュをしてきたときに、サーバーの頭の上を抜くロブリターン。ミックスダブルスで男性がサーバーのとき、サービスダッシュをしてパートナーの女性よりも前に詰めてくるようなことがあります。こういう場面では、サーバーは**体も気持ちも前にきているので**、戻ってきたロブのリターンを見送ってしまい、ポイントをとれることが多いのです。

このほか、ファーストボレーで返ってきたボールを対角線方向にトップスピンロブで返すのも有効。また両方のペアが二人でネットに詰めて**ボレー合戦になったときに、切り返してロブ**を使うのもおすすめです。もちろん、ここでもクロスに上げることが大切です。

ストレートに上げられたロブに対しては、「何とか追いつけるかも」という意識が働くのですが、自分の上を抜けていくクロスのロブを上げられると、あきらめてしまうことが多いもの。またクロスに上がったトップスピンロブは、バウンドしてコートの外側 (横方向にも) に流れていくので、相手にとってはとてもやっかいなボールです。

ワンポイントアドバイス

- サービスダッシュしてきた人の頭上に！
- 返ってきたファーストボレーをトップスピンロブでカウンター攻撃
- ボレー合戦の中からクロスのロブを！

ロブで攻めれば、一気に形勢逆転が可能！

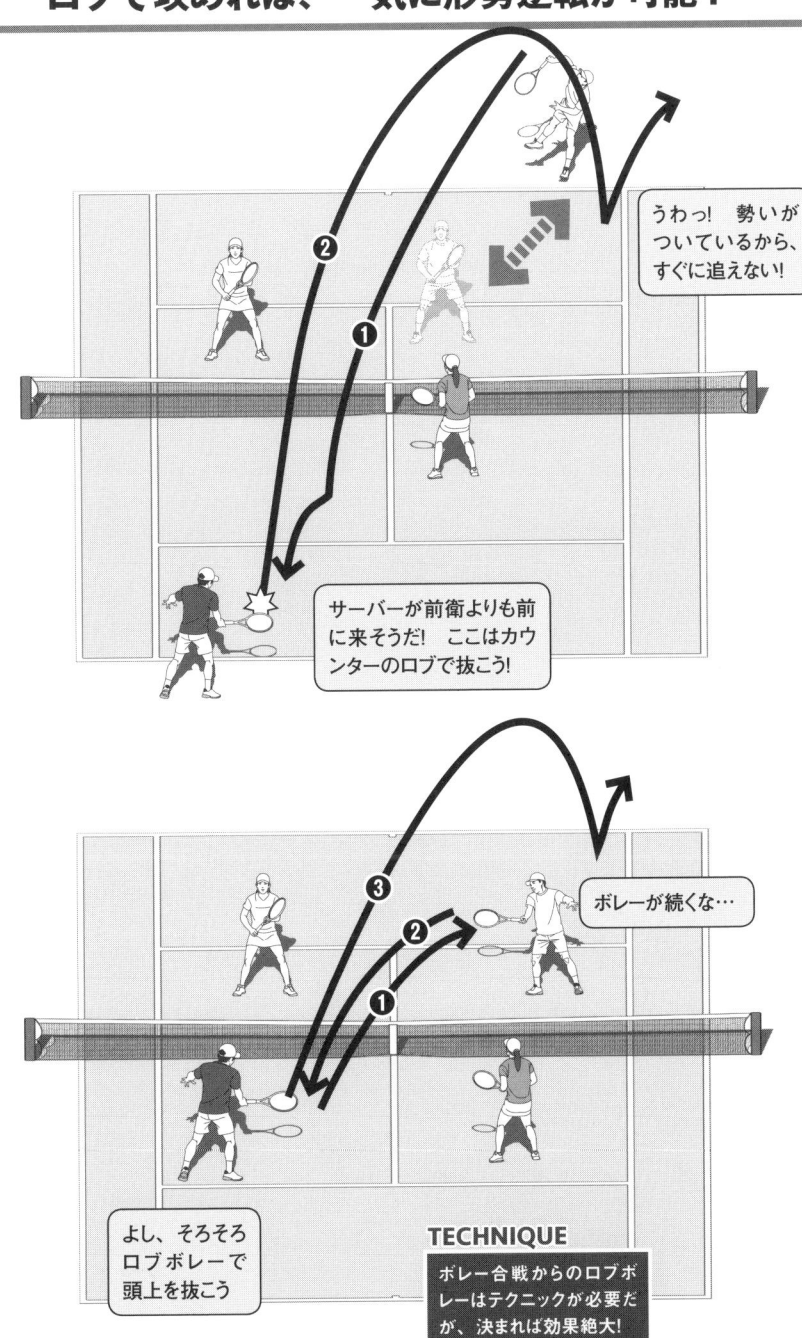

うわっ！ 勢いがついているから、すぐに追えない！

サーバーが前衛よりも前に来そうだ！ ここはカウンターのロブで抜こう！

ボレーが続くな…

よし、そろそろロブボレーで頭上を抜こう

TECHNIQUE

ボレー合戦からのロブボレーはテクニックが必要だが、決まれば効果絶大！

ファーストサーブはセンターに確実に、が基本

　ミックスダブルスの場合、**女性のファーストサーブの確率を上げる**ことが大切です。またセンターへ入れていくと、パートナーの男性もポーチしやすくなります。反対にワイドに入れてしまうと、リターンを打たれるコースが広がり、緩いサーブだとストレートに叩かれるケースもあります。もしワイドにスライスで逃げるボールを入れていきたかったら、前もってパートナーにその旨を伝えておくことが大切。きっとパートナーは、少しサイドに寄ってストレートをケアしつつ前に出てくれるでしょう。

　コースをコントロールできない場合でも、やはり確実にファーストを入れていきましょう。たとえ緩くてもファーストはファースト。中級者レベルぐらいまでであれば、リターナーは**一気に叩いてこようとは思わない**ものです。またファーストサーブを確実に入れて、パートナーにポーチで決めてもらえれば、いい攻めのリズムが生まれてくるはずです。

　またサーブを打つときには、**自分の「間」を作る**ことも忘れずに。打つ前に必ず停止して、相手の立ち位置や、自分が入れていきたいコースなどを再確認しましょう。サーブが入らない人ほど動きに落ち着きがなく、自信がある人ほどゆったりと構えています。

ワンポイントアドバイス

- ●ダブルスのサーブの基本はセンター！
- ●ファーストサーブはスピードよりもコース重視！
- ●サーブがワイドに入ったらストレートをケア！
- ●「間」のとり方を身につけよう

センターに入れてから組み立てるのが基本

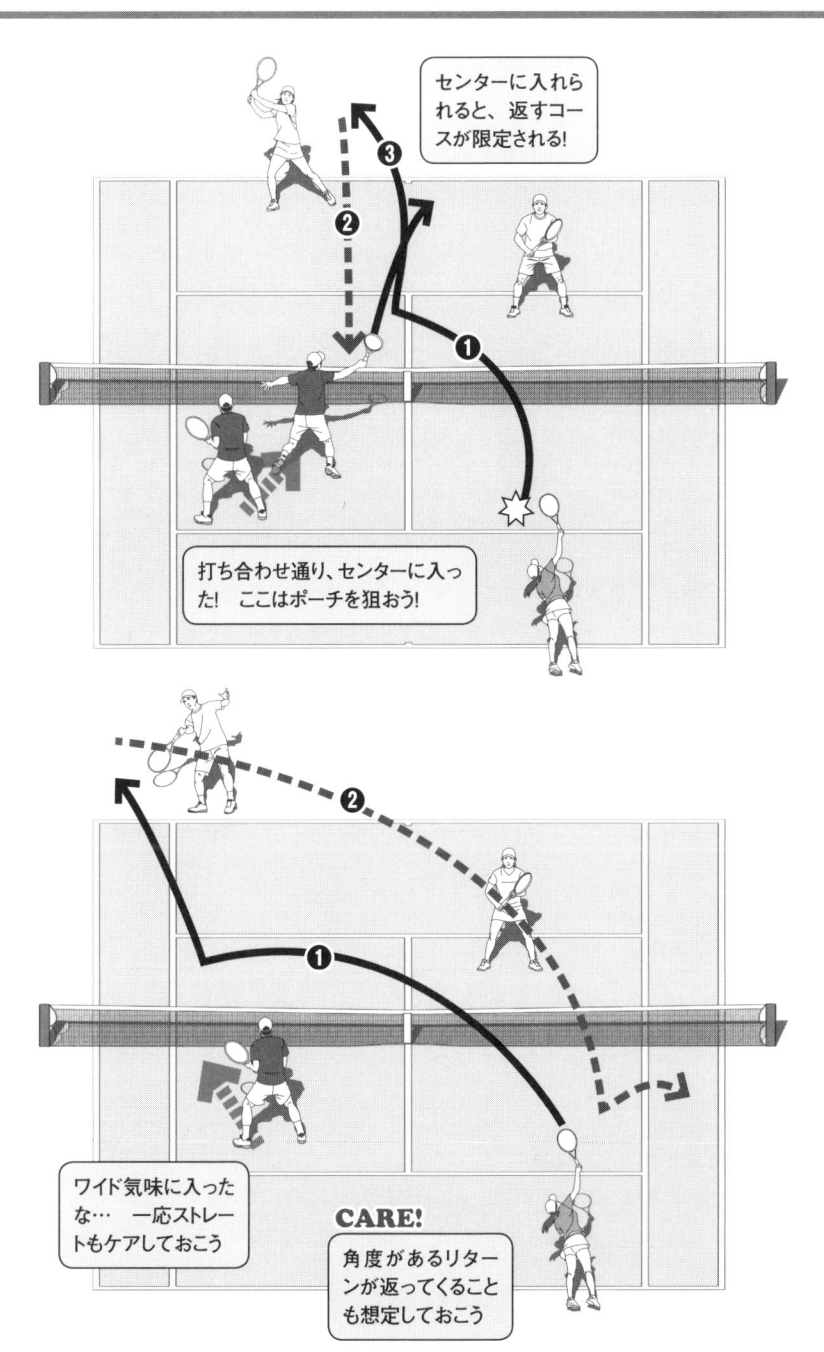

センターに入れられると、返すコースが限定される!

打ち合わせ通り、センターに入った! ここはポーチを狙おう!

ワイド気味に入ったな… 一応ストレートもケアしておこう

CARE!
角度があるリターンが返ってくることも想定しておこう

攻撃の勢いを止めないように臨機応変に動く

　パートナーが、自分でチャンスボールを作るような配球をして前に詰めたら、その攻めの流れを止めないことが大切です。たとえ相手からの返球がチャンスボールとなって、自分の守備範囲に入ってきても、パートナーにはそのまま動いてもらいチャンスボールを決めてもらいましょう。**パートナーは返球を予測して動いているので、ポイントを決めやすいのです。**

　ミックスダブルスで男性がフォアサイドからサーブを打ってサービスダッシュ。返ってきたリターンを前に詰めていってハーフボレーでブロックし、体が前に流れているときは、さらに前に詰めて決めてもらいましょう。このときの女性の動きは、チェンジまでする必要はありませんが、サービスラインの中にステイして、相手からのクロスへのロブボレーや、自分の上のストレートロブボレーが返ってくることを想定して、やや意識を後ろにおいておくようにしましょう。

「私はジャマしないから、ここはあなたにおまかせ。どんどん攻めていってね」

「よっしゃ、まかせとけ！」こんな意思疎通が無言のうちにできれば最高です。

ワンポイントアドバイス

- ●攻めの流れを止めないように臨機応変に動きましょう！
- ●仕掛けた人が最後まで攻めきる！
- ●常に逆襲を想定した動きを意識しておこう

流れができたら、一気にたたみかける！

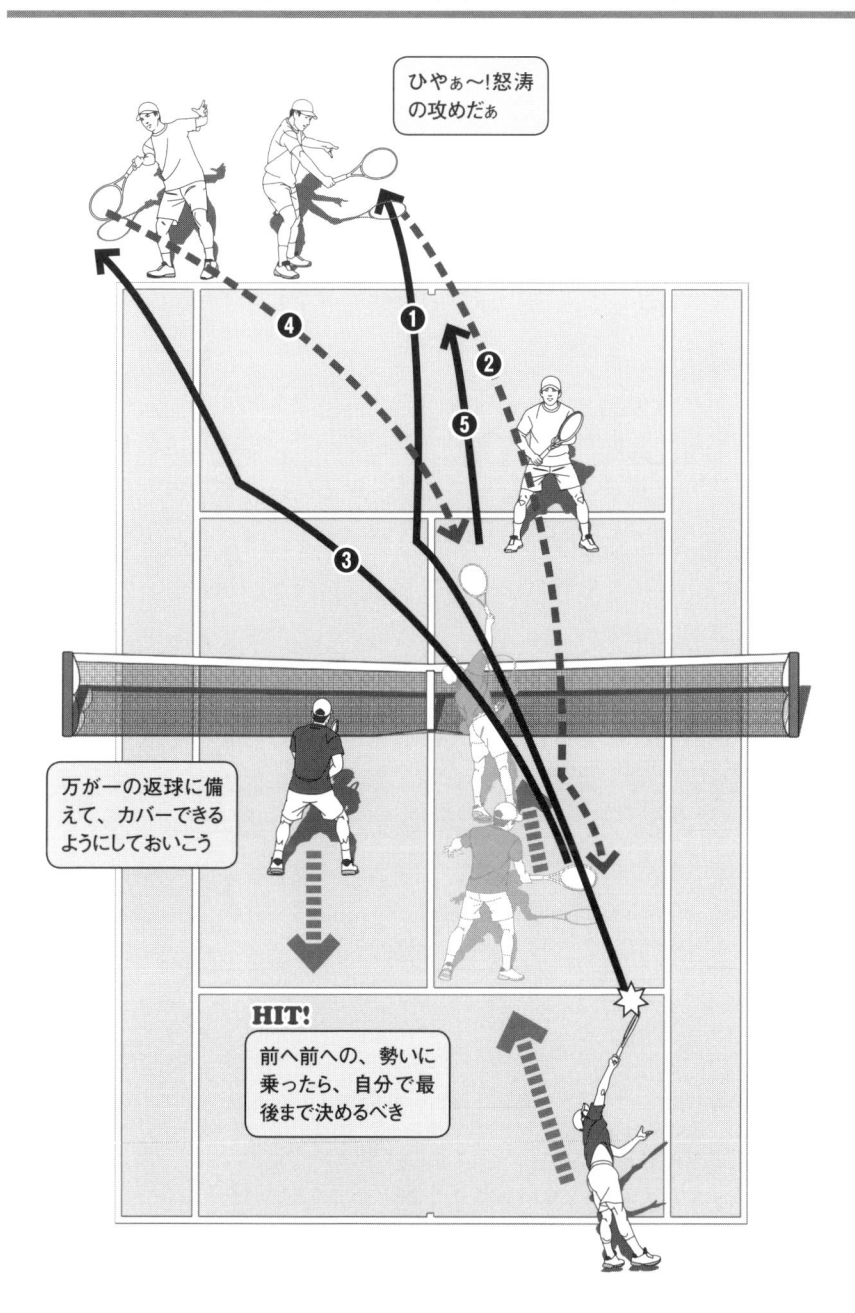

ボレーの下手な人を狙う

　相手のボレーの実力を、早い段階で見極めることが大切です。相手ペアのどちらかがボレーを苦手としていたら、その人に打たれても一発で決められることは少ないので、どんどん**ボールを集めて攻めていきましょう**。ミックスの試合や、実力差の大きいペアが組んでいるときによく見られるのですが、打たれたボールに対してはまっすぐには返せるけれども、自分からは角度をつけて返せないプレーヤーがいます。そんなときは、とにかくその相手にボールを集めていきましょう。続けているとチャンスボールが返ってきたり、相手のパートナーが少しずつカバーに寄って、**オープンスペースができてくる**ので、そこをついていけばいいのです。

　このほかの戦略としては、その人にボールを配球したら、次は**ロブで上を抜いてみましょう**。相手のパートナーもロブボールをカバーしようと、一緒に後ろに下がったらしめたもの。戻ってきたチャンスボールを、前の空いたところに決めましょう。ただし、さらにカバーされることも考慮して鋭角にボールを入れていくことを忘れずに。

ワンポイントアドバイス

- ●ボレーを苦手にしている人を攻めよう
- ●続けて攻めればチャンスボールが！
- ●決めのショットは角度をつけて！

弱い人を攻めてチャンスボールを作る

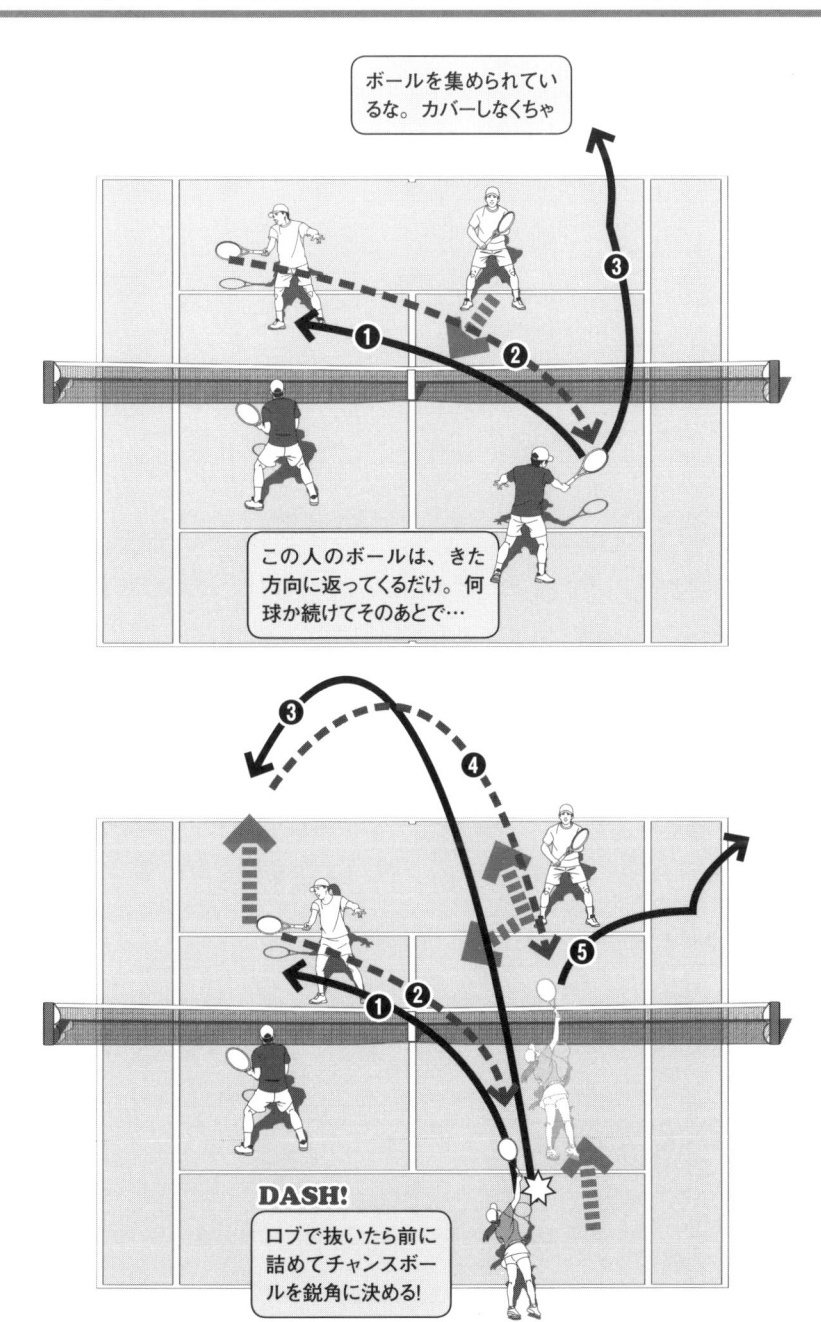

> ボールを集められているな。カバーしなくちゃ

> この人のボールは、きた方向に返ってくるだけ。何球か続けてそのあとで…

DASH!

> ロブで抜いたら前に詰めてチャンスボールを鋭角に決める!

スライスのロブリターンから攻める

　スライスのリターンで相手の陣形を崩していって、自分たちが前に出て攻めるパターンも身につけておきましょう。

　まずストレートの深い位置に、**スライスロブでリターン**を返します。サーバーがチェンジをしてとりにいったら相手の陣形が変わるので、ここが狙い目です。リターナーは、スライスのロブリターンが相手ボレーヤーの頭を抜けた時点で前に詰めて、浮いて戻ってきたボールを決めにいきます。

　このときの決めのボールは、相手ボレーヤーの**バック側のやや後ろ**あたりにターゲットを決めて、確実に入れていきましょう。本来なら相手のボレーヤーがとるべきボールなのですが、ややバウンドが後ろ気味になるので、一瞬、後ろにいるパートナーがとってくれるのではないかと錯覚しがちです。仮にボレーヤーがやっと触ったとしても、自分の体よりも後ろで打たれているので、面を作るのが遅れてしまい、チャンスボールとなって返ってくることが多くなります。これは相手ボレーヤーが左利きの場合でも、センターに入れていけば意外と決まるので、ぜひ試してみてください。

ワンポイントアドバイス

- スライスロブはコントロールしやすい！
- コンパクトなスイングなので、前に詰めやすい！
- 決めのボールは相手ボレーヤーのバック側やや後ろに

攻撃的スライスロブは「使える」ショット!

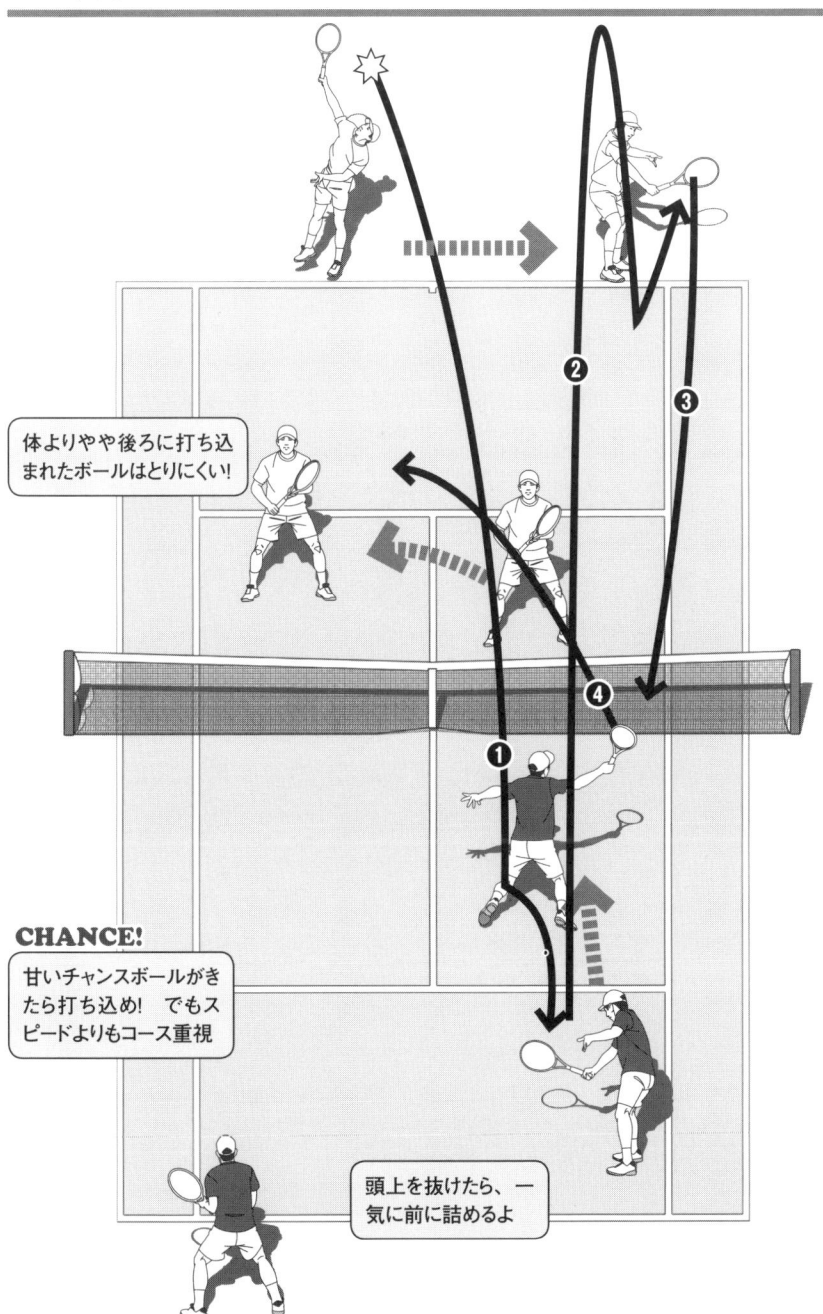

体よりやや後ろに打ち込まれたボールはとりにくい!

CHANCE!
甘いチャンスボールがきたら打ち込め! でもスピードよりもコース重視

頭上を抜けたら、一気に前に詰めるよ

スライスの浅い
リターンから攻める

ここではバックサイドを守るリターナーに、ぜひ実践してもらいたい、スライスリターンからの攻撃パターンを紹介しましょう。

まず、深いリターンを何回か続けた後に、今度は**緩いスライスリターン**を、浅いところに沈めてみましょう。このときリターナーは打ったあとに必ず前に詰めて、**アングルに返ってくるボールを警戒**しましょう。ですが、サーバーがあわてて走ってきて、やっと返してきたチャンスボールは、センターに返ってくる確率が高いので、前衛のパートナーはネットに詰めてボレーで決めにいきましょう。もし、サーバーがネット際にスライスで返してきたら、リターナーは落ち着いて、相手ペアのセンターにボレーを送っていきましょう。

深くてスピードのあるリターンが続けて返ってきていると、サーバーは急に入ってきた緩くて短いボールに反応が遅れるものです。ただしこの戦略は、フォアサイドからのリターンにはおすすめしません。これはサーバーのフォア側に短いボールが入ることになり、サーバーが走ってきてドカンと打ちこまれる可能性があり危険だからです。

ワンポイントアドバイス

- 深いリターンを何回か続けた後に、浅くて緩いリターンを
- 狙い通りのリターンが入ったら、前に詰める！
- バックサイドのリターンで使う作戦

リズムが崩せるスライスリターン

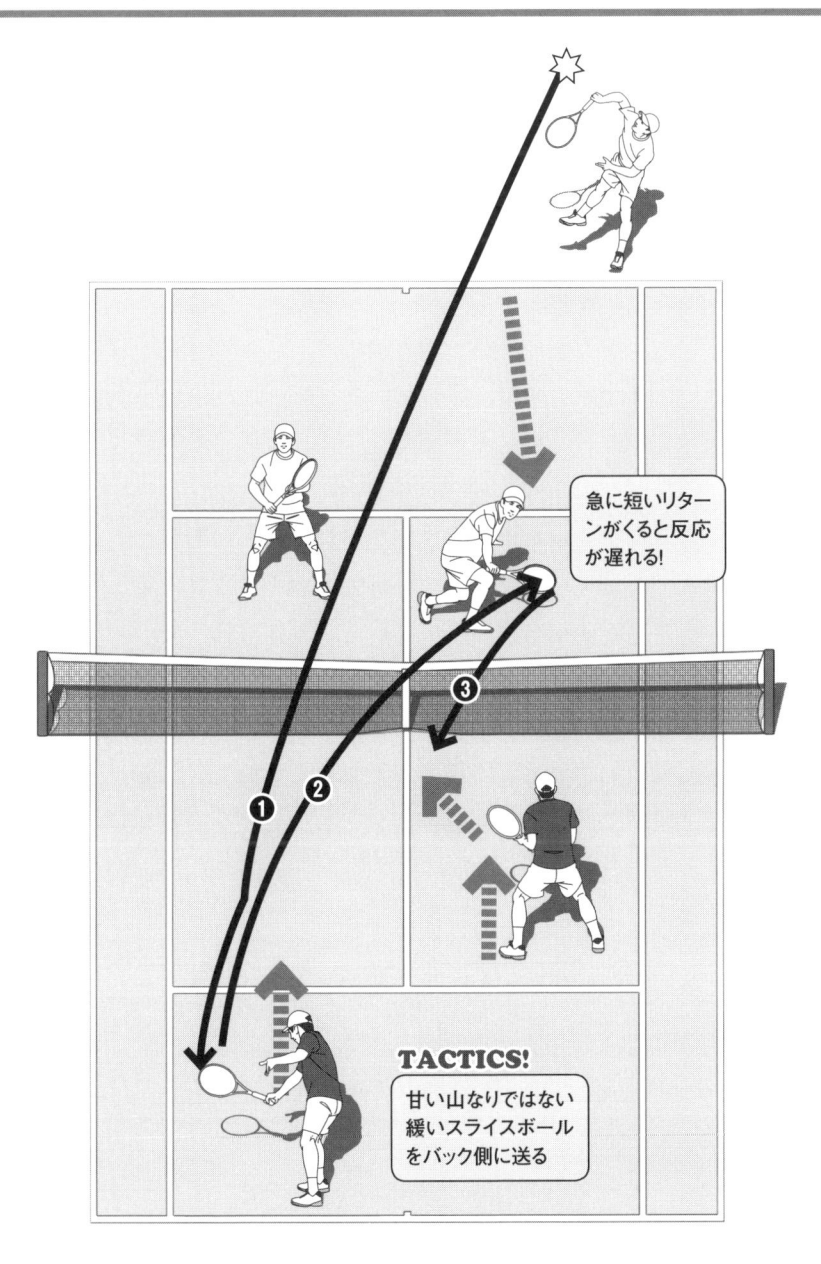

急に短いリターンがくると反応が遅れる!

③

①　②

TACTICS!

甘い山なりではない緩いスライスボールをバック側に送る

面を作って、ゆっくり運ぶように

　ボレーで大切なことは、無理なボールを決めにいかないことです。とくにファーストボレーでは、**無理に突っ込んでいかないようにしましょう**。無理な体勢で早くボレーを打とうとしてローボレーになるよりも、自分の脚力や動ける範囲を考えて、ある程度のところで止まってハーフボレーで返すくらいのゆとりを持つことが大切です。このハーフボレーを深いところに送って、次にボレーしやすいボールがくるのを待ちましょう。とくにこうした場面ではスピートのあるボールではなく、確実に狙ったところにボールを打つことが大切です。

　また、ネットよりも低いところでローボレーをさせられたら、バウンドしてから伸びる、**球筋が長いボレーが有効**です。コツはラケットを自分の体の前でセットして、面を作ってボールを乗せてゆっくり運ぶような感じでボールを送ること。スライスでボールをカットしてしまうと、ポンと弾んで浮きがちになり、スピードのあるボールを返されてしまいます。また、ラケットのガットをやわらかめに張っておくと、ボールがガットに乗っている時間が長いので、伸びるボールが打ちやすくなりますよ。

ワンポイントアドバイス

- ファーストボレーはあせらず、ゆとりをもって
- バウンド後に伸びる、球筋の長いボレーを覚えよう
- ラケットのガットを緩く張ると球持ちがよくなる！

ファーストボレーはチャンスボールを作る球

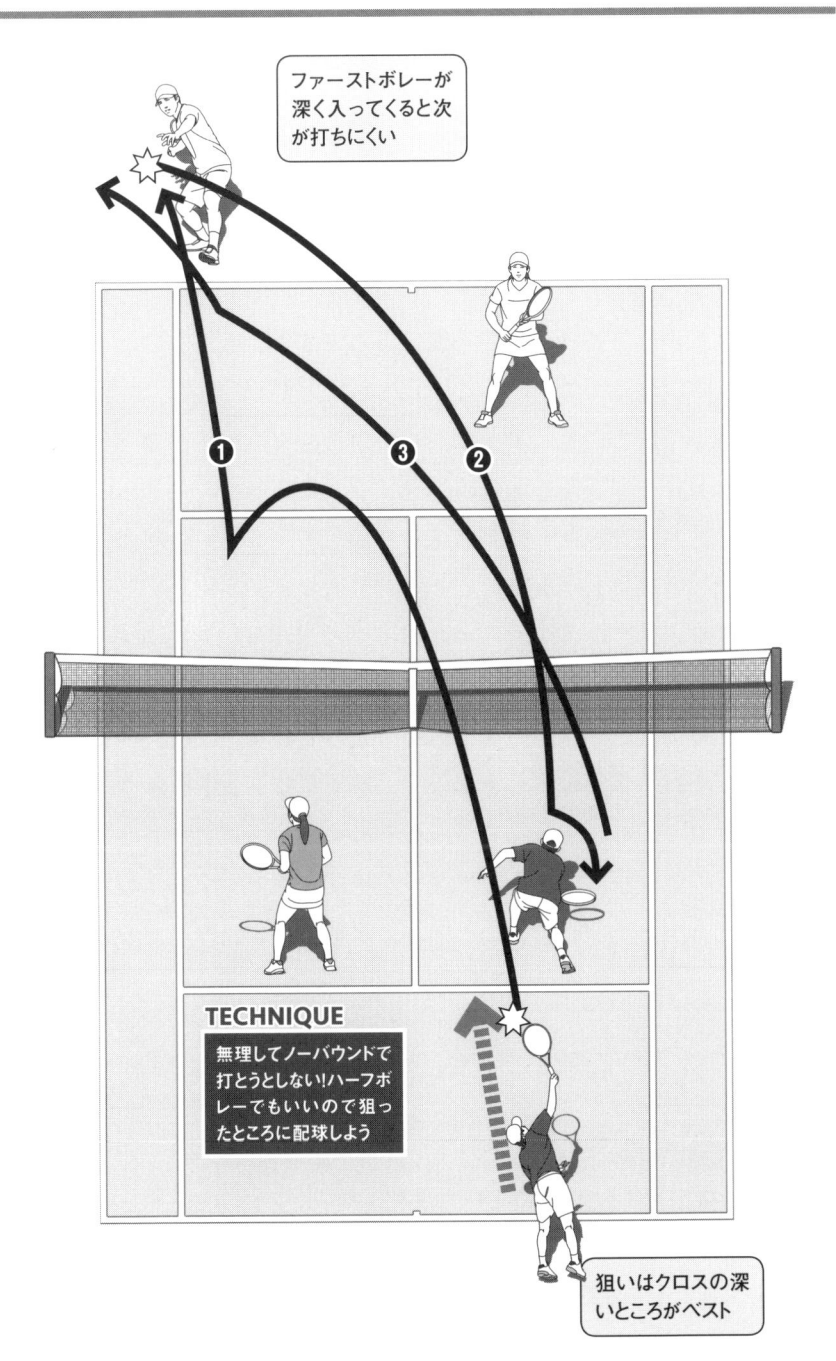

ファーストボレーが深く入ってくると次が打ちにくい

TECHNIQUE

無理してノーバウンドで打とうとしない！ハーフボレーでもいいので狙ったところに配球しよう

狙いはクロスの深いところがベスト

ハーフボレーはダブルスの マストアイテム！

自分の足元にボールを落とされると、ノーバウンドで打とうとして無理にラケットを出して持ち上げてしまいがちですが、こういうときこそ落ち着いて、ハーフボレーで対応しましょう。コツは**ヒザを使って「タタン！」というリズムで打つこと**。緩くてもいいから確実に相手のコートに返していくことが大切です。たとえば、無理にファーストボレーをして自分の体勢が崩れるようであれば、体の前で打つ感じをイメージしながら、ハーフボレーで返して次のボールに備えましょう。

またミックスダブルスなどで、ポーチをされて足元に打ち込まれてしまったときにも、このハーフボレーが威力を発揮します。ただし打ち込まれたボールに対しては、いいボールで返そうとは思わないこと。押されると肘が抜けて力も後ろに逃げてしまうので、**前でブロックするような感じ**で対処しましょう。これができるようになると、ストロークの中でベースラインぎりぎりのところにスピンのボールがきても、上手く返せるようになります。ハーフボレーのいいところは、**上体が崩れないので次の構えをとりやすい**こと。プレー全体がとても楽になります。

ワンポイントアドバイス

- ●ヒザを使って「タタン！」のリズムで！
- ●ピンチなときほど落ち着いて、コンパクトでシンプルな動きで！
- ●打ち込まれたら、面を作って体の前でブロック！

ダブルスのボレー術②

アングルボレーに溺れない！

　アングルボレーは、厳しいところを狙えば狙うほど高度なテクニックが要求されます。それだけに、このボレーを身につけて効果的に使えば、とても有利に試合を展開することができます。コツとしては、**早めにラケットをセットして面を作る**ことです。無理にボールを切ったり、ラケットをこねくり回したりする必要はありません。そして注意してほしいのが、できるだけネットに近いところで打つこと。そして、あえて**むずかしいボールをアングルボレーにするのはやめましょう**。

　確かにアングルボレーは効果的なボールですが、それだけを多用していては、レベルアップは望めません。アングルボレーは使うまでの組み立てが大切なのです。たとえば、深いボレーを何回かつなげていった後に、浮いてきたチャンスボールに対してネットに詰めてアングルに打ったりすると、より安全に効果を発揮できます。このほか、センターへボールを集めて、相手ペアの意識がセンターへいったところにアングルボレーで決める。また、相手ペアの弱いほうへボールを集めていき、相手のパートナーが少しずつカバーに寄って空いた場所にアングルボレーを決めていくなどの組み立てもしてみましょう。

ワンポイントアドバイス

- ●早めにラケットをセット！
- ●むずかしいボールをアングルに打たない！
- ●ボールを切ったり、ラケットをこねくり回したりしない！
- ●深いボール、センターへのボールなどで組み立ててから、最後アングルに！

相手を動揺させる 見せ球リターン

　ミックスダブルスや女子ダブルスの試合で、早い段階で試してほしいのが、相手の前衛の横へ思いっきり打ち込む、見せ球のリターンです。これは相手を**びっくりさせて動揺させる**ためのショットなので、「オーバーしてもOK!」くらいの気持ちで、思い切って打っていきましょう。ボールにスピードがあるので、たとえ前衛が手を出しても、それできれいに決められることは少なく、浅くて緩いチャンスボールが返ってくるケースが多いのです。また相手のサーバーも、前衛にいるパートナーが処理してくれると思っているので、反応が遅くなりがち。前衛のサイドを抜ければ、ノータッチのエースになることがあります。

　この見せ球ショットは、相手の正面を狙って打つべし、という説もありますが、これはかなりの勇気がいるもの。その迷いから強いボールが打てなくなってしまうこともあるので、**相手の体の「横や脇へ打ち込もう!」**と思ってください。ただし結果として正面に行ってしまい、相手のボディなどに当たってしまった場合は、すぐにあやまるようにしましょう。

ワンポイントアドバイス

- 試合の早い段階で打つ!
- 目標は相手前衛の横!
- オーバーしてもOK!の気持ちで

アレーを狙うより、まずセンターで！

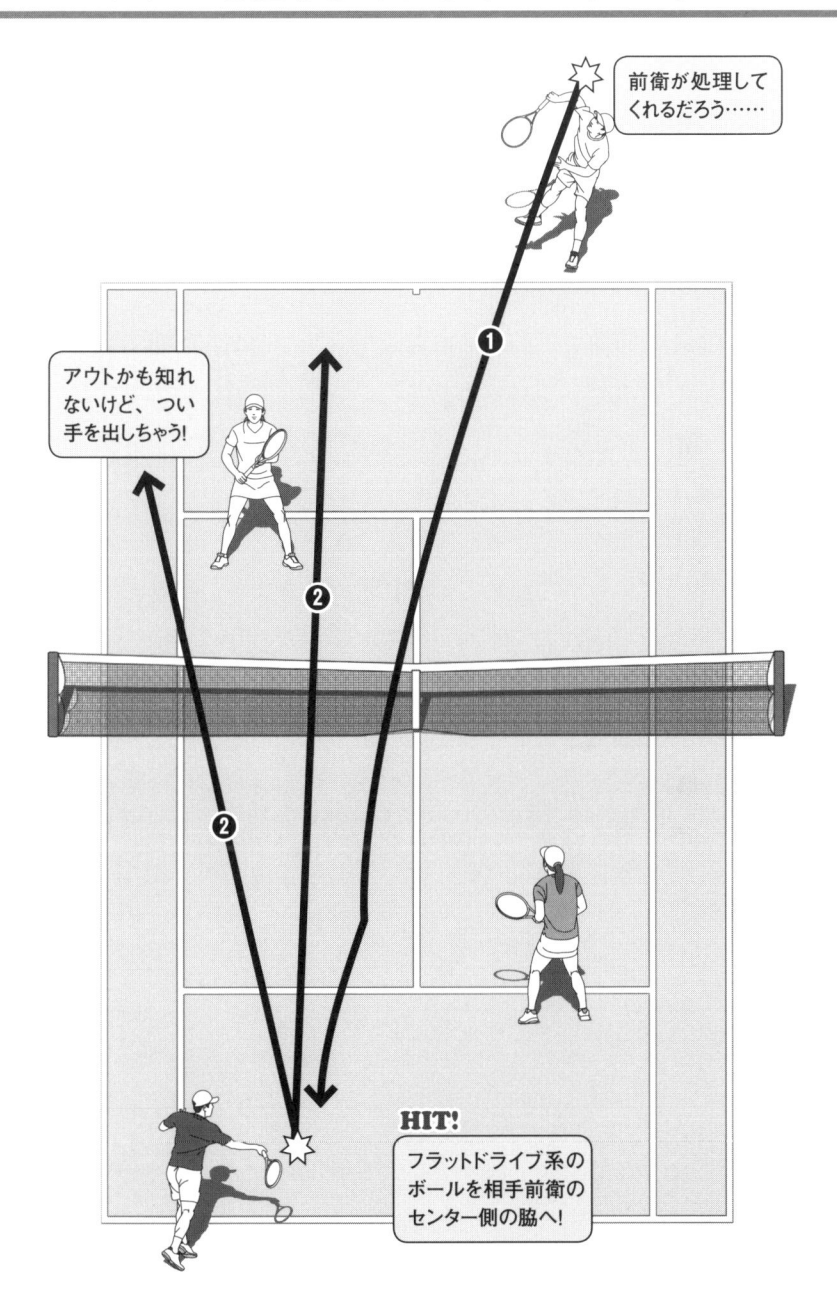

前衛が処理して
くれるだろう……

アウトかも知れ
ないけど、つい
手を出しちゃう!

HIT!

フラットドライブ系の
ボールを相手前衛の
センター側の脇へ!

深い「中ロブリターン」からネットへ

　サーブ＆ボレータイプのプレーヤー、とくに速いテンポでゲームを進めるのが好きなサーバーに対して有効なのが、クロスへの緩くて深い中ロブのリターン。これは相手ペアのどちらに触らせてもいいのですが、相手が返してくるボールに角度をつけさせないためにも、**必ずセンター付近へ入れる**ようにしましょう。

　フォワ～ンとしたボールは滞空時間をかせげるので、リターナーはその間に余裕を持ってネットに詰めていくことができます。反対にサーバーの気持ちとしては、相手が前に詰めてきているのがわかっていて、少しあせり気味。早く打って相手の動きを制したいのに、ボールがなかなか飛んできません。ボールを落としてから処理しようとしても、思っていたよりもボールが自分のほうへ飛んでこないので、バランスを崩したまま思いっきり打ってミスをする、というパターンが考えられます。

　ここで気をつけておきたいのが、**ストレートへ戻ってくるロブ**。リターン側の2人が前にいく気持ちばかりを持っていると、ロブで抜かれてしまうケースもあります。前衛にいる人は、パートナーが深い中ロブを上げたら後ろへの意識も持っておくようにしましょう。

ワンポイントアドバイス

- ●時間をかせげる中ロブでスルスルとネットに詰める！
- ●ロブ返しに注意！

リターンからの戦略③

ボレーのグリップでブロックリターン

　リターンが苦手の人だけでなく、スピードのあるサーブに対してのリターンを振り切って返すことがむずかしい場合には、とりあえずボレー感覚のリターンで返して、次に浮いてくるボールを決めにいきましょう。さらにボールの滞空時間が長ければ、その間に自分が前に詰めることもできます。また、ベテランの女性で、「ストロークでのラリーは得意じゃないけれど、ボレーならつなげられるから、早く前に詰めたい」という人たちにもぜひ使ってほしいショットです。コツは、**ボレーのグリップ（コンチネンタルグリップ）でボールの上がり際をとらえる感覚**で打つこと。ロングボレーを打つ要領で、ボールが浮かないようにコントロールすることが大切です。

　このほか、ちょっと勇気が必要ですが、男性の速いサーブや、変化の大きいサーブのリターンに困ったら、最初から**かなり前に詰めてブロックリターンで返す方法**（"ドツメ・リターン"）もあります。速いサーブに対しては、より早いタイミングでリターンのボールが返せますから、相手もポーチに出にくいもの。また変化の大きいサーブには、ボールが変化をする前に対処することができます。

ワンポイントアドバイス

- ●ロングボレーをするイメージでリターン！
- ●速いサーブにも対応できる！
- ●サービスラインのすぐ外で構える「ドツメ・リターン」も効果的

ロブの処理

どちらに回り込んで打つか、即座に判断！

　頭上を抜かれたロブを追いかけるとき、フォアとバックのどちらに回り込んで返球をすればいいか迷うことがあります。抜かれた瞬間に、**追いついて打つ自分のフォームを想像**し、そのポジションを判断して、即決することが必要です。

　頭の真上をストレートのロブで抜かれたときは、女性の場合はフォアに回り込んで返すことをおすすめします。両手打ちバックの人はリーチが短い上、片手で返そうとしても普段なれていないのでミスしやすいのです。でも逆クロスから抜かれた場合は、無理をしてでもバックで打ち返すつもりでボールを追いかけましょう。理由は、ストレートの場合は、真っすぐ後ろにしかバウンドしないので、フォアに回りこんでも余裕がありますが、逆クロスからきたボールのバウンドは、**バック側、しかも外へとどんどん逃げていく**ので返しづらくなるからです。

　また、パートナーがストレートロブを上げて前へ詰めたけれど、かわされてロブがクロスに返ってきた場面では、あなたはできるだけボールを落さずにロブをカットして返しましょう。もし自分の頭を越えてしまったら、前へ詰めているパートナーがとりにいくのはむずかしいので、自分が下がって追いかけましょう。

ワンポイントアドバイス

- ●逆クロスからロブで抜かれたら、バックハンドで！
- ●ロブカットのテクニックも身につけよう

追いついて打っている姿をイメージして!

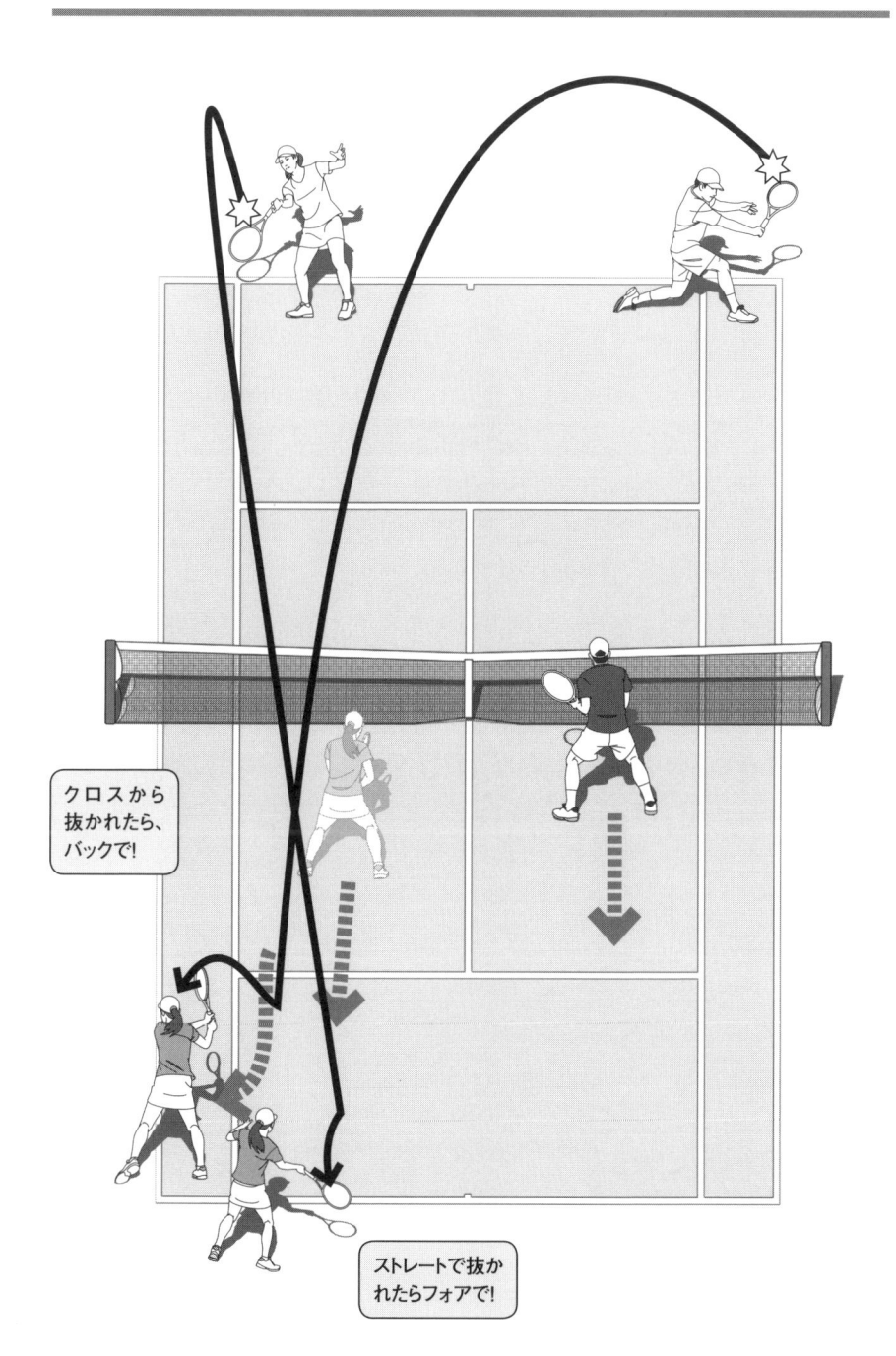

クロスから抜かれたら、バックで!

ストレートで抜かれたらフォアで!

ストレートへの
スライスロブでしのぐ

　サーブをワイドに入れられて、コートの外に追い出されてしまった場合のリターンは、無理をせずに、できれば体勢を立て直すだけの時間をかせげるボールでしのぎましょう。フォアサイドへワイドに入ってきたサーブに対しては、**ストレートのスライスロブで逃げる**のがもっと安全で確実。バックサイドにワイドに入れられた場合も、やはりストレートロブで逃げると時間がかせげます。可能な限り、相手前衛の頭を越えるような深さのボールを打つのが望ましいです。

　とくに速いスピードでワイドに入ったサーブに対して、一生懸命走って飛びついても、ネット際の浅いところへ角度をつけて返すのは、むずかしい処理になります。「**カッコ悪い**」なんて思わずにロブで逃げましょう。試合では一球でも多く相手コートにボールを返した人が勝つのですから。もし余裕があれば、緩くてもいいので、**クロスの足元に返すスライスリターン**もぜひ試してみてください。走らされたときは、面を作って当てて返すだけ。緩く短いボールでもいいので、とにかく当てて返すという意識を持ってください。

ワンポイントアドバイス

- ●体勢を立て直す時間を作りましょう！
- ●スライスの面作りはぜひ覚えましょう！

カッコよりもまず返すこと！

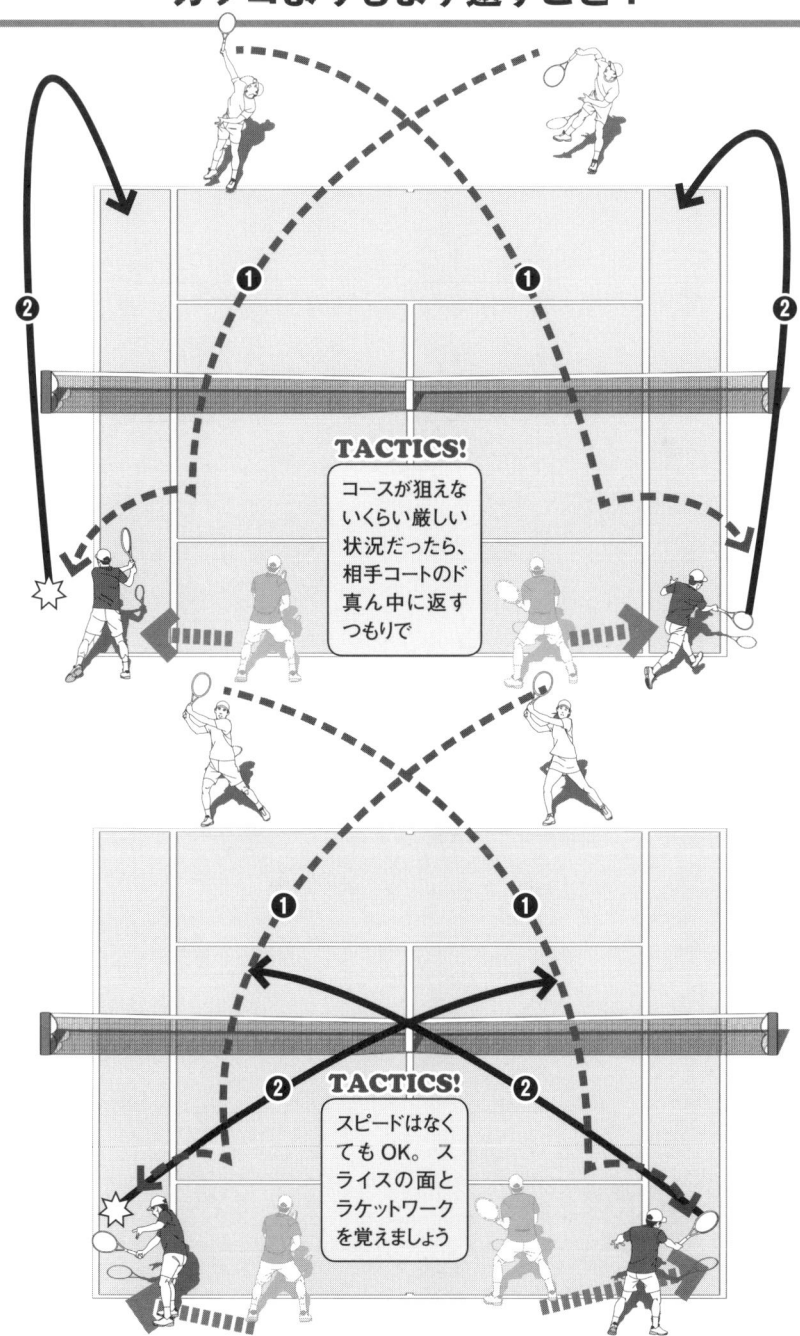

TACTICS!

コースが狙えないくらい厳しい状況だったら、相手コートのド真ん中に返すつもりで

TACTICS!

スピードはなくてもOK。スライスの面とラケットワークを覚えましょう

恥ずかしがらないで、ベースラインの並行陣で

ミックスダブルスなどで、相手のサーブに変化があって、リターナーの女性がリターンでコースを狙えない、というケースがあります。このような場面では、ファーストサーブのときに、最初から男性パートナーにベースラインまで下がっていてもらうとよいでしょう。

甘いリターンが返ってしまうと、相手にボレーをされて簡単に決められてしまいます。このようなことが予想される場合には、前衛にポジションを下げてもらい、ポーチされるかもしれないボールに準備しておいてもらいましょう。雁行陣のように返すコースが限定されていると、**リターナーもプレッシャーを感じる**ので、リターンがどこに返ってもいいという陣形になっていれば安心感を得られます。

「とりあえず、相手のコートに返そう」という漠然とした感じでリターンすればいいのです。ただコートの前方の守りは手薄になるので、展開の中で**チャンスがあれば前に詰める**ようにしましょう。

セカンドサーブが変化も速度も緩くなるサーバーであれば、男性パートナーはサービスライン付近の定位置に立つようにしましょう。

ワンポイントアドバイス

- ●ツーバック（二人がベースライン）の陣形はプロもよくやっています！
- ●リラックスして、相手のコートに返していきましょう！

パートナーに下がってもらうとプレッシャーも減る

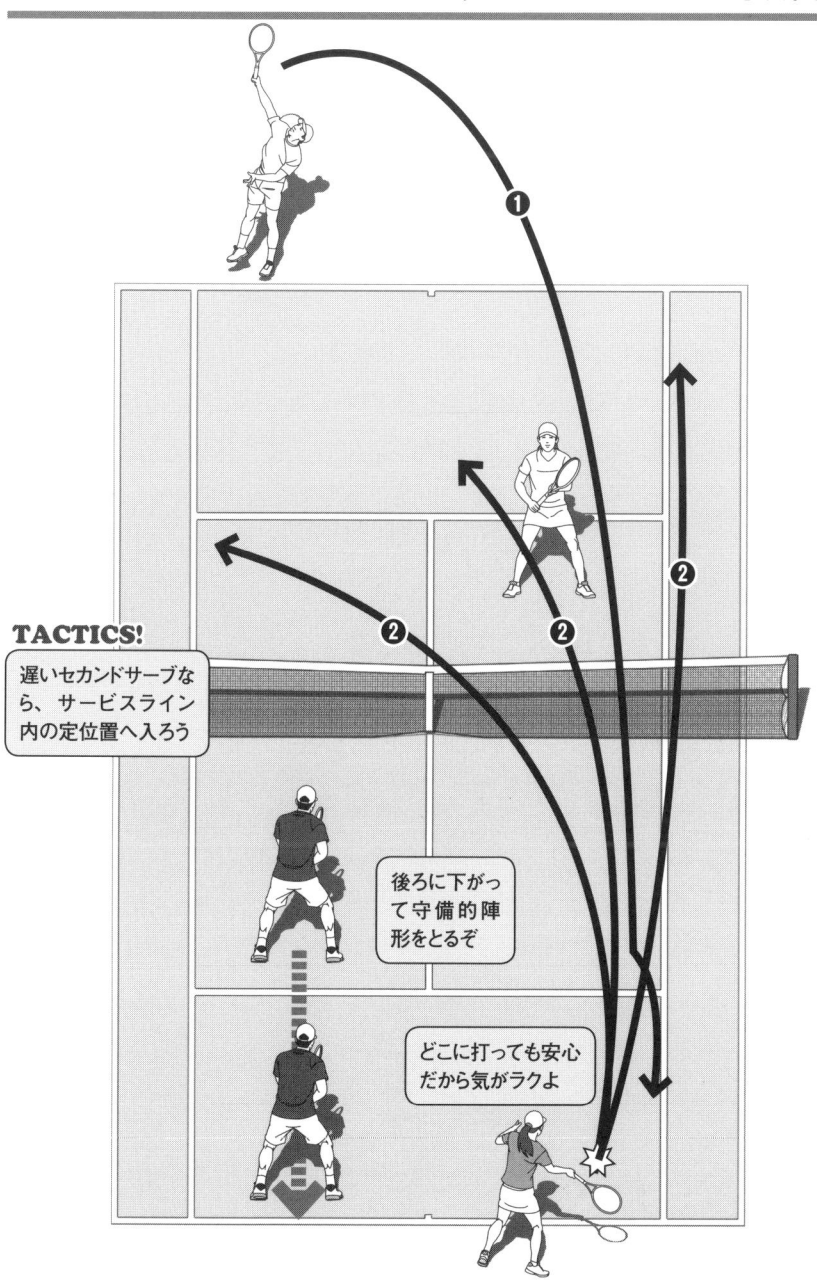

TACTICS!

遅いセカンドサーブなら、サービスライン内の定位置へ入ろう

後ろに下がって守備的陣形をとるぞ

どこに打っても安心だから気がラクよ

いないところへ柔らかいタッチのドロップショット

　雁行陣でゲームが進行していて、相手にドロップショットを打たれ、何とか追いついたけれど、相手が目の前に立ちはだかっているというケース。こんなとき、前にいる相手の頭の上を越そうとしてロブを上げようとすると、よけいな力が入ってしまい、ミスをしがち。そんな場面での対処法のひとつとして、アングルのドロップショットで相手の**いないところに落とす**方法があります。ただしこの場合のドロップショットは、無理に持ち上げようとすると引っかけてしまいやすいので、ネットさえ越えればいいという感じで、**ポンと柔らかく打つように**しましょう。

　余裕があればクロス(逆クロス)方向へのアングルが理想的ですが、余裕がない場合は、**前にいる人の足元にポトン**と落としても効果はあります。前にいる人は、「バン！」と打ってくるのではないかと思ってケアして構えていることが多いもの。足元に弾まないボールを送ると強打されず、また相手を慌てさせることができます。意表をつくことで相手がミスをする可能性が1％でも上がればしめたもの。ぜひお試しあれ。

ワンポイントアドバイス

- アングルに柔らかいタッチが理想
- 前にいる人の足元も意外性があって GOOD ！

面だけ作ってアングルへのドロップ返し！

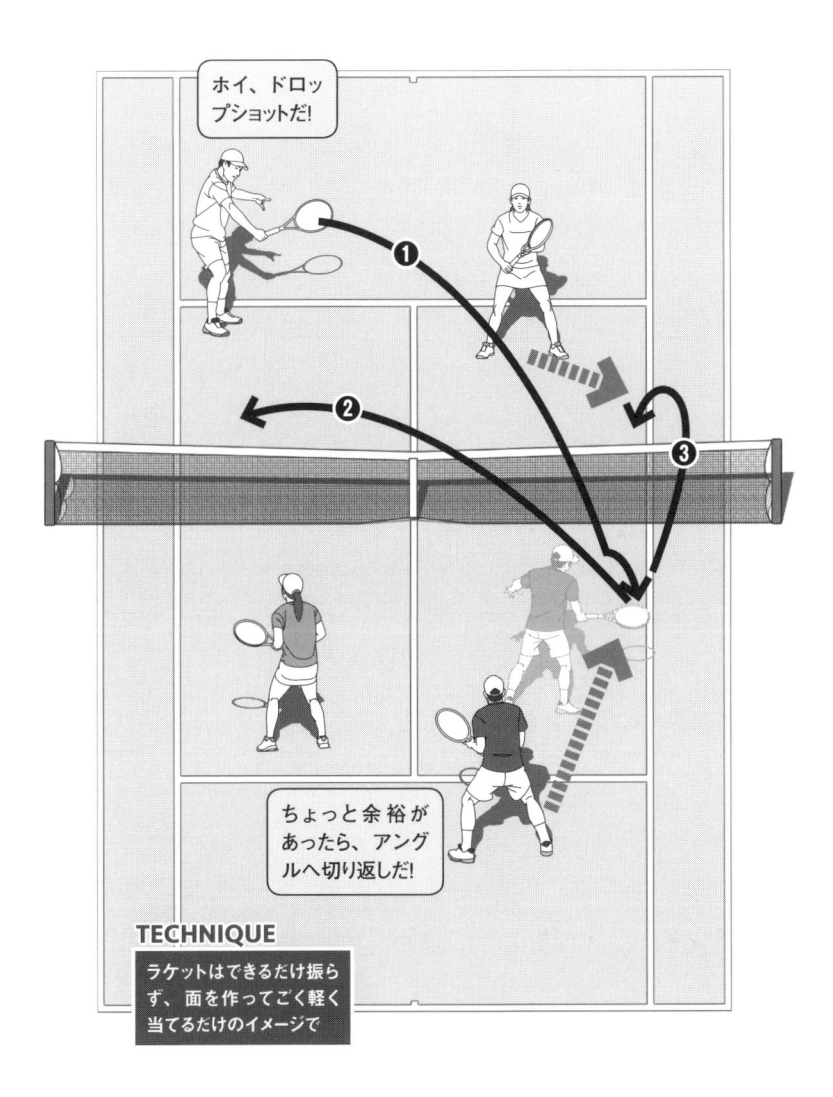

ホイ、ドロップショットだ!

ちょっと余裕があったら、アングルへ切り返しだ!

TECHNIQUE

ラケットはできるだけ振らず、面を作ってごく軽く当てるだけのイメージで

相手サーバーの心理を逆手にとる

　コンスタントにバック側へサーブを入れてくる相手に手を焼いたら、バックサイドのリターナーは、思い切ってセンターを空けて、**シングルスラインをまたぐくらいのところ**に立ってみましょう。バックに厳しい角度で入ってきたサーブを大きく動いていって打つと、むずかしい鋭角のリターンが必要になったり、リターンをポーチされやすくなってしまうもの。バックサイドでフォア側を空けておくと、そのぶんバック側が狭くなるので、サーバーとしてはそこを狙ってサーブを入れるのはむずかしくなります。ただし、相手がフォア側（センター）に速めのサーブを叩き込めるような技術をもっていたら、逆効果になってしまうので、気をつけてください。試合の早い段階で相手のサーブ力を見極めることが大切です。

　フォアサイドでリターンをする場合はこの方法は使えませんので、心理作戦として**自分の得意なほうを空けておいて、コースを誘う**といいでしょう。このほか、センターに何本もサービスエースをとられたりする場合には、パートナーが**センターのラインぎりぎりに立って、サーバーにプレッシャー**を与えるのもひとつの方法です（ただしサーブに当たらないように！）。

ワンポイントアドバイス

- ●バックサイドでは思い切ってセンターを空けてみるのも戦術
- ●試合の早い段階で相手のサーブ力を見極めよう
- ●前衛にセンターラインギリギリに立ってもらうのもアリ！

ときどき構えのポジションを変えてみよう

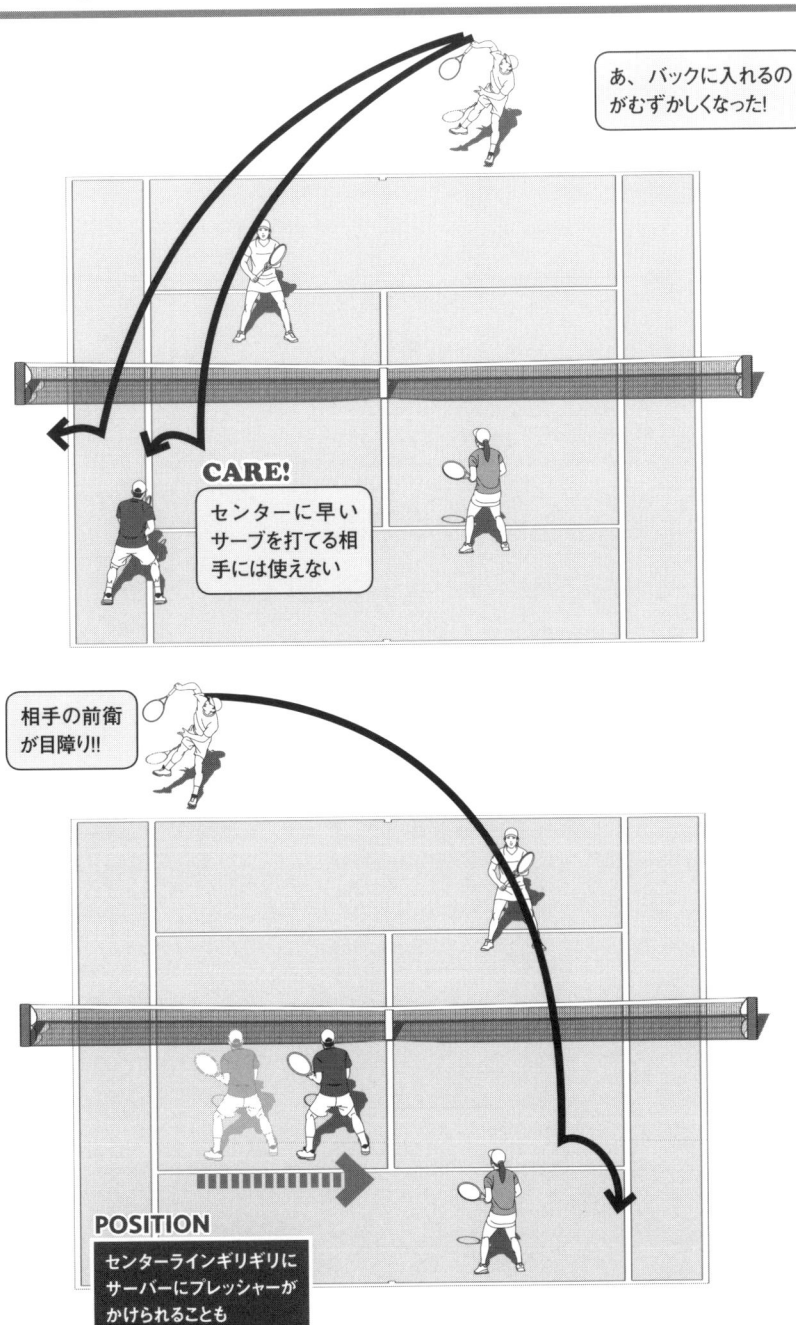

センターのボールは男性に任せる

ミックスダブルスでは、**女性が無理をしない**ことが一番のポイント。フォアサイドを女性、バックサイドを男性が担当する場合は、センターにきたボールには女性が無理に手を出さないのがベター。たとえばアドサイドでラリーが続いたときに、女性の横あたりでバウンドするようなボールに対して、とれそうだと思って手を出しても、**ボールが浮いて相手のチャンスボール**になって決められてしまいがちです。このような場面では、余裕のあるポジションにいる男性パートナーに処理を任せたほうがいいのです。

もうひとつ、**女性はロブを深追いしないこと**。自分の頭の上にきたロブを「ただ当てて返すだけ」という感じで返球してしまうと、相手のチャンスボールになってしまうので、無理せず男性に任せてしまいましょう。

ミックスダブルスに慣れているペアは、「あ・うんの呼吸」で**すばやいチェンジ**ができています。慣れていない人はボールが上がった瞬間に大きな声を掛け合ってチェンジをしてみましょう。チャンスボールを男性がダイレクトにヒットしようとする場合は、女性は邪魔をしないように体をかがめることも忘れずに。

ワンポイントアドバイス

- 女性は無理してセンターのボールに手を出さない
- 「チェンジ」は声を掛け合って！

ミックスでは女性が無理しないように

攻守のバランスを
よ〜く考えよう

　ミックスダブルスでは、男性が先にサーブをするケースが多いのですが、**女性にサーブ力とストローク力があれば先にサーブをするのも OK**。とくにストロークでミスをしない女性のいるペアは、ぜひ試してみましょう。リターンされてきたボールからチャンスボールを作ってくれるので、男性は最初からネットの近くで攻めていくことができます。

　男性はペース配分を考えることも大切です。最初から張り切って、さらに女性のカバーもしていると、最後のほうはバテてしまいます。初心者の女性と組んだときなど、**女性にネットにベタ詰めしてもらえば**、相手の攻めるコースが狭まります。また、女性は走ることが苦手な人が多いので、ドロップショットは**できるだけ男性が走ってとりにいく**ようにしましょう。無理に女性に動いてもらうと、ボールが浮いて相手のチャンスボールになってしまいがちです。

　攻めるときは女性同士のラリーで甘くなったボールを**男性がポーチ**していく、守るときは**男性の守備範囲をやや広めにする**、などの役割を確認しておくといいでしょう。

ワンポイントアドバイス

● 上手な女性なら、先にサーブを打っても OK ！

● 最初から男性が飛ばしすぎない！

● ドロップショットは男性が引き受けましょう！

ダブルスは1人でやるものではありません！

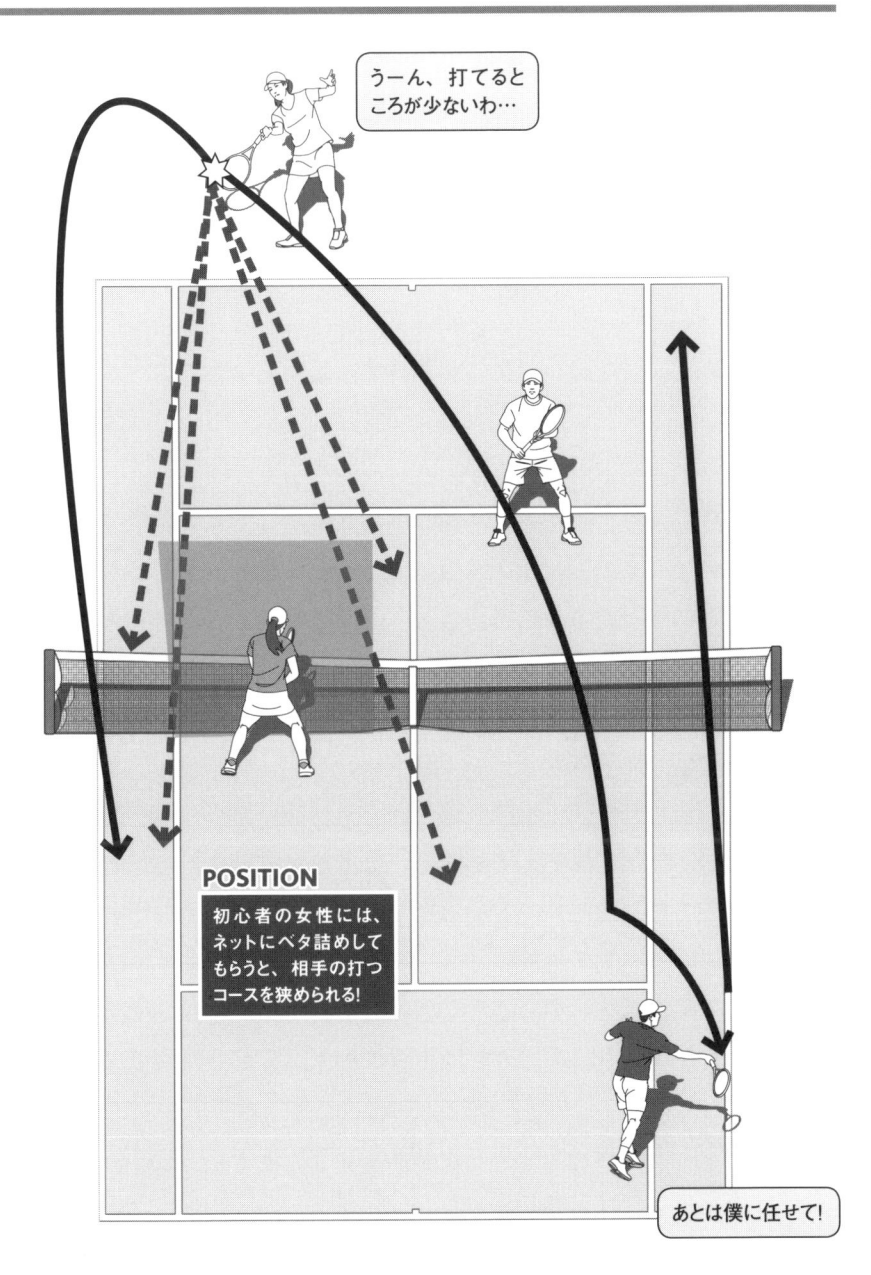

試合だから勝ち負けは大切。でも楽しみましょう！

　草トーナメントは、待ち時間が長い、毎試合対戦相手が変わる、ノーアドなどの短期決戦のこともある、といった特殊なケースがよくあります。その辺をしっかりと認識して試合に臨みましょう。

　実際の試合では、常に自分自身を冷静に見つめることが大切です。ナイスショットに酔いしれるのではなく、プレー中のゲームの展開を客観的に分析して、ゲームをうまく組み立てるようにしましょう。特にダブルスの試合はふたりでペアを組んでプレーしているので、1人よがりにならずにパートナーとの共同作業という考え方を持ちましょう。

　そして、相手が上手、下手というよりも、常に最後には自分たちが勝つんだという強い信念を持って戦うことが重要です。

　また会場がリゾート地の場合は、それなりの楽しみもあります。親子でペアを組んで出るというような年齢を越えた楽しみ方もそのひとつです。普通はなかなかむずかしいものですが、実際に親子ペアで出場して楽しんでいる人も見かけますので、家族でテニスをしているような人は、ぜひ試してみてください。

　またリゾート地の試合では、協賛しているメーカーがブースを出していることが多いので、いろいろなラケットの試打ができます。ちょうど、ラケットを替えようと思っているのなら、このチャンスは見逃せません。

第3章

いろいろなシーン別攻略法

相手のテンポに合わせずに自分のペースをつくる

　ストロークに自信がある人は雁行陣をとりやすいですが、ストローク合戦をしているうちに相手のペースに巻き込まれてしまう場合があります。こんなときは、同じコースに同じ球種で打たないように心がけましょう。**とくに3本続けて同じようなボールを打つとテンポが合いやすくなって、相手にポーチをされる危険性**がでてきます。

　前衛はパートナーに返ってきたボールを振り返って見ないようにしましょう。ボールの行方は相手の動きを見て判断するようにしないと、自分の対応が遅くなってしまいます。そして、パートナーの打ったボールが自分の横を通り過ぎたら、自分も**一歩前に詰める**のが基本です。返されたボールに触れなかったら、相手のボレーヤーも一歩詰めてくるので、その対応ができるように**一歩下がって**センターをケアしましょう。

　このほかパートナーが苦手にしているところに返球されたら、ポーチに出ないようにしたほうがいいです。

ワンポイントアドバイス

- ●コースと球種を変えて打ちましょう！
- ●前衛は後ろを振り返らない！
- ●相手後衛にボールが返ったら前衛は一歩前に詰める！
- ●パートナーにボールが戻ったら前衛は一歩下がる！
- ●パートナーの苦手なところに打たれたらポーチに出ない！

同じテンポのボールを３本続けない！

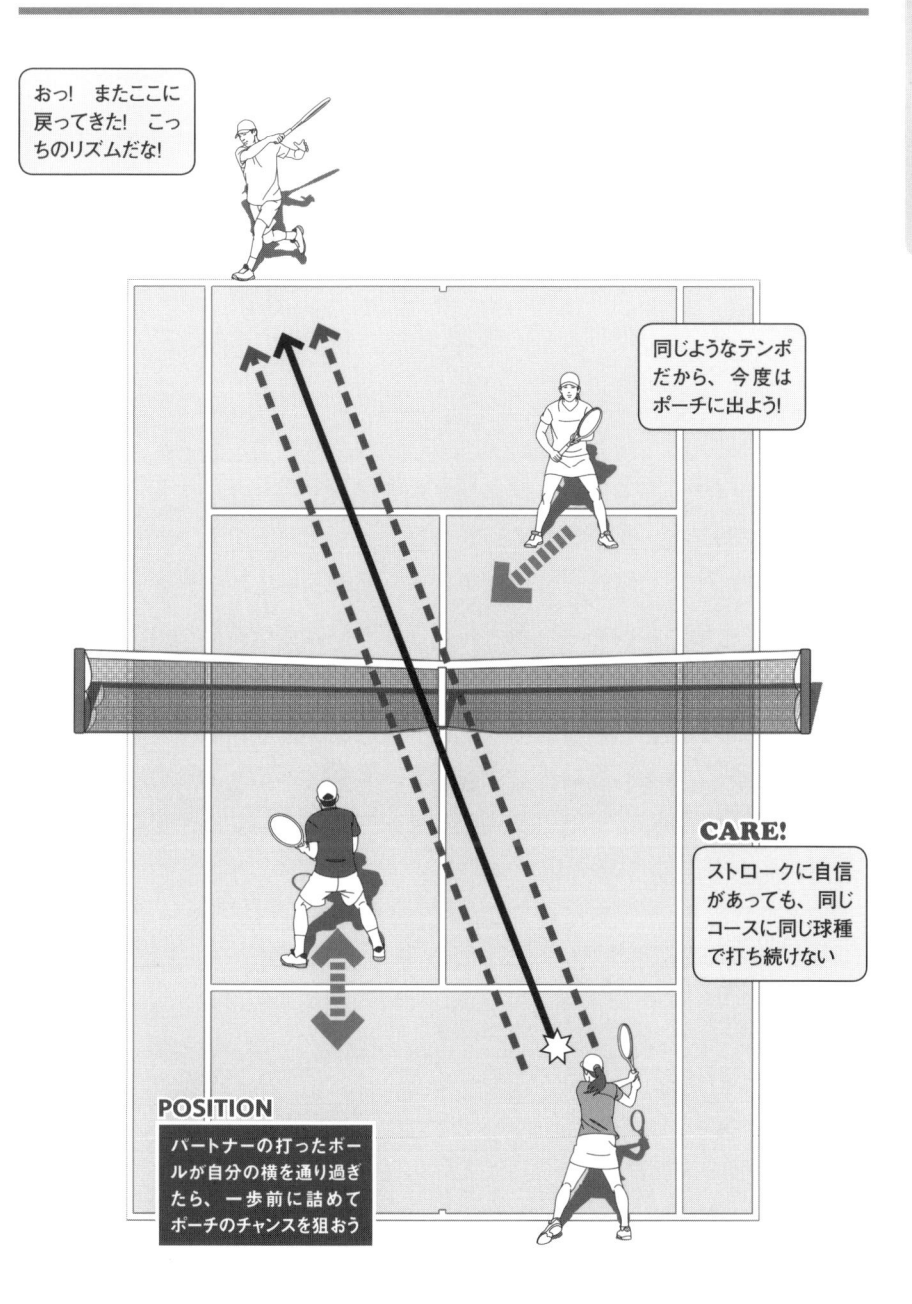

おっ！ またここに戻ってきた！ こっちのリズムだな！

同じようなテンポだから、今度はポーチに出よう！

CARE!

ストロークに自信があっても、同じコースに同じ球種で打ち続けない

POSITION

パートナーの打ったボールが自分の横を通り過ぎたら、一歩前に詰めてポーチのチャンスを狙おう

ひとりを集中攻撃して活路を見い出す

　並行陣で攻める場合は、ふたりが全くの横並びの状態ではなく、**多少の前後差**をつけるようにしましょう。基本的には攻撃と守備に分かれて、ネットにより近い人が攻撃担当になります。前後をつけることによって、ロブのカバーもしやすくなります。

　並行陣の相手に対しては、**ひとりを集中攻撃する**のがポイントです。弱い方に徹底的にボールを集めて、もうひとりがカバーに入ったところに打ち込むのがいいでしょう。並行陣でボレー＆ボレーになったときには、遅いボールでも構わないので、**ボールが浮かないように気をつけて**。ボレーが何球も続いた場合は、苦しまぎれにアングルに打つ人が多いですが、返球されると自分たちの守備範囲が広がってしまいます。また、相手の頭を越す**ロブボレーをセンターに**返すなど変化をつけてみるのもいいと思います。

ワンポイントアドバイス

- ●並行陣こそパートナーとの前後差をつけて！
- ●相手が並行陣ならひとりを集中攻撃！
- ●ボレーは浮かないように！
- ●ロブボレーでアクセントを！

FOR BEGINNERS　クロスのボレー＆ボレーを中心に展開しましょう

ズバリ、弱い方を集中攻撃！

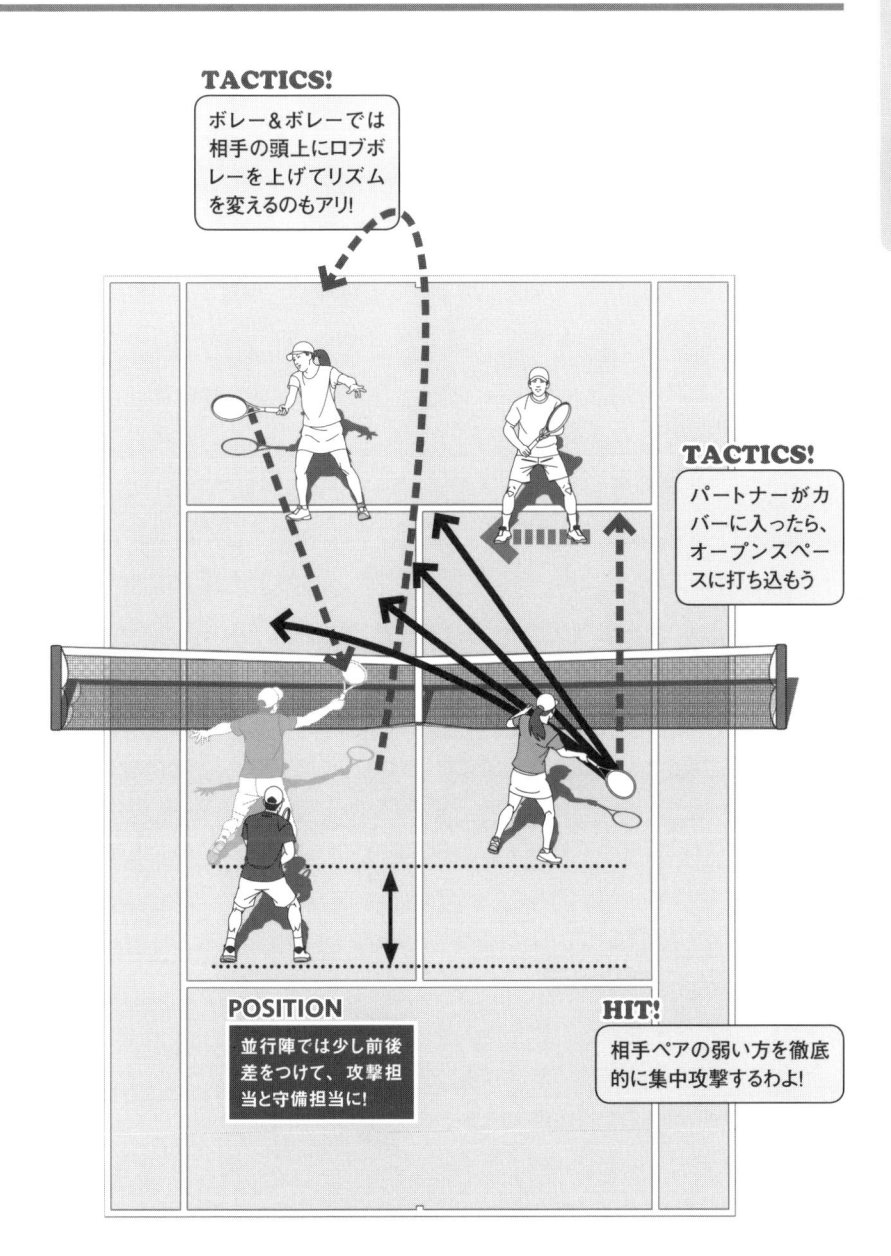

TACTICS!
ボレー＆ボレーでは相手の頭上にロブボレーを上げてリズムを変えるのもアリ！

TACTICS!
パートナーがカバーに入ったら、オープンスペースに打ち込もう

POSITION
並行陣では少し前後差をつけて、攻撃担当と守備担当に！

HIT!
相手ペアの弱い方を徹底的に集中攻撃するわよ！

勝っているときこそ ペースを変えない

　勝っているときは、いいリズムできているので、自分たちの試合のペースを変えないことが大切です。同じことをやっていてポイントがとれていると、つい不安になって違うところに打ってみようと思いがち。自分に自信をもって、**決して冒険をせずに**、なんてしつこいんだと思われながらも**同じところを攻めていきましょう**。相手の陣形が崩れる前にいろいろなコースに打ってしまうと、返ってくるコースも広がってしまいます。

　格上の相手に勝っている場合でも、さも当然のように振る舞うことが大切です。「あんな上手な人たちにリードしていていいのかな」なんて思わないことです。たとえばフレームショットでポイントがとれた場合も、ラッキーで入ったんだと考えてはいけません。「偶然入っちゃった」なんて声に出すのは論外です。常に前向きにとらえましょう。たとえ当たりそこないのボールでも、**「そこを狙ったんだ」という態度**を見せてプレーしましょう。

ワンポイントアドバイス

- 勝っているときはペースを変えないで！
- 同じところを執拗に攻め続けよう！
- コースを振ると守る範囲も広がってしまう！
- ラッキーボールも実力のうち！

FOR BEGINNERS これまで通り、1ポイント1ポイントに集中して、勝ち急がないようにしましょう。

しつこいくらいに同じコースを攻める

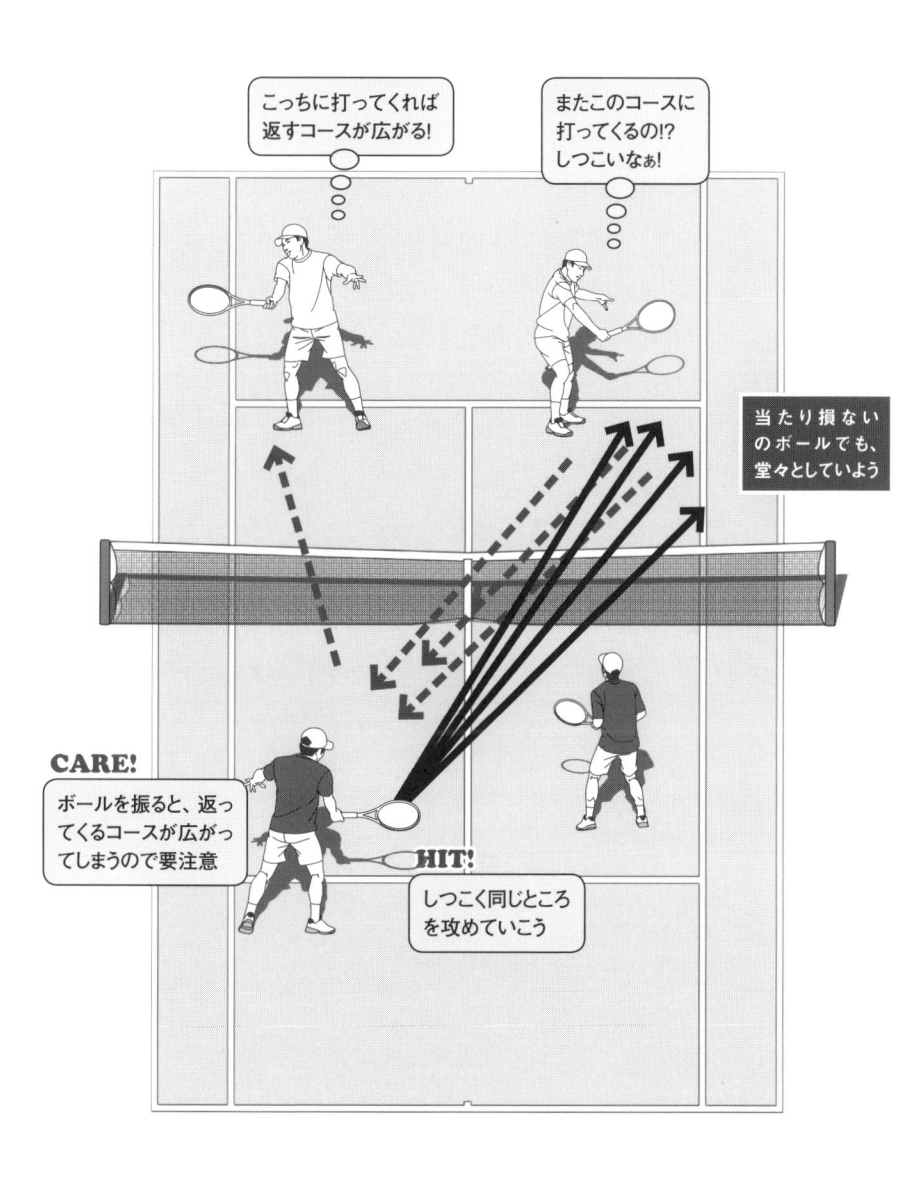

こっちに打ってくれば返すコースが広がる!

またこのコースに打ってくるの!? しつこいなぁ!

当たり損ないのボールでも、堂々としていよう

CARE!
ボールを振ると、返ってくるコースが広がってしまうので要注意

HIT!
しつこく同じところを攻めていこう

とにかく相手の弱点を見つけよう

　まず、何が悪いのかを考えましょう。相手のペースに飲まれているのか、自分たちのやりたいことがやらせてもらえないのか、自分たちの凡ミスなのか、それとも決められているのか…。相手に決められている場合は、まず落ち着いて、**相手の弱点**を探しましょう。そして相手がミスしたところを徹底的に攻めるのです。また、得意なコースをわざと空けてボールを誘い込む作戦に、まんまとはめられていることに気づかない場合もあるので、気がついた方が早めにパートナーに伝えることが大切です。

　相手のサーブが早くてリターンできない場合などは、思い切ってリターンの位置を**いつもより前に詰める**のも効果的です。そうすると、サーバーも打ち抜こうと思って勝負してきてプレッシャーを感じ、フォルトしてくれることもあります。どんなボールがきても落ち着いて、当てるだけでいいですから返すようにしましょう。これで、**流れが変わる**こともあります。

ワンポイントアドバイス

- 相手のペースに飲まれていませんか？
- 自分たちのやりたいことができていますか？
- 凡ミスでポイントを失っていませんか？
- 落ち着いて相手の弱点を探しましょう！
- 思い切った作戦に出てみましょう！

FOR BEGINNERS　劣勢のときは、いつもより足をよく動かすように心がけましょう。

リターンのポジションを一歩前にしてみよう

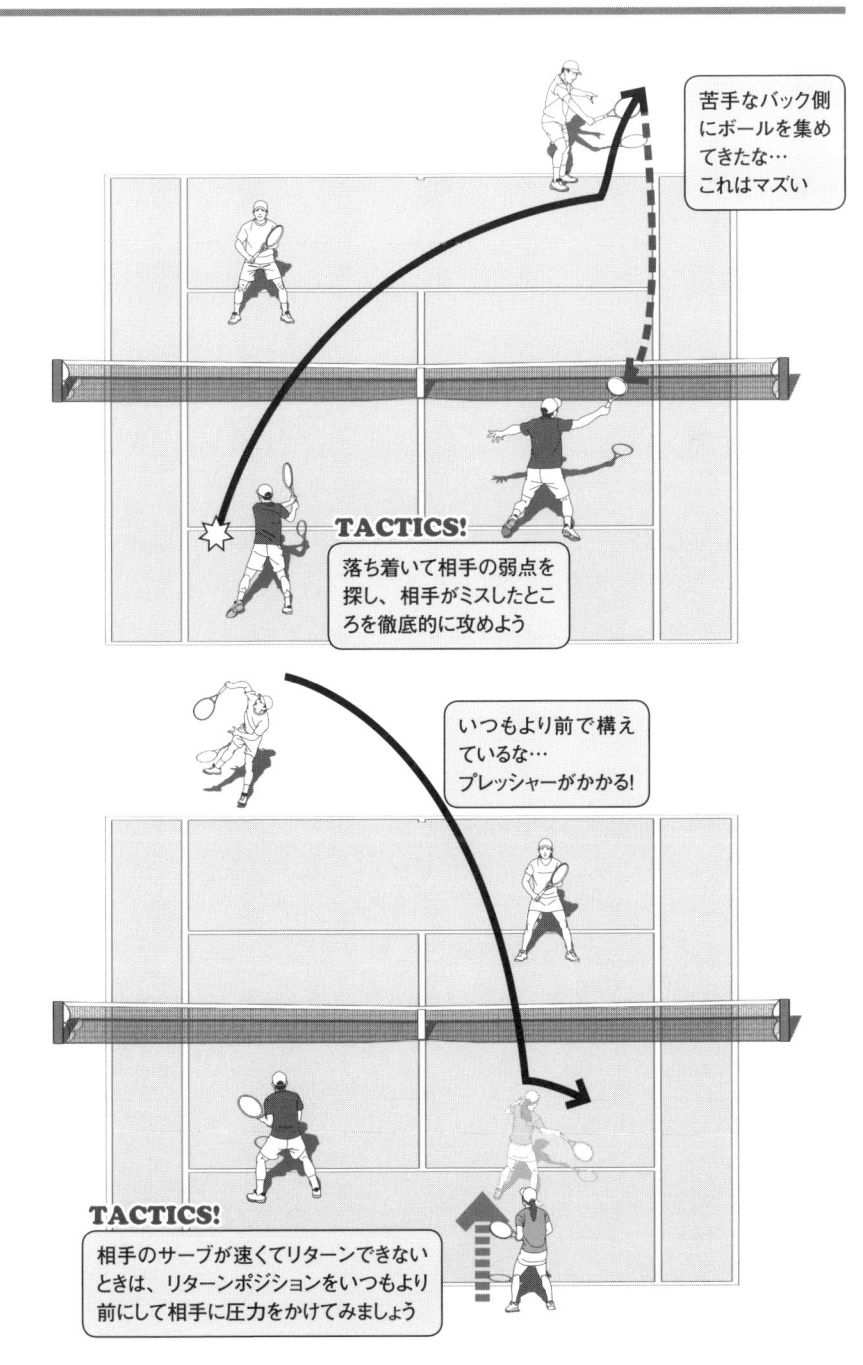

苦手なバック側
にボールを集め
てきたな…
これはマズい

TACTICS!

落ち着いて相手の弱点を
探し、相手がミスしたとこ
ろを徹底的に攻めよう

いつもより前で構え
ているな…
プレッシャーがかかる!

TACTICS!

相手のサーブが速くてリターンできない
ときは、リターンポジションをいつもより
前にして相手に圧力をかけてみましょう

負けているときこそパートナーと話し合う

　負けているときこそ、ポイントの合間でパートナーと言葉を交わすようにしましょう。相手の弱点や作戦などを、自分だけが気がついていたり、またパートナーが別の発見をしている場合もあるので、チェンジコートの間でもできるだけたくさんのことを**パートナーと話し合いましょう**。

　そして負けているときはどうしても下を向きがちになるので、お互い声を掛け合って上を向くようにしましょう。無言でいると、自分ばかりがミスをしてポイントを落としているときなどは、「自分がミスばかりしているから怒って声もかけてくれないのでは…」などと、マイナス思考の思いが積み重なってますます萎縮してしまうこともあります。**余裕のあるほうが必ず声を出して、**パートナーとの意思の疎通を図るようにすることが大切です。

ワンポイントアドバイス

- ●ポイントの合間にもパートナーと話そう！
- ●戦術を確認しましょう！
- ●お互い励まし合いましょう！
- ●声を出して意思の疎通を図ること！

FOR BEGINNERS　パートナーと話すことがなくても、近寄ったり、ハンドタッチをするだけで安心感が生まれます。

劣勢のときこそよく話し合って…

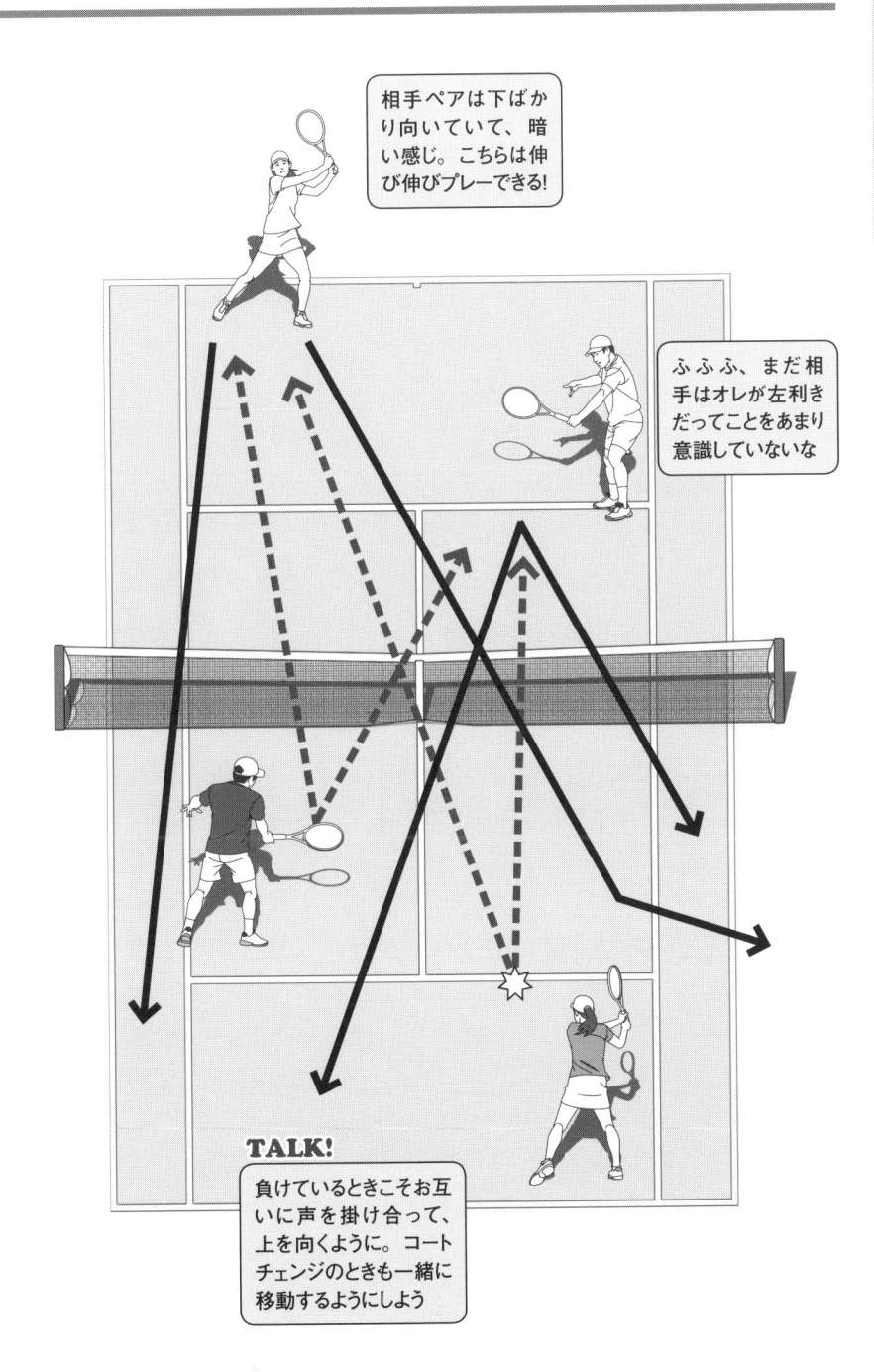

相手ペアは下ばかり向いていて、暗い感じ。こちらは伸び伸びプレーできる！

ふふふ、まだ相手はオレが左利きだってことをあまり意識していないな

TALK!

負けているときこそお互いに声を掛け合って、上を向くように。コートチェンジのときも一緒に移動するようにしよう

ねばり強さと打つコースで攻めに転じる

　ロブを上げてつないでいくスタイルが得意な相手には、とにかく**根負けしないこと**が大切です。展開を変えるには、後ろからストロークで打ち抜く、ロブをカットして前に出る、ロブを返した瞬間に前に詰めてスマッシュを打つ、などの戦法が考えられます。ただしこの場合のスマッシュは、ボールの**スピード**よりも打つ**コース**を重視してください。その次のショットで決めるくらいの気持ちで打ち抜きましょう。

　展開を変えられない人は、苦しくても相手のロブが浅くなるまで我慢して打ち合うのもひとつの方法です。とくにミックスダブルスの場合、女性の頭の上に届くか届かないかぐらいの微妙な高さに上がったボールを、女性がやっと触って相手コートに返すことがあります。これは、かえって相手のチャンスボールになって、決められてしまうことが多いので、**なるべく男性がカット**するようにしましょう。特に男性のフォア側に上がった浅いロブはまかせたほうがいいでしょう。

ワンポイントアドバイス

- ●根負けしないこと！
- ●ロブをカットして前に出る！
- ●攻めのロブを打って次で決めましょう！
- ●浅いロブは男性がカットして

FOR BEGINNERS　風でロブが流されることもあるので、風向きも計算しておきましょう。

あわてないで、ねばり強く…

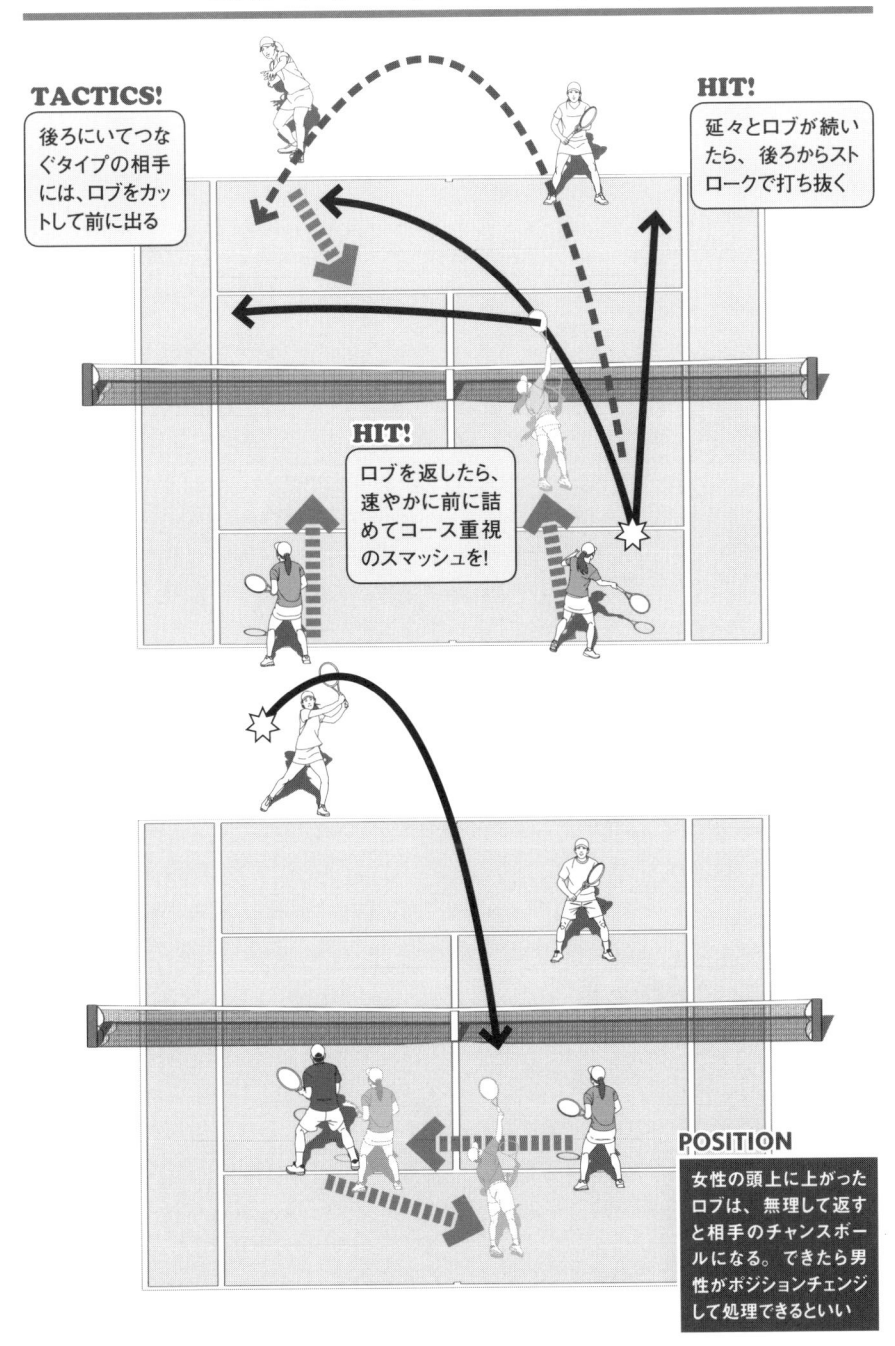

TACTICS!
後ろにいてつなぐタイプの相手には、ロブをカットして前に出る

HIT!
延々とロブが続いたら、後ろからストロークで打ち抜く

HIT!
ロブを返したら、速やかに前に詰めてコース重視のスマッシュを!

POSITION
女性の頭上に上がったロブは、無理して返すと相手のチャンスボールになる。できたら男性がポジションチェンジして処理できるといい

ひとりを
集中的に攻める

　女子ダブルスは守りを意識した、ちょっと引いた形の並行陣をとることが多いので、相手のひとり、できれば**弱い人を集中攻撃**するのが効果的です。ひとりを動かしたことで、パートナーもカバーに入ってきますから、空いたスペースに配球しましょう。

　センターにきたボールを触った人は、次に返ってくるボールを予測しておかなくてはいけません。バックボレーをストレートに打って、戻ってきたロブをお願いするプレーヤーがいますが、**自分で仕掛けたボールは最後まで責任を持つべき**です。ラリーの応酬が続いているときは、自分のパートナーのボールが深く返るまでは、**無理にポーチに出てはいけません**。ワンバウンドで短く落とされた場合に、前衛の人がとりに行って相手コートの前衛に向かって打ってしまうことがあります。こんなときこそセンターに返すようにしましょう。

ワンポイントアドバイス

● 弱いプレーヤーを集中攻撃！

● 相手を動かしてスペースを空ける！

● 自分で仕掛けたボールは自分で責任を！

● 無理な体勢でポーチにいってはダメ！

FOR BEGINNERS 　自分で考えて狙いどころを定めて打つように。意味のないボールを送らないようにしましょう。

女子ダブルスはまずはひとり集中攻撃で！

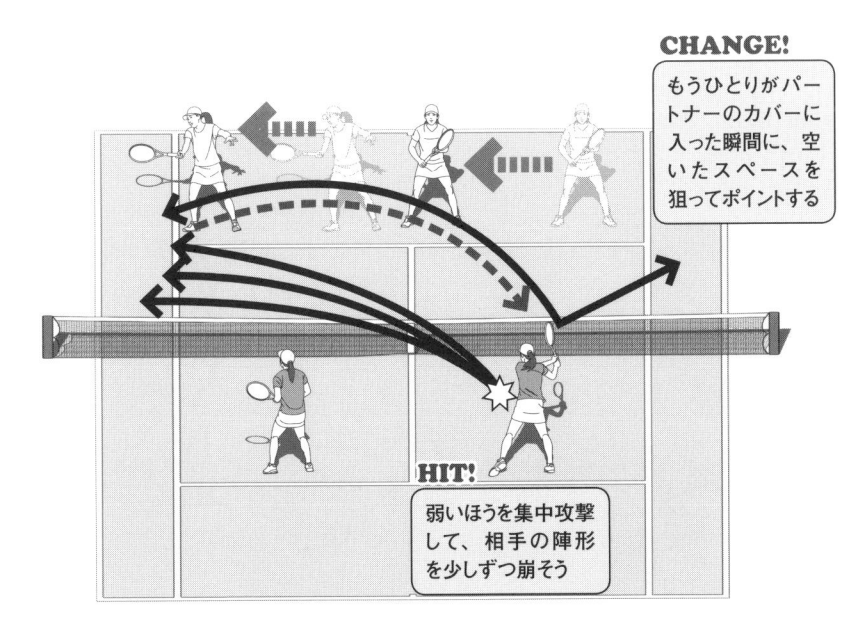

CHANGE!
もうひとりがパートナーのカバーに入った瞬間に、空いたスペースを狙ってポイントする

HIT!
弱いほうを集中攻撃して、相手の陣形を少しずつ崩そう

DASH!
バックボレーをストレートに打って、ロブが返ってきたら、ストレートに打った人が責任を持って処理に動くべき！

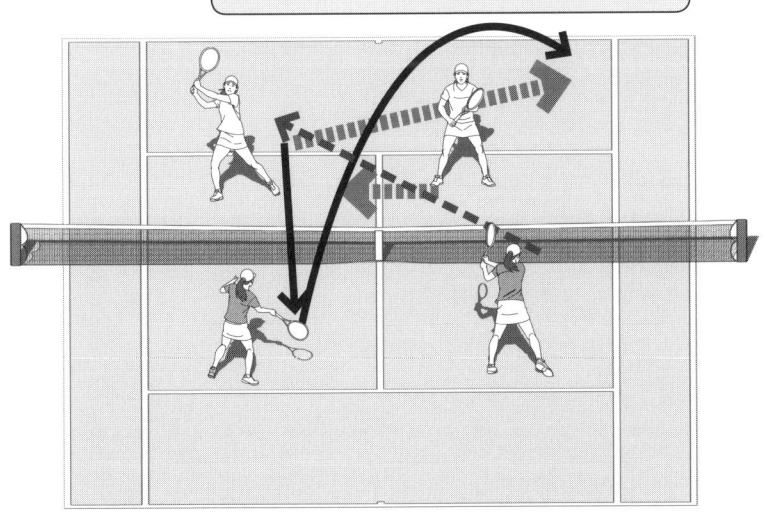

とにかく早く ネットに詰める

　男子ダブルスの場合は、**とにかく早くネットに詰めて攻撃的な陣形**をとりましょう。相手のロブに対しては、ジャンピングスマッシュや背走ショットなどで対応して、ボールを落とさずに処理することが大切です。浮いたボールは前衛がチャンスと思って決めましょう。いずれにしても足を止めないこと、相手よりも先にネットをとることが大切です。

　早い展開が得意なペアに対しては、**ゆっくりとした深いロブ**を入れると有効です。早く前に出たいので、待ちきれずに後ろからパッシングショットを打ってミスをしてくれることもあります。このほか、ボレー＆ボレーが続いたときにも、急にロブを入れると、効果を発揮します。ポイントをとれるだけでなく、相手に精神的なダメージを与え、流れを変えることもできるので、ぜひ試してみてください。また**速いボールと緩いボールをおり混ぜて**配球するのも、タイミングをずらすことができるので効果的です。

ワンポイントアドバイス

- ●ネットに詰めた攻撃的な陣形で！
- ●ボールを落とさずに処理しましょう！
- ●浮いたボールは前衛が決めよう！

FOR BEGINNERS　雁行陣に慣れている人でも、思い切って並行陣にチャレンジしましょう。

ボレー＆ボレーの応酬になったら、ロブボレーも有効

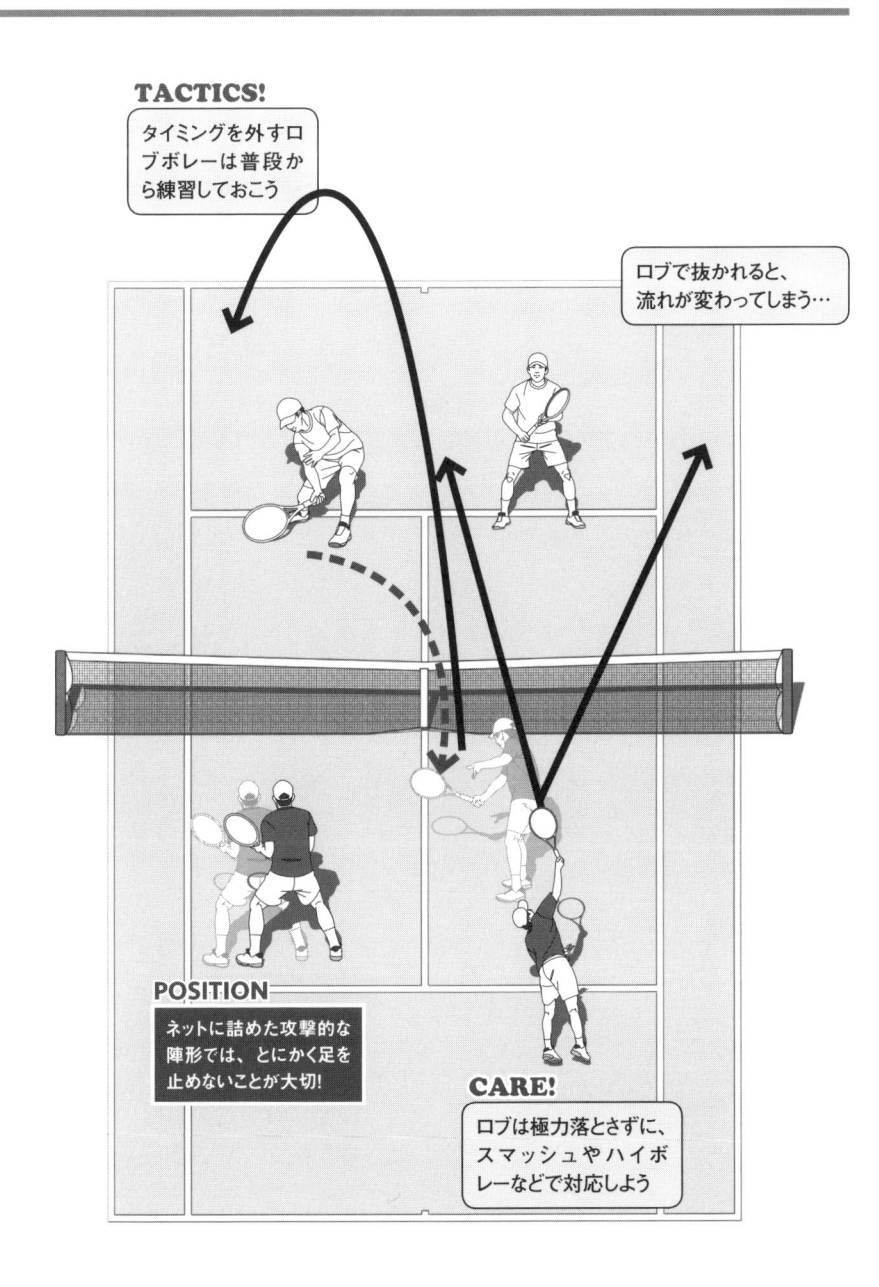

TACTICS!

タイミングを外すロブボレーは普段から練習しておこう

ロブで抜かれると、流れが変わってしまう…

POSITION

ネットに詰めた攻撃的な陣形では、とにかく足を止めないことが大切！

CARE!

ロブは極力落とさずに、スマッシュやハイボレーなどで対応しよう

女性の頭上のボールをいかに制するかがポイント

　ミックスダブルスでは、女性の上に届くか届かないかの高さで上げるロブが効果的なので、このコースで攻めることも攻められることも多くなります。このボールを女性が無理に触ってしまうと相手のチャンスボールになってしまうので、確実に返球ができないと思ったら、すぐにチェンジして男性にまかせましょう。

　またセンターのネット近くに上がったチャンスボールは男性が決めて確実にポイントをとりましょう。もちろん、スマッシュが得意な女性であれば、自分で打ったほうが男性のカバーする範囲を狭くすることができるので、**女性もスマッシュ力**をつけるようにしたほうがいいですね。特に**アングルスマッシュ**が打てると強力な武器になります。

　このほか女性がフォアサイドにいる場合、女性はバックのハイボレーに手を出さないようにしましょう。特にこのボールは男性のフォアボレーになるので、男性にまかせたほうがいいです。いずれにしても、上にあがったボールをどちらが打っていくのか、カバーに入った場合にステイするのか、チェンジするのかを**前もって話し合って決めておきましょう**。

ワンポイントアドバイス

- ●女性の上のロブは、女性が手を出したくなる高さに！
- ●無理をしないで男性にまかせましょう！
- ●女性もスマッシュ力をつけましょう！
- ●アングルスマッシュは強力な武器です！

男性にまかせられるボールは無理をしない

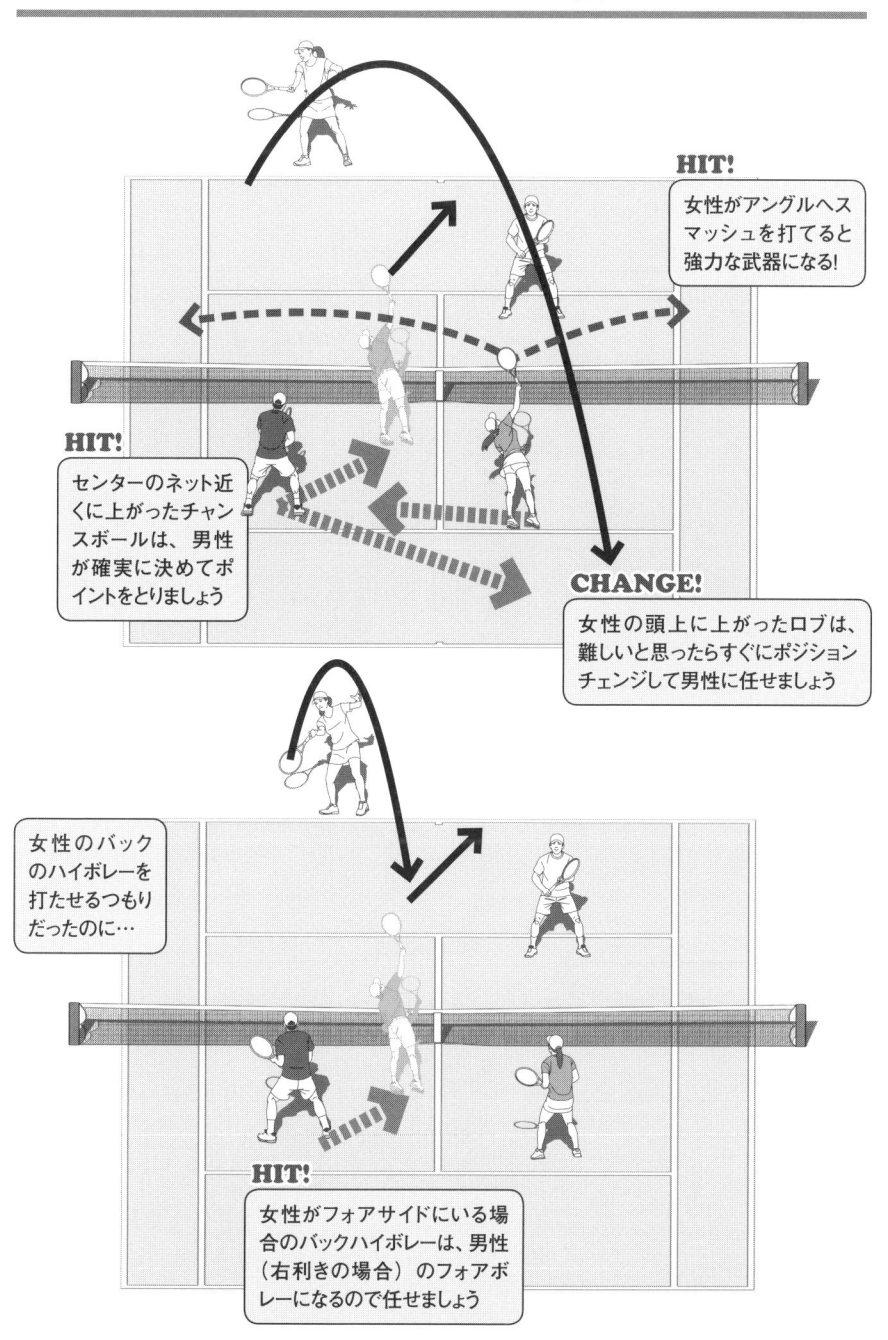

HIT!

女性がアングルへスマッシュを打てると強力な武器になる!

HIT!

センターのネット近くに上がったチャンスボールは、男性が確実に決めてポイントをとりましょう

CHANGE!

女性の頭上に上がったロブは、難しいと思ったらすぐにポジションチェンジして男性に任せましょう

女性のバックのハイボレーを打たせるつもりだったのに…

HIT!

女性がフォアサイドにいる場合のバックハイボレーは、男性（右利きの場合）のフォアボレーになるので任せましょう

129

レフティに対してはセンターを狙え！

　相手ペアにレフティがいる場合は、右利きの人とボールの飛び方が違うので要注意です。相手のバックに決めにいったつもりが、レフティのフォアだったために反対に決められてしまったということがよくあります。パートナーとは試合に入る前に**情報の交換と確認**をする習慣を身につけましょう。緊張のあまり、試合が終わるまで相手がレフティであることに気がつかなかった！　なんて話もあります（笑）。

　とくにレフティからのサーブはボールの弾道が全然違うので、慣れていない人はロブリターンなどでしのぐようにします。このことをパートナーにも伝えて、やや下がり気味に構えていてもらいましょう。レフティがバックサイドにいる場合には、**センターへボールを送る**と両方がバックになるので、効果を発揮します。また相手がチェンジをすると両方が得意のフォアになるので、取り合ってミスをしてくれる可能性もあります。

ワンポイントアドバイス

- ●ボールの飛び方が違うので要注意！
- ●相手がレフティであることをパートナーと確認！
- ●相手のリターンの特徴を早く見極めて！
- ●センターへのボールが効果的！

FOR BEGINNERS　サーブの特徴を早い段階で見極めて、リターンがむずかしければロブを使いましょう。

むずかしかったらロブリターンで！

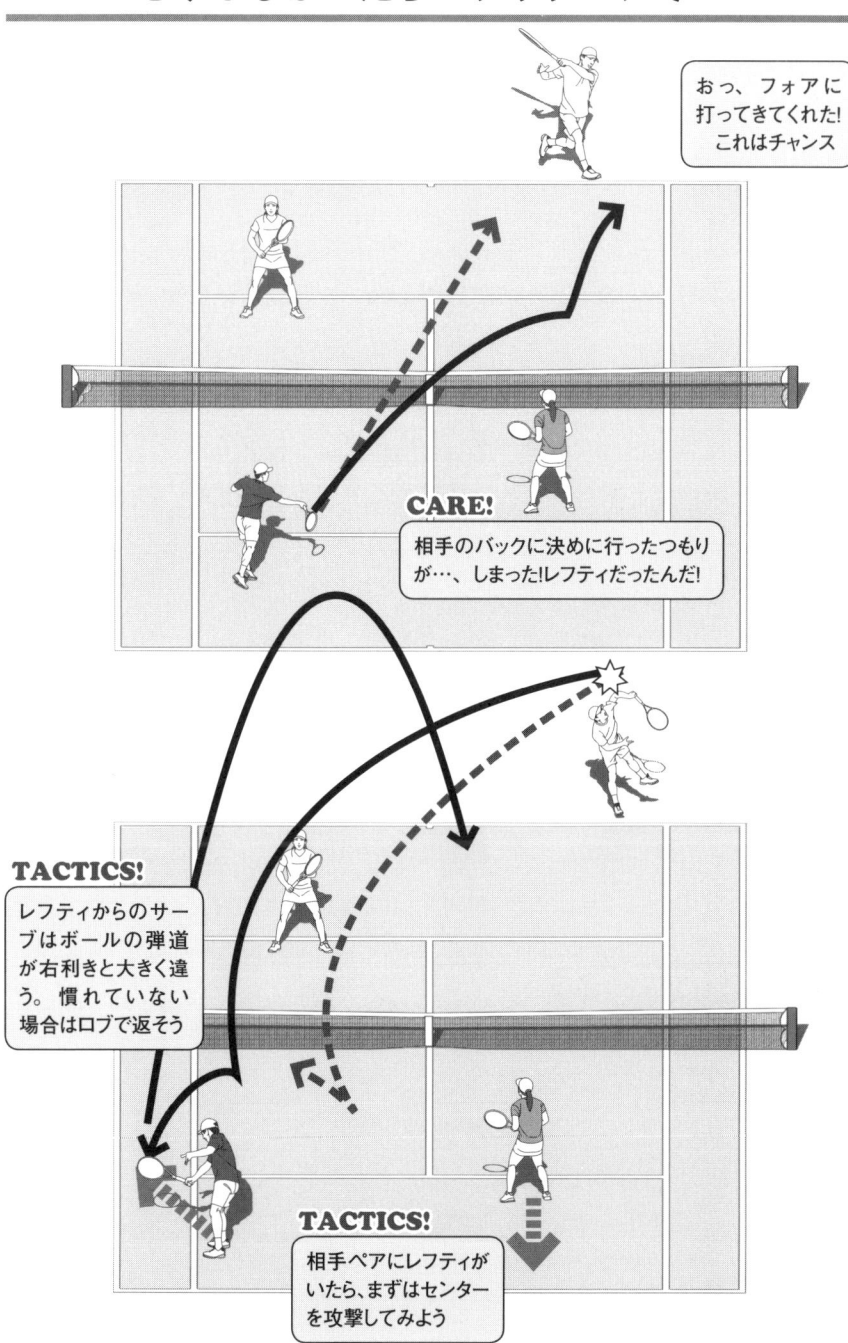

おっ、フォアに打ってきてくれた！これはチャンス

CARE!
相手のバックに決めに行ったつもりが…、しまった!レフティだったんだ!

TACTICS!
レフティからのサーブはボールの弾道が右利きと大きく違う。慣れていない場合はロブで返そう

TACTICS!
相手ペアにレフティがいたら、まずはセンターを攻撃してみよう

タイブレイクは得意な攻撃パターンを最初から出す

　タイブレイクは短期決戦なので、**とにかく先行**することが大切です。そしてファーストサーブを確実に入れていくことを心がけましょう。今までサーブをしていた場所と違うサイドからサーブを打たなくてはいけないケースもありますから、**景色や風、太陽の光**などの諸条件をパートナー同士で情報交換をして気をつけるようにすることも忘れずに。短期決戦なので、**得意な攻撃パターン**で最初から仕掛けていくのもいいでしょう。

　それまで競っていたゲームなのにタイブレイクになったとたんに簡単にポイントをとられてしまうことがあります。とにかくポイントを離されないように、**集中してプレー**しましょう。サーバーがサーブを打つ前に、スコアを声に出していくことも忘れずに。

　慣れていない人は、サーブを打つ場所などに神経が行ってしまいがちなので、普段から練習をしておきましょう。

ワンポイントアドバイス

- ●ファーストサーブを確実に入れましょう！
- ●得意な攻撃パターンで始めるのが Good ！
- ●ポイントを離されないように集中して！
- ●サーブのサイドは練習でしっかり覚えておきましょう！

FOR BEGINNERS　　タイブレイクのルールはしっかりと覚えておきましょう。

最初から得意なパターンで攻撃しよう！

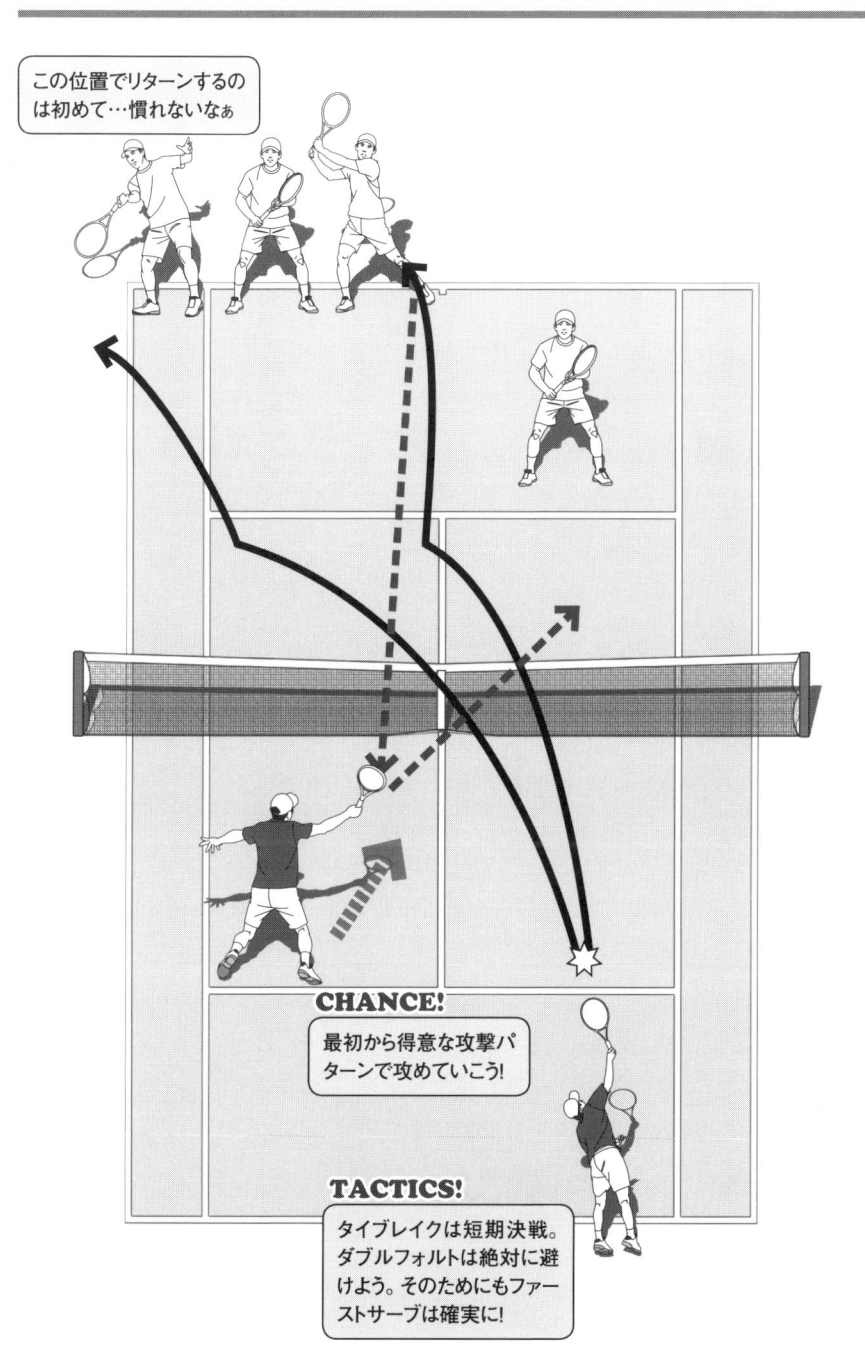

この位置でリターンするのは初めて…慣れないなぁ

CHANCE!

最初から得意な攻撃パターンで攻めていこう！

TACTICS!

タイブレイクは短期決戦。ダブルフォルトは絶対に避けよう。そのためにもファーストサーブは確実に！

ノーアドはリターンが得意な人が担当する

　ノーアド（ノーアドバンテージ方式）の試合は、リターン側のペアがリターンを受けるサイドを選択できるので、その選択が勝敗の分かれ目です。ふたりともリターンが得意な場合は、**相手のファーストサーブがあまり入っていないサイド**を選ぶといいでしょう。リターンのレベルが違う場合は、リターンの得意な人がやるべきです。もちろん、プレッシャーに弱いプレーヤーは避けるほうがいいでしょう。

　たとえば、30-40でバックサイドにサービスエースをとられてデュースになり、ノーアドになった場合は、そのままバックサイドを選択すると、エースをとったときのいい気分でサーブをさせることになります。ふたりのリターンのレベルが同じなら、**同じリズムでサーブを打たれないように**、フォアサイドのリターンを選択するという方法を選んだほうが賢明といえます。

ワンポイントアドバイス

- ファーストサーブの確率が低いサイドが狙い目！
- リターンが得意なサイドを選びましょう！
- サーブのリズムを崩す方法も考えて！

FOR BEGINNERS　リターンの成功率が高い人のサイドを選択するようにしましょう。

いい気分でサーブを打たせない

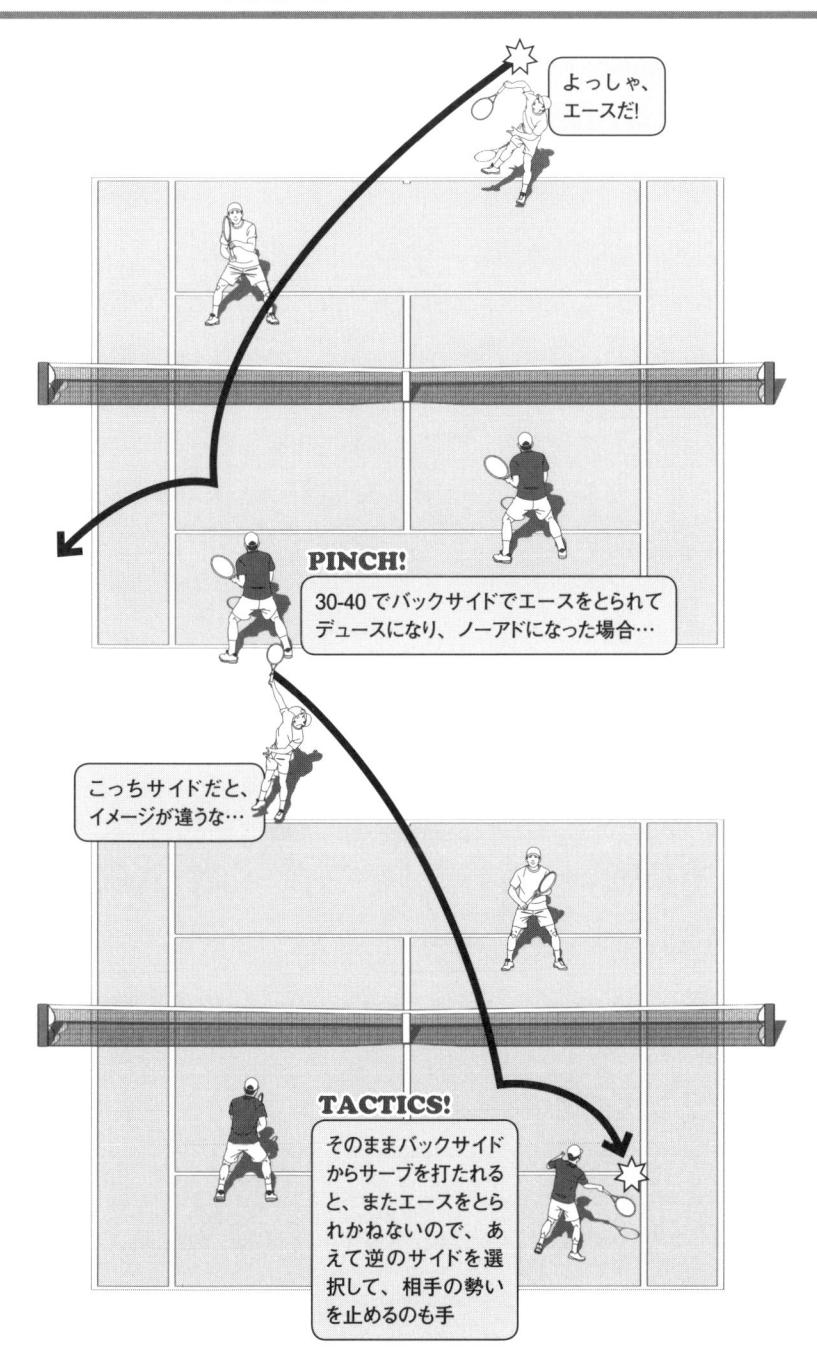

よっしゃ、エースだ!

PINCH!

30-40でバックサイドでエースをとられてデュースになり、ノーアドになった場合…

こっちサイドだと、イメージが違うな…

TACTICS!

そのままバックサイドからサーブを打たれると、またエースをとられかねないので、あえて逆のサイドを選択して、相手の勢いを止めるのも手

コートの特質を味方につける

　ハードコートはボールのスピードが増すので、早い展開で攻めていくのが有効です。**ストロークよりもボレーで勝負**しましょう。サーブもファーストはフラットかスライスで入れていくと効果的。とくに滑るコートでは**スライスショットが有効**です。ロブは頭の上を抜かれると、追いかけても間に合わないことも多く、下に落とすと高く弾んだりして難しくなるので、カットするようにしましょう。トップスピンロブはコートに落とすと跳ねて逃げていってしまうので注意です。

　砂入り人工芝やクレーのコートはつないでいくタイプに最適。とくに雨が降った後のコートはボールが弾まないので**ドロップショットがとても有効**です。

　もちろん、シューズもサーフェイスによって変えましょう。ハード、砂入り人工芝、クレー、それぞれの専用シューズを用意できればベストですが、少なくともハード用と砂入り人工芝・クレー兼用の2種類は持っておくようにしましょう。試合前に同じタイプのコートで練習できるとなおベターです。

ワンポイントアドバイス

- ●ハードコートでのサービスはフラットかスライスで！
- ●ハードコートでのロブはカットしていきましょう！
- ●雨が降った後の砂入り人工芝、クレーコートではドロップショットが有効！
- ●サーフェイスによってシューズを変えましょう！

普段からいろいろなコートで練習できたらベスト！

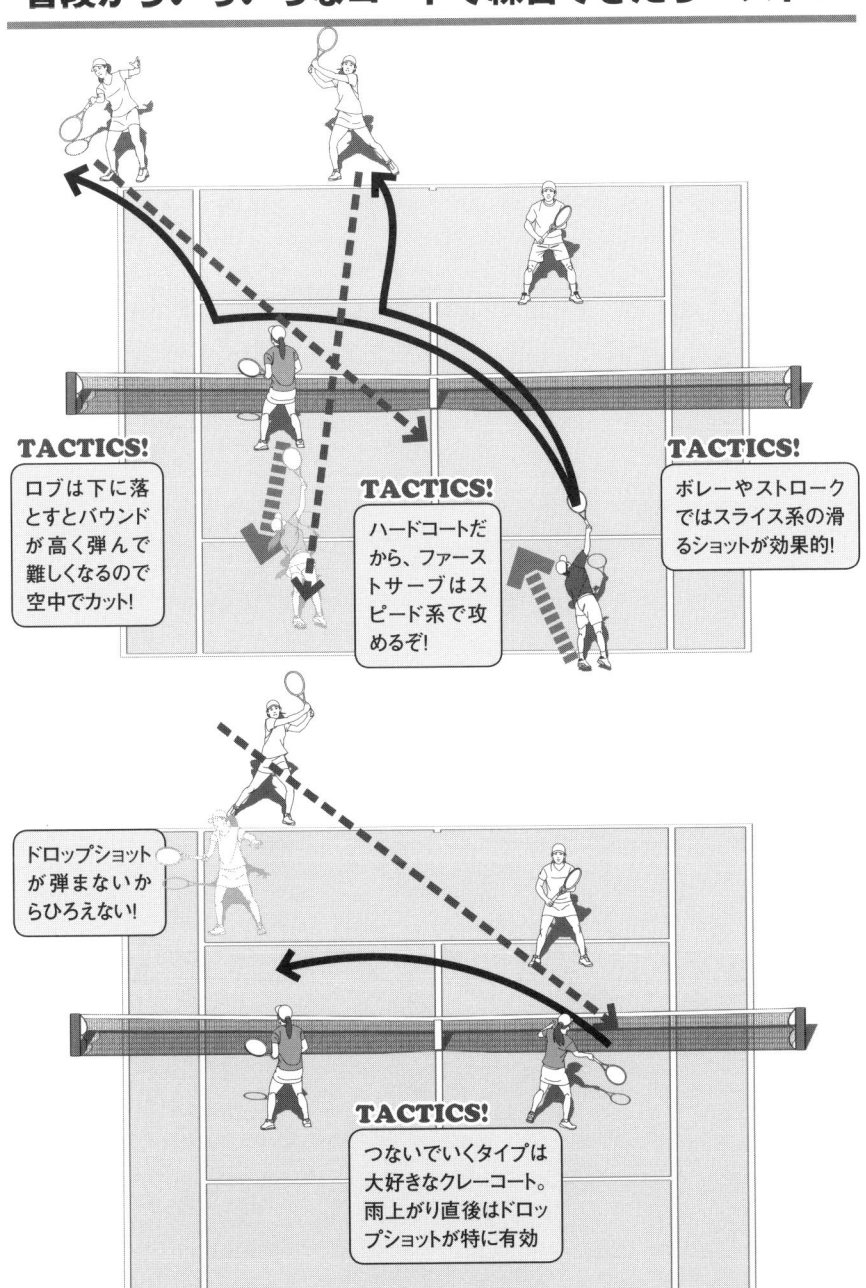

TACTICS!

ロブは下に落とすとバウンドが高く弾んで難しくなるので空中でカット！

TACTICS!

ハードコートだから、ファーストサーブはスピード系で攻めるぞ！

TACTICS!

ボレーやストロークではスライス系の滑るショットが効果的！

ドロップショットが弾まないからひろえない！

TACTICS!

つないでいくタイプは大好きなクレーコート。雨上がり直後はドロップショットが特に有効

上手な人はパートナーの力を引き出すように

　基本的には、上手い人が後衛にいる場合、前衛はネットに詰め、少しでも相手にプレッシャーをかけて、**返球するコースを狭くさせる役目**をしましょう。この場合、後衛が速いボールを打って前へ出ようとしても、前衛に速いストレートボールが返ってくる可能性があるので、後衛は**深くて緩いボールで攻める**ほうがいいでしょう。後衛は前衛にいるパートナーが決めやすいボールが返ってくるような配球を考えることが大切です。

　試合中にパートナーのミスが続いても、嫌な顔をしてはいけません。アドバイスも「ネットしないように！」ではなく、「フォロースルーを大きくしてみたら？」など、**ミスをした原因を考えてその対処法を伝える**ようにしましょう。パートナーが萎縮しないよう、のびのびとプレーしてもらう、それが上手な人の役割です。たとえ負けたとしても、最後まであきらめずにふたりで戦えば、次のゲームに出るときの信頼関係を深めることができます。

ワンポイントアドバイス

- ●上手い人が後衛なら、前衛はネットにはりついて！
- ●深くて緩いボールで攻めていきましょう！
- ●パートナーが決めやすいボールが返ってくるように考えましょう！
- ●パートナーがミスしたら、具体的な対処法をアドバイス！

FOR BEGINNERS 上手な人と組んだときこそ上達のヒントを得るチャンスです。下手な人も遠慮せずに思い切ってプレーしましょう。

チャンスボールを作るのが、上手い人の仕事！

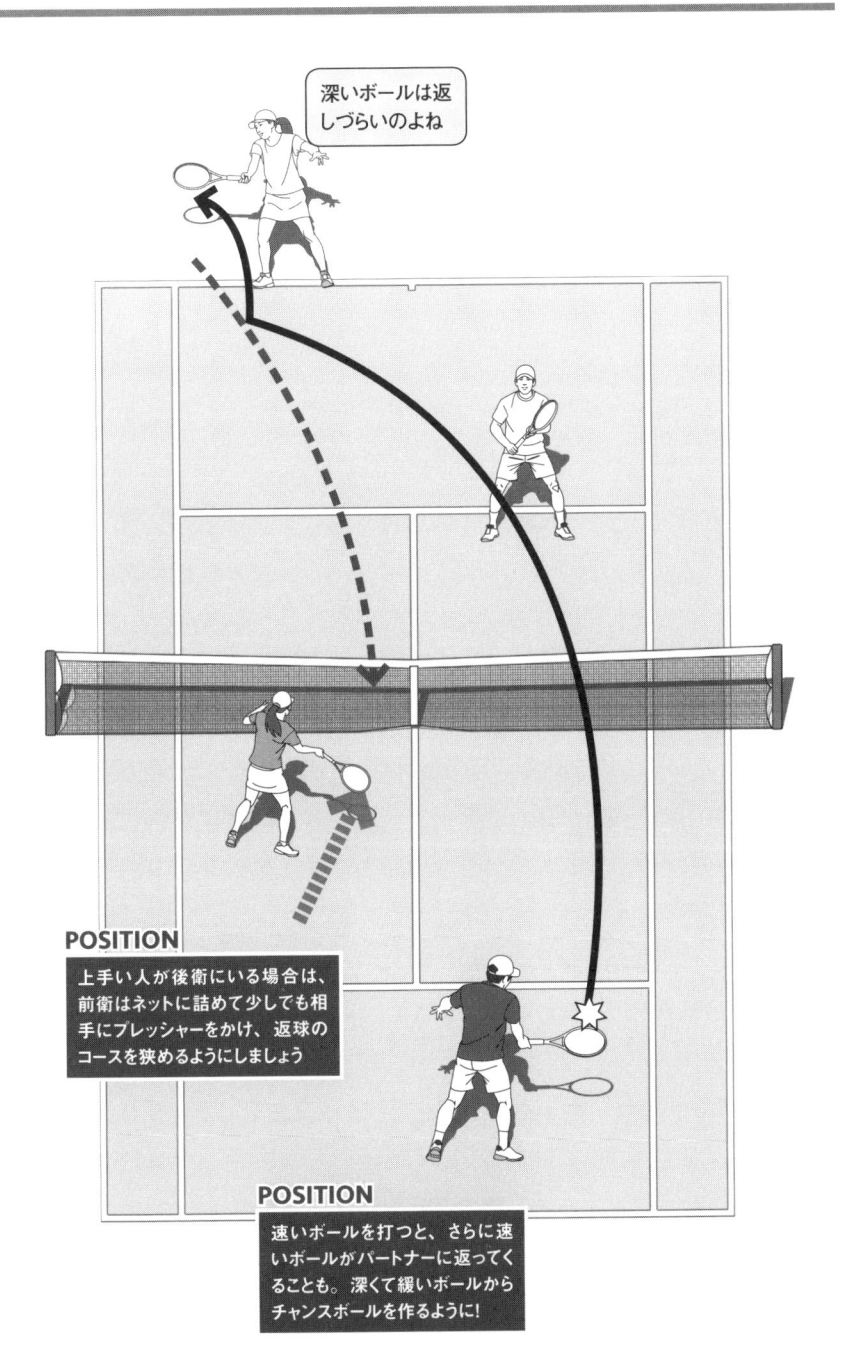

深いボールは返しづらいのよね

POSITION
上手い人が後衛にいる場合は、前衛はネットに詰めて少しでも相手にプレッシャーをかけ、返球のコースを狭めるようにしましょう

POSITION
速いボールを打つと、さらに速いボールがパートナーに返ってくることも。深くて緩いボールからチャンスボールを作るように！

用具との付き合い方

　ラケットを買うときは、実際にいろいろなラケットで打って試してみましょう。スクールやショップなどにはモニターラケットがあるので、試打をして、自分に合うラケットを探し出しましょう。また2年近くも使っているラケットは振動を吸収する力が弱くなってきているので、勇気を持って新しいものに替えたほうがいいでしょう。

　グリップの太さは、ストローカーの人は太いグリップを、ボレーが好きな人は手首を動かしやすい細いグリップを好む傾向にあります。ガットのテンションは、若くてパワーのある人は硬めに、年齢が上がるにつれて緩めにして、テクニックを利用したプレースタイルに合わせていくといいと思います。

　シューズはサーフェス毎に替えるようにしましょう。ハードコート用のシューズは、中敷をクッションの厚いものに替えると、足にかかる負担を減らせます。靴ひもは足先から均等に、しっかりと締めなおして試合に臨むように。靴ひもを結んだまま履いたり脱いだりする人は、試合中に緩んでしまうことがあります。試合が始まる前に、結びなおすように。

　シューズを履いたままだと常に足が圧迫されている状態なので、試合が終わったら緩めて、足をリラックスさせてあげましょう。サンダルを持参して履き替えるのもいい方法です。このほか汗をかいた靴下を替えると、足の疲れ方がずいぶん違うので、ウェアとともに靴下の替えも忘れずに持っていきましょう。

第4章

意表をついていこう

相手をあわてさせる アレーへのドロップショット

　ストレートに足の長いショットを打つとみせて、相手のフォアサイドのアレー方向へ落とすような意表をつくアングルショットを覚えると、試合の中でとても役立ちます。高い打点からドロップショットを打つのはむずかしいので、自分の**顔よりも下にボールを落として、ラケットを柔らかく使って、送り込むように打つ**のがコツ。ゲームの流れも一気に変わることがあります。できるだけ打とうとする方向を見ないで、踏み込んだ方向とは違う向きにラケットの面だけを作って打つようにしましょう。

　相手がバックサイドのバック側に低いボールを打ってきたときに、**クロスのアレーに角度をつけて打つ**アングルボレーは効果的です。さらに最上級のアングルボレーを目ざすなら、バックサイドの前衛にいるときに、バックのハイボレーを**外側へのスナップを使って**正面にいる相手の横にはたくショットも覚えましょう。

ワンポイントアドバイス

- ●深いボールを打つと見せてクロスのアレーにドロップショット
- ●面の向きだけでコントロール

相手の意表をつくことを考えて！

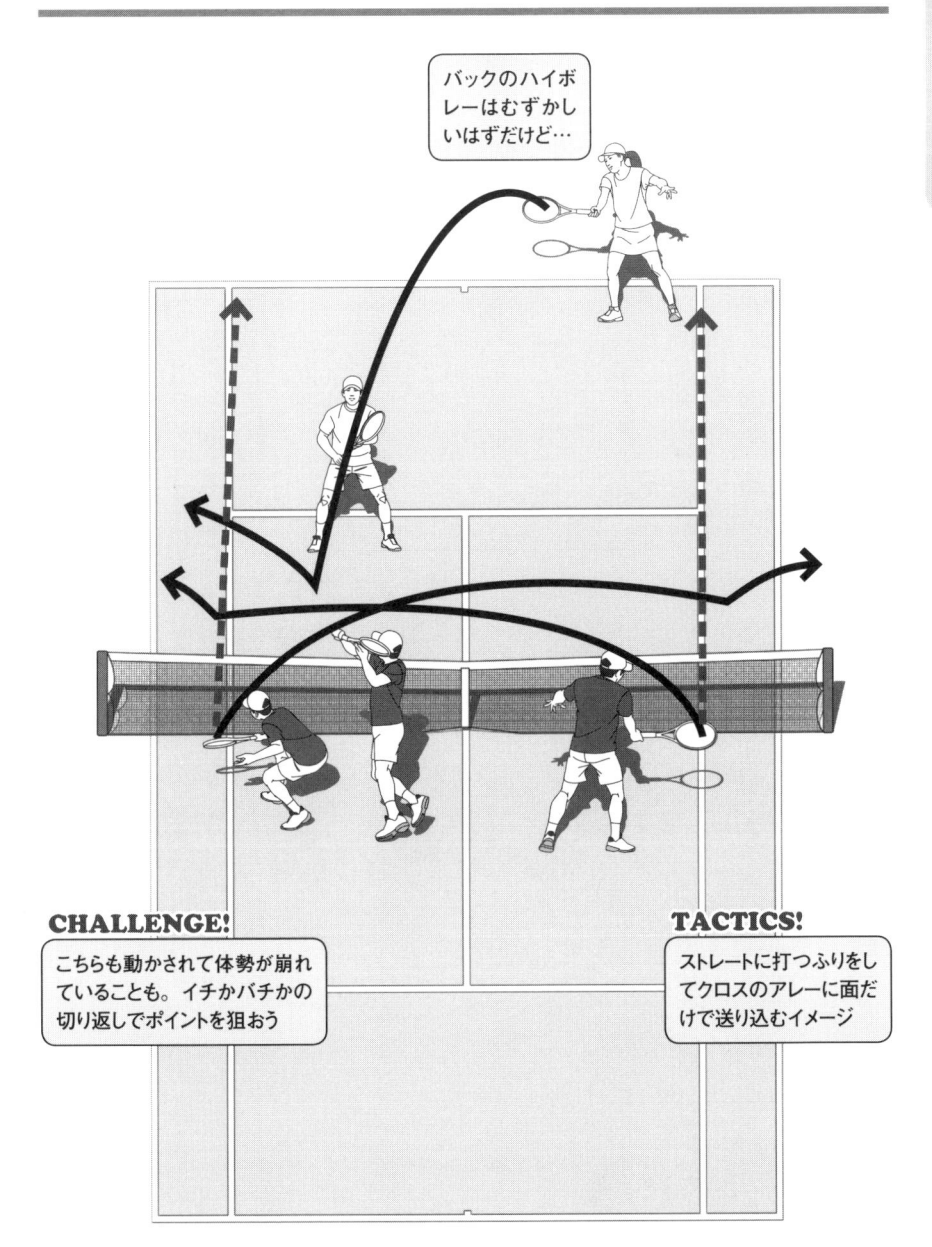

バックのハイボレーはむずかしいはずだけど…

CHALLENGE!
こちらも動かされて体勢が崩れていることも。イチかバチかの切り返しでポイントを狙おう

TACTICS!
ストレートに打つふりをしてクロスのアレーに面だけで送り込むイメージ

143

スピードよりもコースを狙って

　スマッシュは、できたら一発で決めたいショットです。確実にポイントをとりたいのであれば、コースを狙って打ちましょう。スマッシュに構えて、相手のペアがあわてて後ろに下がってくれればしめたもの。相手はパワーのある足の長いスマッシュを予想しているので、こんなときこそ**角度のあるコースを狙う**のです。

　フォアサイドから打つなら、相手のバックサイドのアレーに打ち込むか、あるいはフォアサイドの人のアレーにスライスで流しましょう。バックサイドから打つ場合は、フォアサイドの人のアレーに打ち込むか、バックサイドの人のアレー方向に送り込むように。このほか相手からのロブが浅かったら、**フェンスの外にボールを出してしまうつもり**で、高く弾むスマッシュを打ちましょう。

　深いところをめがけて打つと、後ろで構えている相手に、面を作って合わせられて逆襲されかねません。また足の長いスマッシュは、フルスイングで打たなくてはならないのでミスをしがち。スマッシュという絶好のチャンスボールを失敗してしまうと、自分もパートナーもガックリきてしまうので、確実に決めるようにしましょう。

ワンポイントアドバイス

- ●角度をつけて軽く打ち込む！
- ●浅いロブなら、地面に叩きつけてフェンスを越しちゃいましょう！

深いところに打つと、面をあわせて返されることも

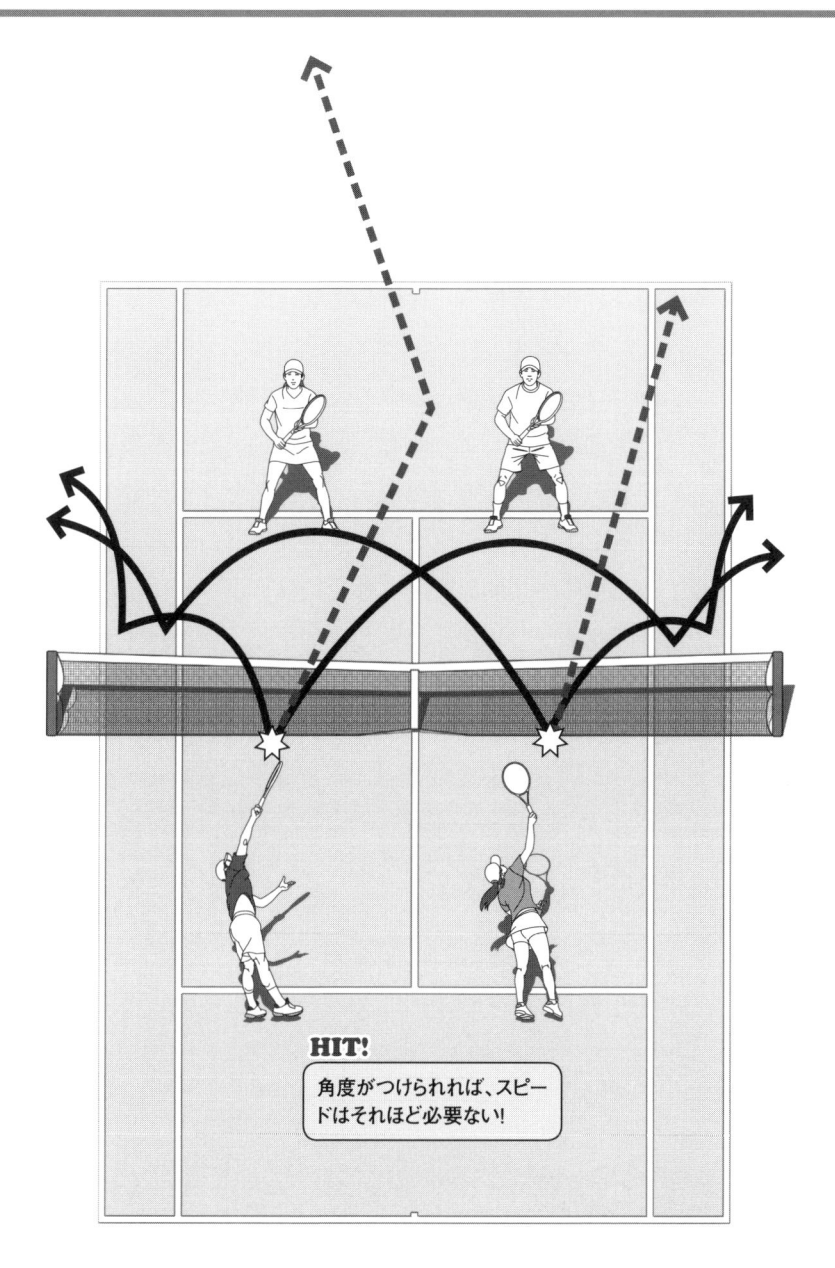

HIT!

角度がつけられれば、スピードはそれほど必要ない！

積極的にポーチに出よう！

ポーチのあとは
すばやく状況判断を

　試合では**積極的にポーチ**に出るようにしましょう。ポーチをしなかった
ら、すばやく元の位置に戻ることも忘れずに。またポーチに出た後の動き
は、打ったボールのコースや球種に合わせて判断しましょう。たとえば、
パートナーのサイドまで入ってポーチをした場合は、そのまま走り抜けて
パートナーとサイドチェンジをすべきだし、反対にセンターラインを一歩
またぐくらいの位置でポーチした場合は、戻るようにしましょう。

　ポーチをしようと積極的に動いているわりには、ボールに触れていない
という人は、相手の球種やコースを読むだけでなく、**相手パートナーの動
きの真偽を見極め**ましょう。ダブルスでは、相手コートの自分の前にボー
ルが入ったときには前に詰めてストレートをケアしながらポーチを狙い、
自分のパートナーのところへボールが返ったときには下がって相手のポー
チに備えるというセオリーがありますが、どこまで何歩動けばいいかは、
その人の体格や運動能力によって変わってくるもの。この位置にいれば早
く前にも詰められるし、後ろにも動け、上のボールもカバーできる**ポジショ
ンが必ずある**ので、早く見つけることも大切です。

ワンポイントアドバイス

- ●ポーチをしなかったら元の位置に戻りましょう
- ●ポーチ後の動きはボールのコースや球種にあわせて判断を！

大きく出てポーチしたら、迷わずチェンジ！

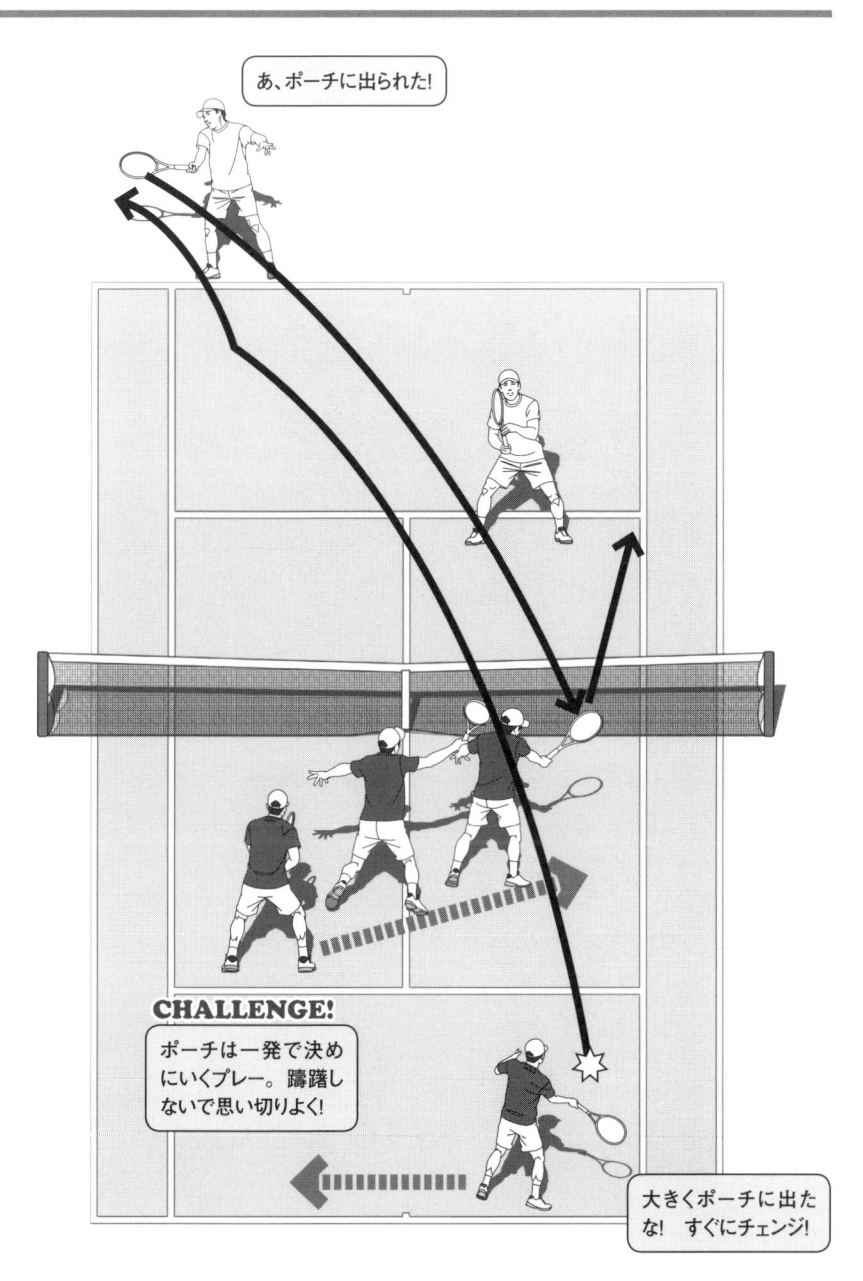

あ、ポーチに出られた！

CHALLENGE!

ポーチは一発で決めにいくプレー。躊躇しないで思い切りよく！

大きくポーチに出たな！ すぐにチェンジ！

効果を発揮する体の動きとは？

　相手コートの自分の前にボールが入ったら、必ず一歩前に詰める。これはとても大切な動きです。たとえ一歩でも、**相手は動いているのが見えている**ので、ミスをしてくれることもあります。

　相手のコートへボールが入ったら、まず一歩前に詰めてから、さらに、パートナーが打ったコースによって、**さらに前、斜め右、斜め左**の３つの動きを、常に忘れないようにしましょう。この動きをしないとサイドを抜かれやすくなり、「ポーチのときだけ動いているな」と相手に見破られてしまいます。

　フットワークに自信がない年配の人や初心者は、はじめから前に詰めて相手にプレッシャーを与えましょう。相手がリターンをする瞬間にその場で**体を大きく動かしたり**、また**小さくジャンプする**だけでも、リターナーとしては気になるものです。

　たとえフェイクであることがわかっていても、動いている人の動作に一瞬気をとられるので、ミスを誘いやすくなります。またパートナーの負担も軽くなるので、ぜひ勇気を出して動いてみてください。ただし相手がフェイクに乗ってストレートに打ってくることもあるので、そのケアも忘れずに。

ワンポイントアドバイス

● 相手コートの自分の前にボールが入ったら、必ず一歩前に！

● さらに、前・斜め右前・斜め左前の動きを！

● その場で頭や体を動かすだけでも効果あり！

ちょっとした動きでも相手は動揺！

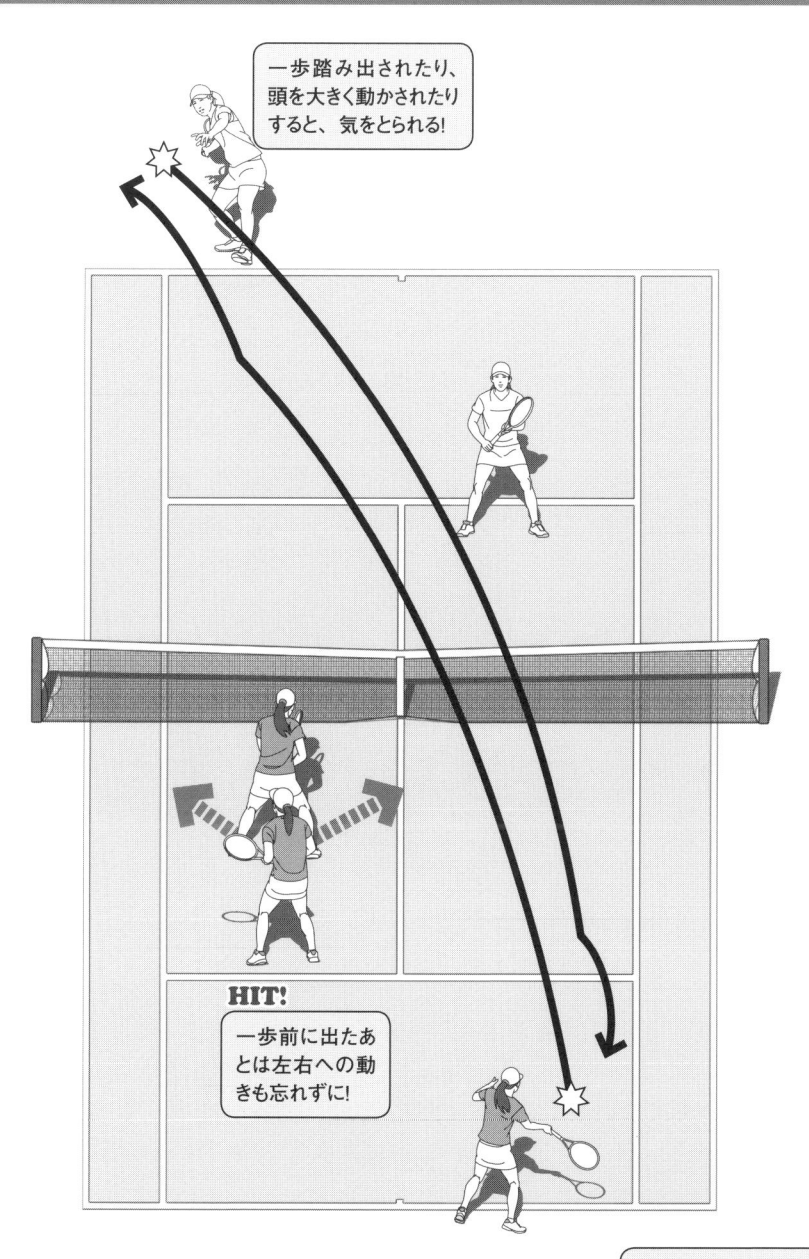

一歩踏み出されたり、頭を大きく動かされたりすると、気をとられる!

HIT!

一歩前に出たあとは左右への動きも忘れずに！

前でフェイクを入れてくれるとこちらもラク！

149

深いラリーが続いたら、短いボールを

　上級者は、むずかしいボレーは返すけれども目の前にきた簡単なボレーをミスしたり、緩く、浮いてきたチャンスボールを「ここで一発！」と思いすぎてミスをすることがよくあります。このほか、ミックスダブルスでの男性プレーヤーには、女性からの緩いボールに対してタイミングがまったく合わない人がいます。こんなときは、**わざと何本も緩いボールを送って**、ミスを誘うのも作戦のひとつ。相手がイライラしてプレーが荒れてきたら、しめたものです！

　このほか、**深いボールと短いボールを組み合わせる**のも、相手のミスを誘いやすい方法です。深いラリーを何球か続けたら、今度は短いボールを出してみましょう。深いラリーを続けていると、相手は次も深いボールがくるだろうと思って、後ろで構えて待っていることが多いので、そんなときに、急に短いボールを出すのです。相手はあわてて走らされることになり、ミスをしがちです。また走りながら返すのでボールが浮きやすく、チャンスになる可能性も高いというわけです。もちろん、あなたはこのボールを打ち急いでミスしてはいけません。

```
ワンポイントアドバイス
●強打者には、わざと緩いボールを送って
●深いボールと短いボールを組み合わせる
```

短いボールでチャンスボールを作る！

TACTICS!

深いボールが続くと、相手も深め深めにポジションをとりがち

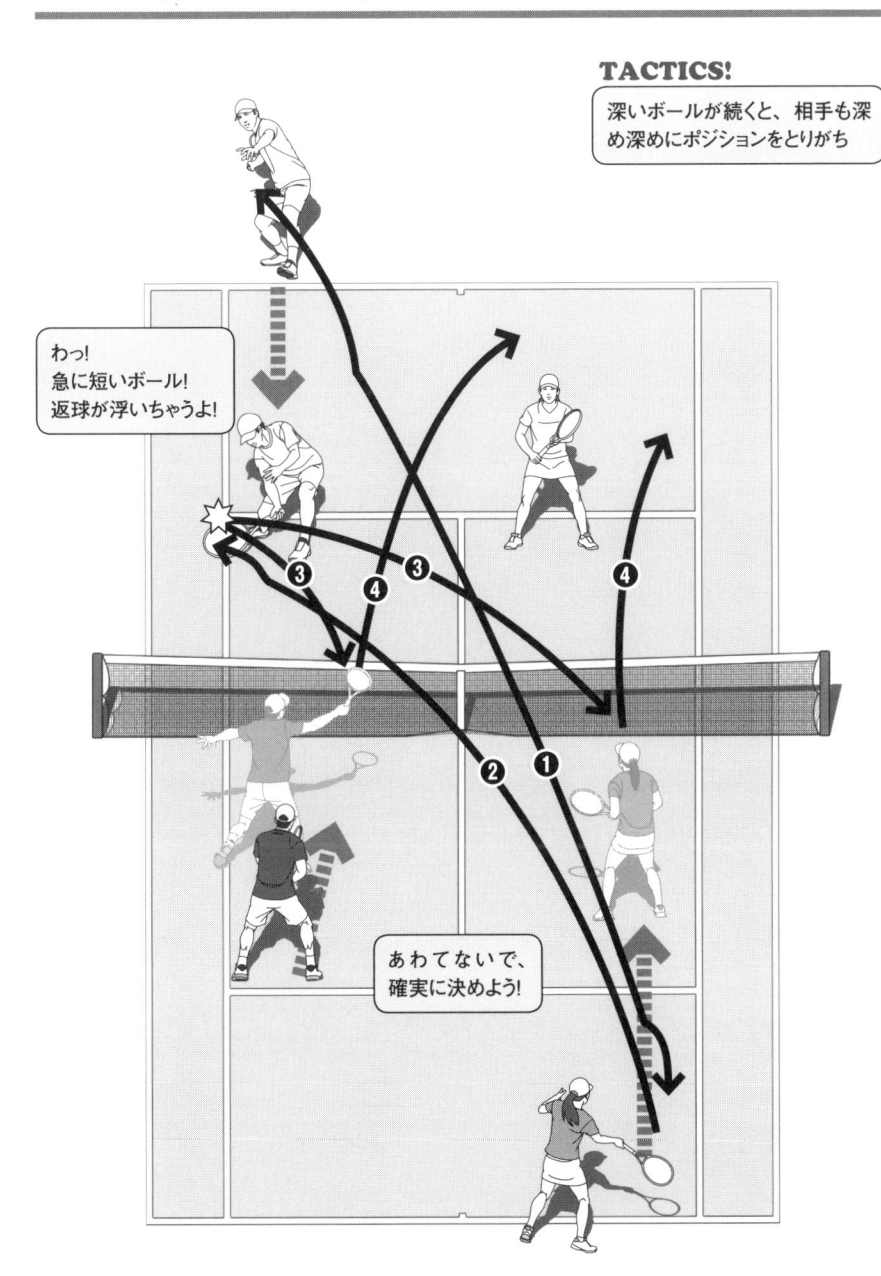

わっ！
急に短いボール！
返球が浮いちゃうよ！

あわてないで、
確実に決めよう！

151

スピンとスライスを打ち分けてミスを誘う

　ストローク合戦の中で、ガンガントップスピンを打ってくる相手に対しては、沈むスライスボールで対応するなど、**スピンとスライスを打ち分けられる**と、有利に試合を展開できます。

　とくに、ロブをスピンとスライスで打ち分けられると、とても効果的です。スライス回転のかかったロブはスマッシュしやすいけれど、トップスピンロブは落ちてくる速度が違うので打ちづらいものです。よくスクールなどでコーチが球出しするロブはスライスロブで、これは頂点から真下に落ちてくるので打ちやすく、反対にトップスピンロブは頂点から急にスピードを増して落ちてくるので、ミスをすることが多いのです。とくに**連続してロブを使うときには、回転を変えて打つ**ようにしましょう。

　このほか**相手のグリップを見てボールを打ち分ける**のも有効です。薄く握るコンチネンタルグリップで持っている人は、こちらのボールの威力を利用して返してくるのは得意ですが、肩ぐらいの高さのボールを上からたたくのは苦手なことが多いもの。反対に厚く握るウエスタングリップのプレーヤーは、フラットドライブで上からパーンとたたくことが得意なので、そういう相手には高いボールを出さないようにしましょう。

ワンポイントアドバイス

- トップスピナーに対してはスライスをうまく使う
- トップスピンロブはスマッシュは打ちにくい！
- 相手のグリップもチェック！

慣れない回転にとまどうプレーヤー多し！

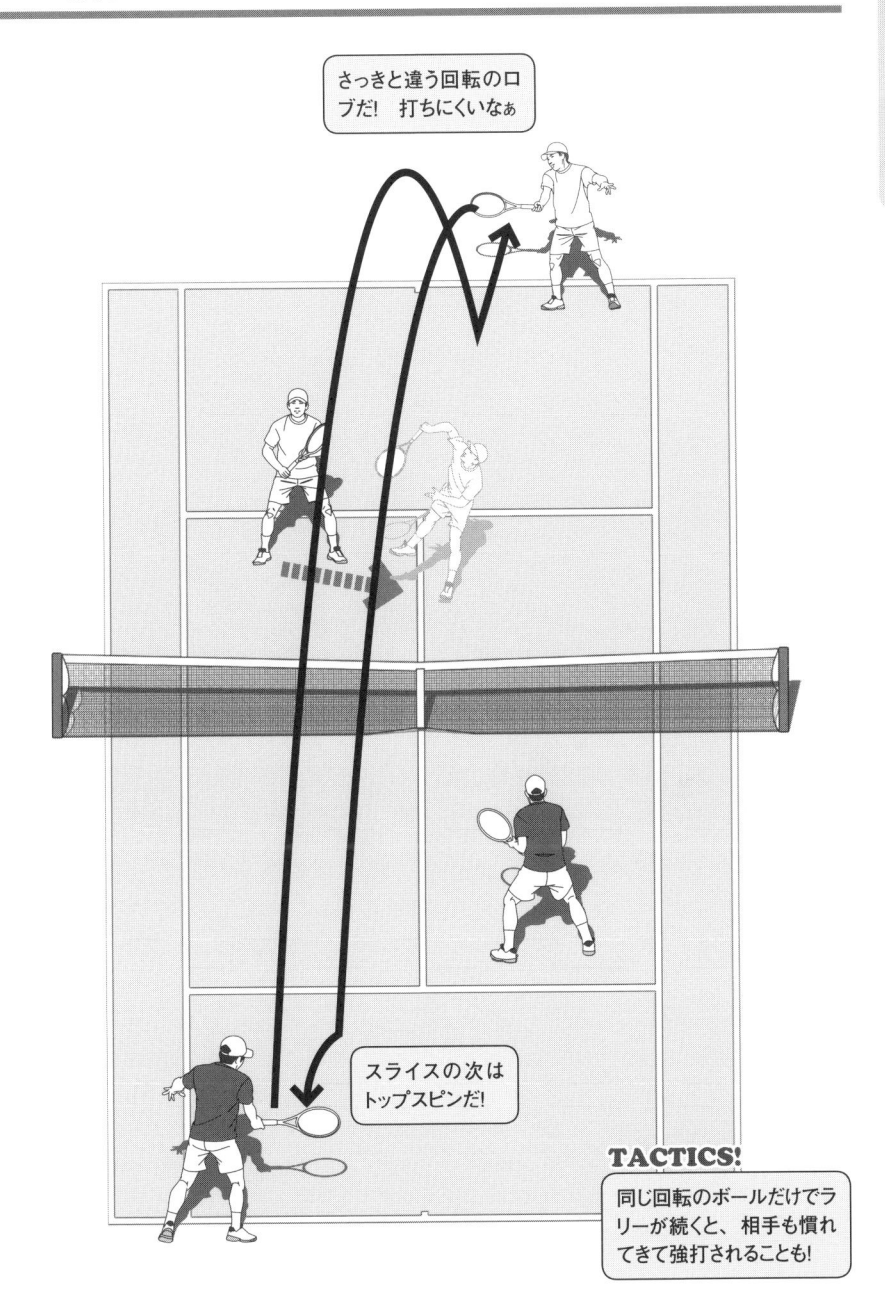

さっきと違う回転のロブだ！　打ちにくいなぁ

スライスの次は
トップスピンだ！

TACTICS!

同じ回転のボールだけでラリーが続くと、相手も慣れてきて強打されることも！

153

ゲームを組み立てる習慣をつけよう

1本のショットだけで勝とうと思ってはいけません。その前までの組み立てが大切です。

　たとえば、センターのボールを毎回ポーチに出ようと動いているプレーヤーは、サイドがおろそかになりがち。そこで何回かクロスにボールを送ったあとに、次も**クロスに打つ振りをしてストレートへ**打ってみましょう。ですが、最初からストレートばかりを狙っていると、ケアされて反対に逆襲されかねません。

　また反対に、このポーチの動きを利用して相手にプレッシャーを与えることもできます。ポーチが何回か成功したら、相手コートにボールが入った時点で一歩大きく前に出ます。そうすると相手は、ポーチで決められているので、相手の動きが気になって、リターンやボレーのボールが入らなくなってきます。

　このように、「**この動作をしたから、相手がミスをした**」ということがわかってくると、とても楽にゲームを作れるようになります。ゲーム全体の流れを把握し、常に数手先のプレーを組み立てながら、使うショットを決めていく習慣をつけることが大切です。

ワンポイントアドバイス

- 何本かクロスラリーのあとでのストレートショット
- ポーチ成功後の大きなフェイク
- 相手のミスの原因を知ると気持ちは楽になる！

数手先のプレーを組み立てよう！

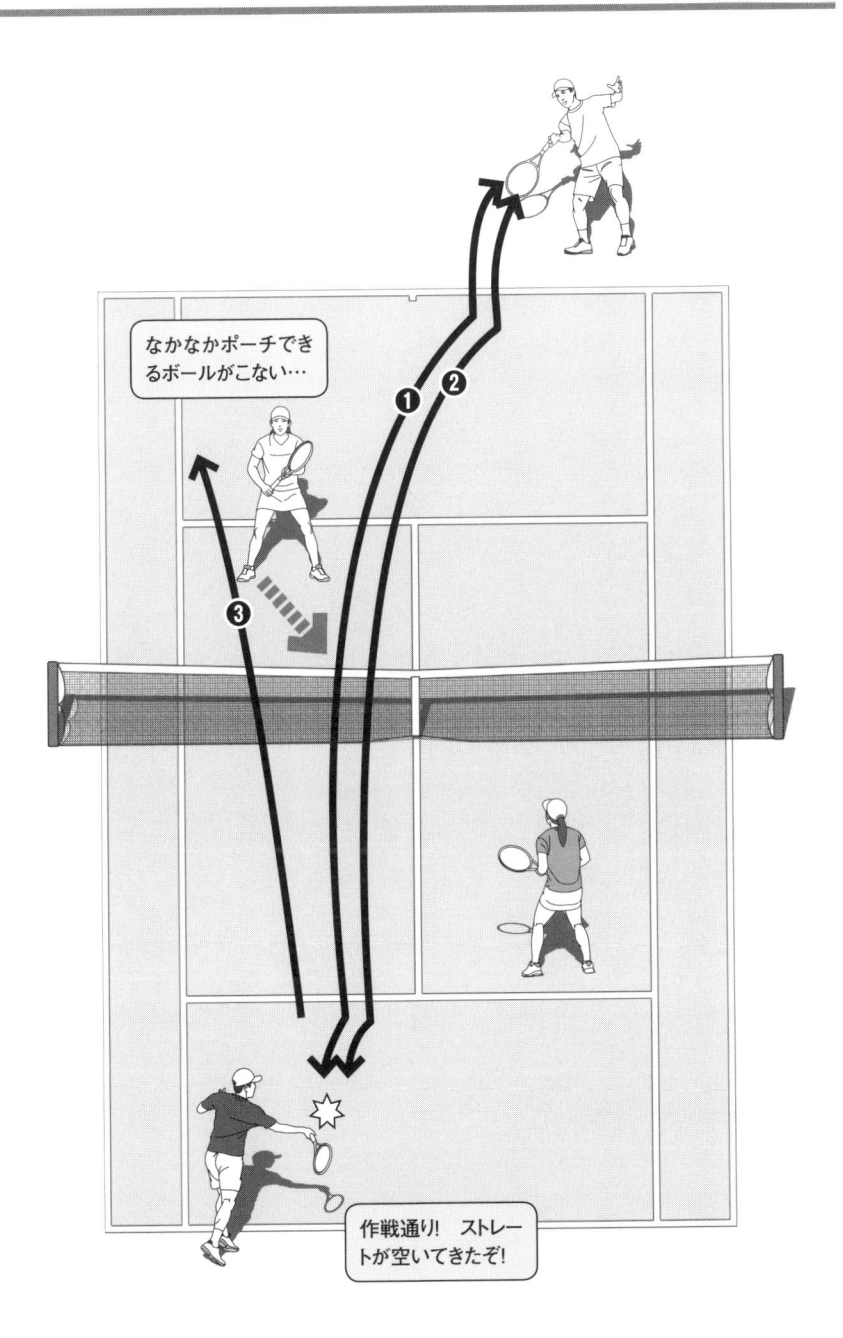

相手の力を利用して違う球種で返球する

　ハードヒッターと試合をするときは、相手の打つボールと違う回転の球種で返しましょう。相手が**トップスピン系のボールを打つプレーヤーだったら、スライスを多めに使う**ようにします。このタイプは下からすくうことは得意ですが、弾まないで滑ってくるボールが苦手です。またスライス回転のかかった緩いボールにも、タイミングを合わせづらいので、スライスの中ロブも効果的なショットです。ロブ合戦になったら、スライスロブもおりまぜながらしのぎましょう。

　またハードヒッターに付き合って後ろでラリーをすると相手の術中です。我慢して、**面作りをして処理**していきましょう。ボールが早いので、面だけ合わせれば大丈夫。さらにハーフバウンド（ライジング）で処理をすれば、後ろに下がらなくてすみます。相手のボールの力を借りて返球すれば、そのぶん返すのが簡単になります。

　ある程度の年齢になったら、相手の力を利用した**省エネテニス**をすることも大切です。その間に相手の体力が消耗していくのを待つのも作戦です。試合を勝ち進んでいくのであれば、一日に数セットを戦えるように体力を温存しながらプレーしましょう。

ワンポイントアドバイス

- トップスピナーにはスライスで攻めよう！
- 中ロブも有効！
- 後ろに下がらず、ライジングで処理しよう
- 「省エネテニス」を意識しよう

コートの後ろに下がって相手に付き合わないように！

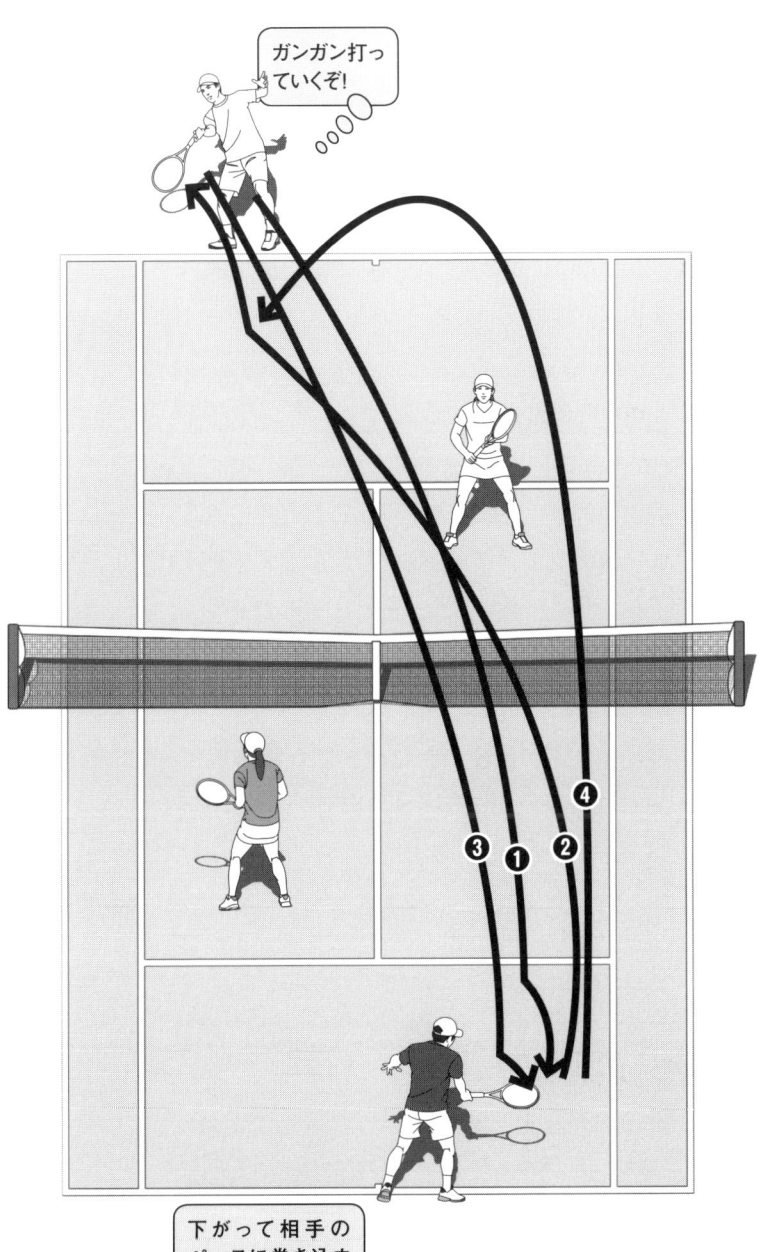

ムキになって打ち合わない、無駄なショットを打たない

　ロブ合戦になったら、少しでも相手のボールが浅くなったところを、**ハイボレーでカットして攻めて**いきましょう。また相手が走れないタイプなら、深いところに返球して走らせるだけでなく、前に短いボールを出して相手を動かして、攻撃することも大切です。

　このほか、やわらかいタッチのボレーヤーは、緩く安定したボールで延々と返してきて、相手のミスを待っていることが多いもの。そんなときは、その人とのラリー合戦を避けて、**深い場所にロブを上げて陣形を崩し**、その局面から逃げるようにしましょう。とくにストローク対ボレーでは同じ人同士のラリーが３球くらい続くと、次第に深いボレーが返ってくることが多いので、その前に攻め方を変えるようにしましょう。

　反対に気長に考えて、**自分がシコラーになるのも作戦**です。シコラーの勝ちパターンは、相手をイライラさせて自分のペースに持ち込むことなので、それに負けないでしっかりと付き合う気持ちでプレーするのです。あせって打ち込んでミスをしないことと、体力を消耗しないように無駄なショットを打たないことが大切です。

ワンポイントアドバイス

- ●相手のボールが浅くなったら、ハイボレーなどで前へ
- ●前後にも揺さぶって動かそう！
- ●ロブから陣形を崩そう
- ●自分もシコラーになって、無駄なショットを打たないようにするのも手

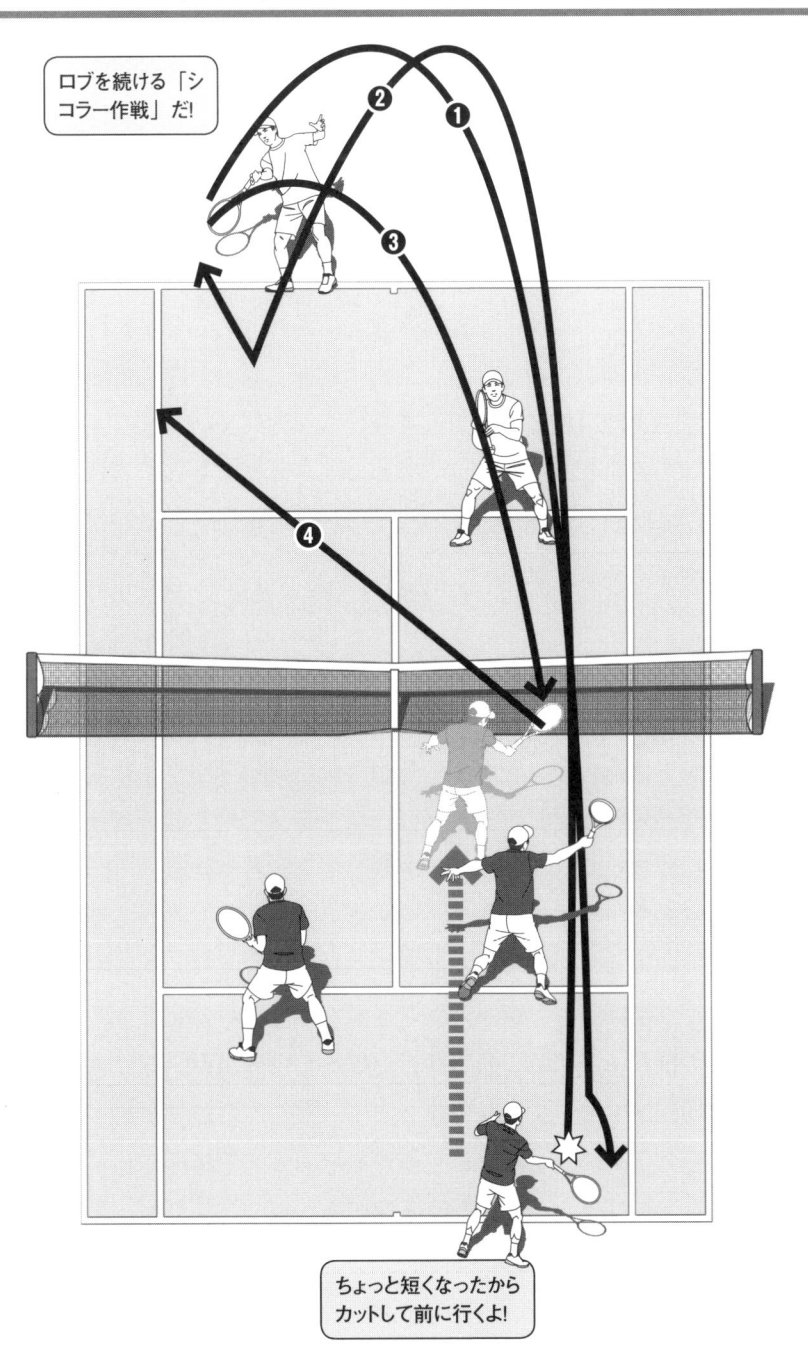

ロブは早めにカットして前へ！

ロブを続ける「シコラー作戦」だ!

ちょっと短くなったから
カットして前に行くよ!

シングルスをプレーすると、ダブルスがうまくなる

　シングルスはゲームの組み立ても、また苦手なショットの処理も、すべて１人でこなさなくてはいけません。シングルスをすると、今までいかに無造作にボールを返していたか、またボールの処理をパートナーに頼りすぎていたかがわかります。また、シングルスをした後にダブルスをすると、自分が守る範囲が少なくて済むことに気づかされます。ダブルスコートはシングルスコートよりも若干広いのですが、そこを２人で守るのですから、「もう少しがんばれば、もっとボールを拾えるんだ」と、楽に考えてみましょう。

　あなたは、ボールを打ったらその場所で立ち止まってボールの行方を見ていませんか？ とくにナイスショットの後によくありますよね。それでエースをとれればいいですが、もし返球されたら処理が遅れます。特にシングルスではこの行為は命とりになりますが、ダブルスでも同じです。打ったらすぐに構えて、次のボールに備えることを常に心がけてください。戻り方も普通に走ってしまうと、逆をつかれやすくなります。サイドステップを使って、相手の動きを見ながら戻りましょう。

　このほか、決める球とつなげる球をしっかり使い分けることも大切。ストロークで攻められるボールなのにロブで返してしまったりしていませんか。せっかく組み立てて相手のオープンスペースを作ったら、シングルスでも、ダブルスでも、迷わず決めていくようにしましょう。

第5章

勝てるダブルス練習法

同じ球種のボールを続けて打つ

　サーブは、スピードよりも**まずコースを狙うという意識**を持つことが大切です。片面に３ヵ所のマトを置き、そこを狙って打つ練習をしましょう。グループ練習の場合は、**セカンドサーブ１球勝負というゲーム形式**で、サーブが入らなかったら交替という方法もいいでしょう。サーブが入らないと次の順番まで入れないので、緊張感を持たせるには有効です。

　フラット、スピン、スライスと３種類のサーブをランダムに打つ練習、さらにサーブの球種を決めて打つ練習も大切です。たとえば球種をスライス、あるいはスピンに限定した場合、スライスサーブあるいはスピンサーブを確実に打つ練習になるだけでなく、リターンサイドもそのサーブを続けて返しているうちに、サーブの入ってくる**コースの特性とリターンのコツ**がわかってきます。

　リターンの練習では、どんな球種のサーブに対しても、速くて深いクロス、緩くて深いクロス、速いアングル、緩いアングル、ストレートアタック、ストレートロブの**６種類を打ち分ける**ようにしましょう。

ワンポイントアドバイス

- ●片面に３ヵ所のマトを置いた練習がおすすめ！
- ●１球勝負で緊張感を持たせましょう！
- ●３種類のサーブを打ち分けましょう！
- ●球種を決めてサーブ＆リターン！
- ●６種類のリターンができるようになりましょう！

反復練習で、コツを体に染み込ませよう

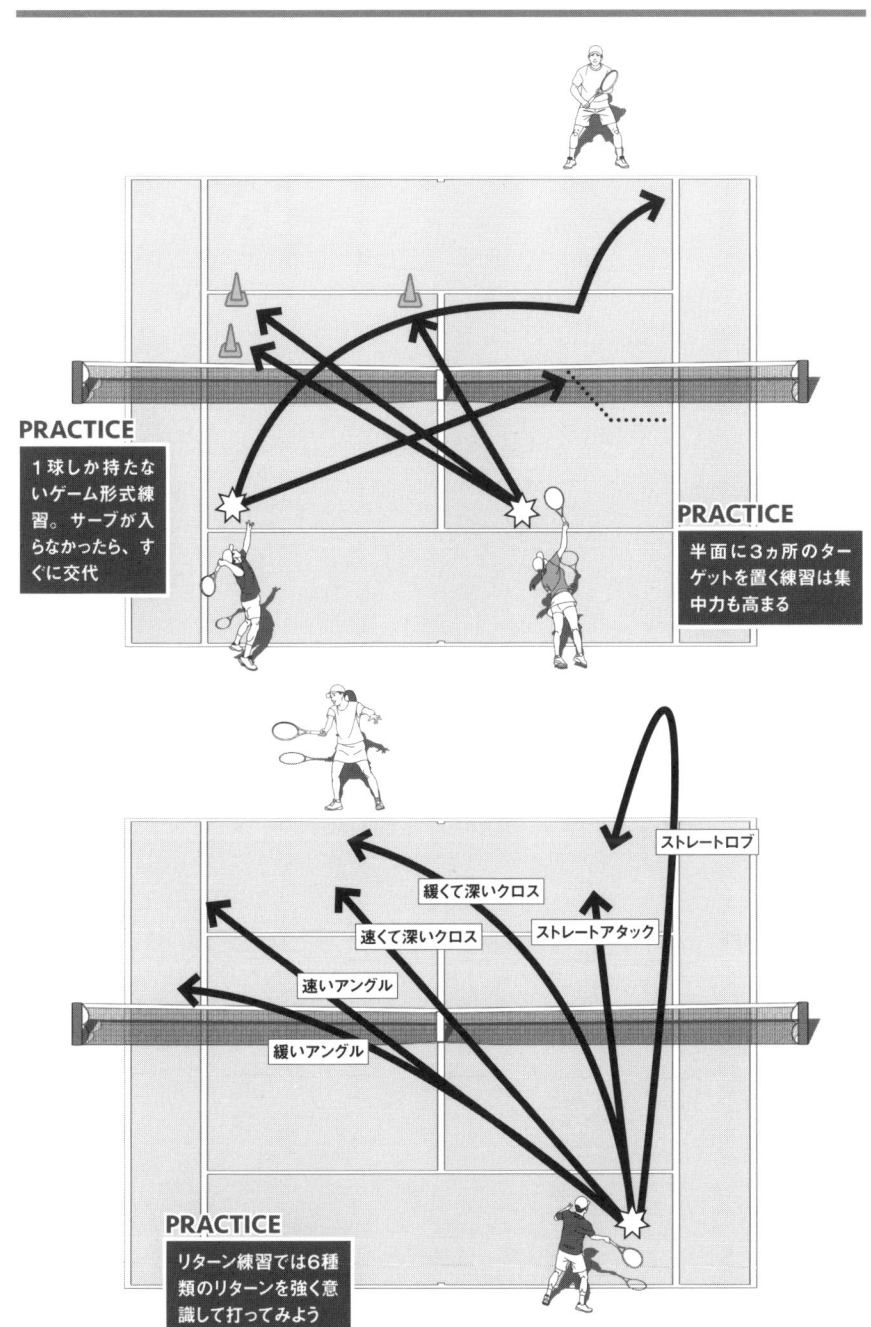

PRACTICE

1球しか持たないゲーム形式練習。サーブが入らなかったら、すぐに交代

PRACTICE

半面に3ヵ所のターゲットを置く練習は集中力も高まる

ストレートロブ

緩くて深いクロス

速くて深いクロス　ストレートアタック

速いアングル

緩いアングル

PRACTICE

リターン練習では6種類のリターンを強く意識して打ってみよう

勝ち負けを取り入れた 実戦的な練習が生きる

　ボレー＆ストローク（ボレスト）は、クロスのハーフコートを使って実戦的な練習をしてみましょう。ポイントをつけて勝ち負けを決めていく練習なので、より**試合に生かされる内容**になるはずです。

　そのときボレーヤーは、全部ノーバウンドでしか処理してはいけないルールにします。通常のミスは－１ポイントですが、ボレーヤー側はボールがコートについてしまったら２ポイントがストローカーに入り、20ポイントを先に取ったほうが勝ちとします。もちろんロブを混ぜてもいいので、**ローボレー**になるようなボールを何球か続けて送り、次にロブで**抜いてみたり**します。このような練習をしておけば、必ず実戦で生かされるはずです。

　また試合形式での練習では、ポイントが決まったら、その２球前からやり直して、**何で決まったのか**、**何がいけなかったのか**を考えて、進めるようにするといいでしょう。ゲームが終わってからでなく、その場で直していくようにすると、身につきやすいものです。

ワンポイントアドバイス

- ●勝ち負けを決める練習が効果的です！
- ●ボレーヤーはすべてノーバウンドで！
- ●ポイントが決まったらその場で反省会！
- ●何が悪かったかをすぐにチェックする！

ポイント練習で緊張感を持って！！

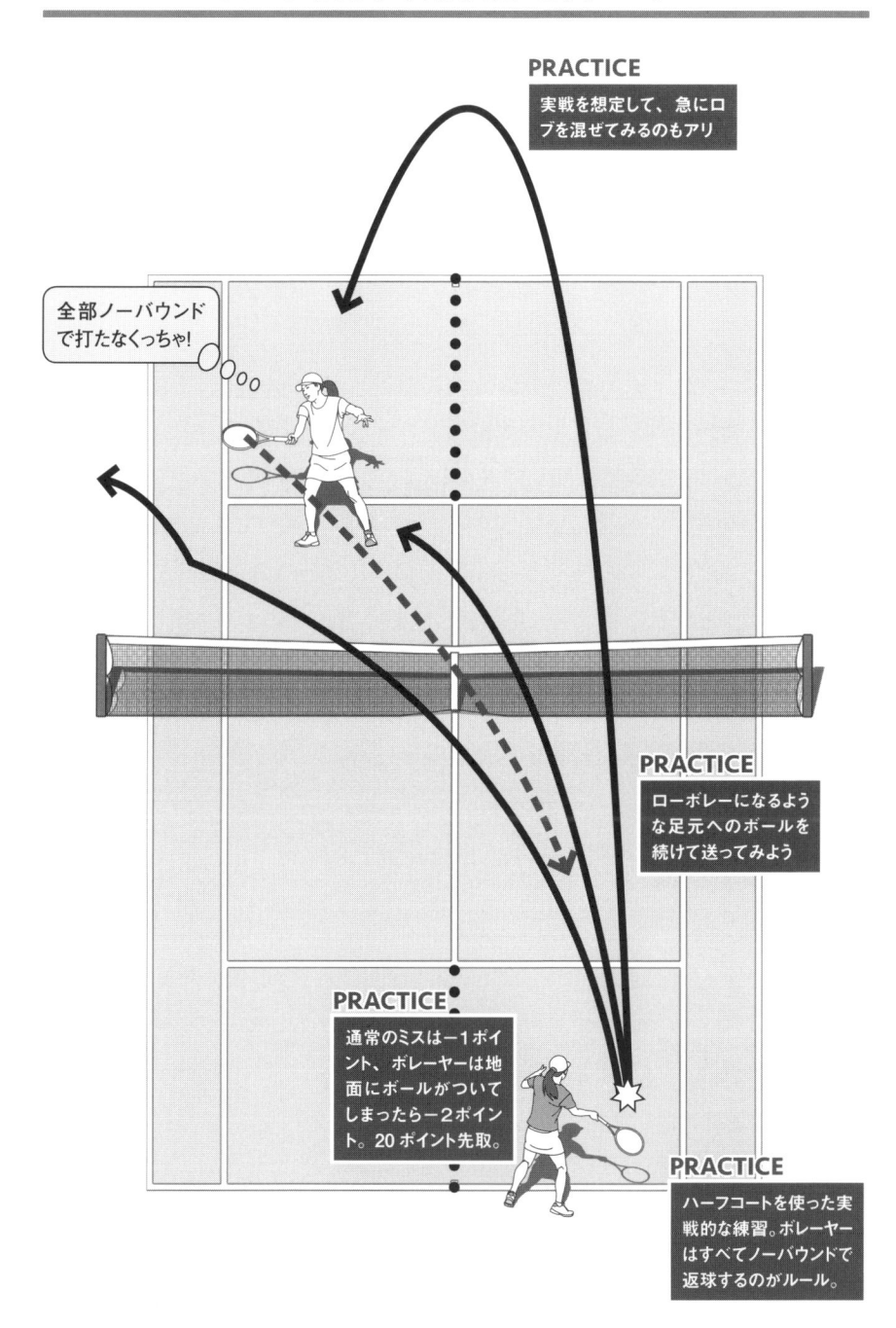

PRACTICE
実戦を想定して、急にロ
ブを混ぜてみるのもアリ

全部ノーバウンド
で打たなくっちゃ!

PRACTICE
ローボレーになるよう
な足元へのボールを
続けて送ってみよう

PRACTICE
通常のミスは－1ポイ
ント、ボレーヤーは地
面にボールがついて
しまったら－2ポイン
ト。20ポイント先取。

PRACTICE
ハーフコートを使った実
戦的な練習。ボレーヤー
はすべてノーバウンドで
返球するのがルール。

ボレー＆ボレーの練習

とられにくいコースを体で覚える

　ボレー＆ボレーでは、なるべく**相手の足元付近に沈めるショット**を練習しましょう。ひとりをボレーヤーにして定位置に立たせて、このボレーヤーの足元にボレーを送り込んでいきます。この場合、定位置に立っているボレーヤーは、**足を一歩動かしてとれる範囲**のボール以外は手を出してはいけません。ただし、実際の試合で動けなくなってしまう危険性がありますので、定位置に立つボレーヤー役はなるべく上級者がやるようにしましょう。この練習では、立っているボレーヤーの足元付近にボールを配球し続けていくと、簡単にとられてしまうボールと比較的**とられにくいボールのコース**がわかってくるはずです。

　ドロップボレーの練習では、ボレー＆ボレーのときに**ラケットの上でボールを１バウンドさせてから返す**ようにしてみるのもいいでしょう。ラケットの面を思い切り上に向けて、面の上でボールをバウンドさせるのは、力を抜いて打つという感覚を身につけるのに最適です。

ワンポイントアドバイス

- ●相手の足元付近に沈めるボールをマスター！
- ●相手にとられにくいコースを理解できるはず！
- ●ラケットの上で一回ボールをバウンドさせてドロップボレーの練習！
- ●力を抜いて打つ感覚を身につけて！

簡単にとられてしまうゾーンを確認しよう！

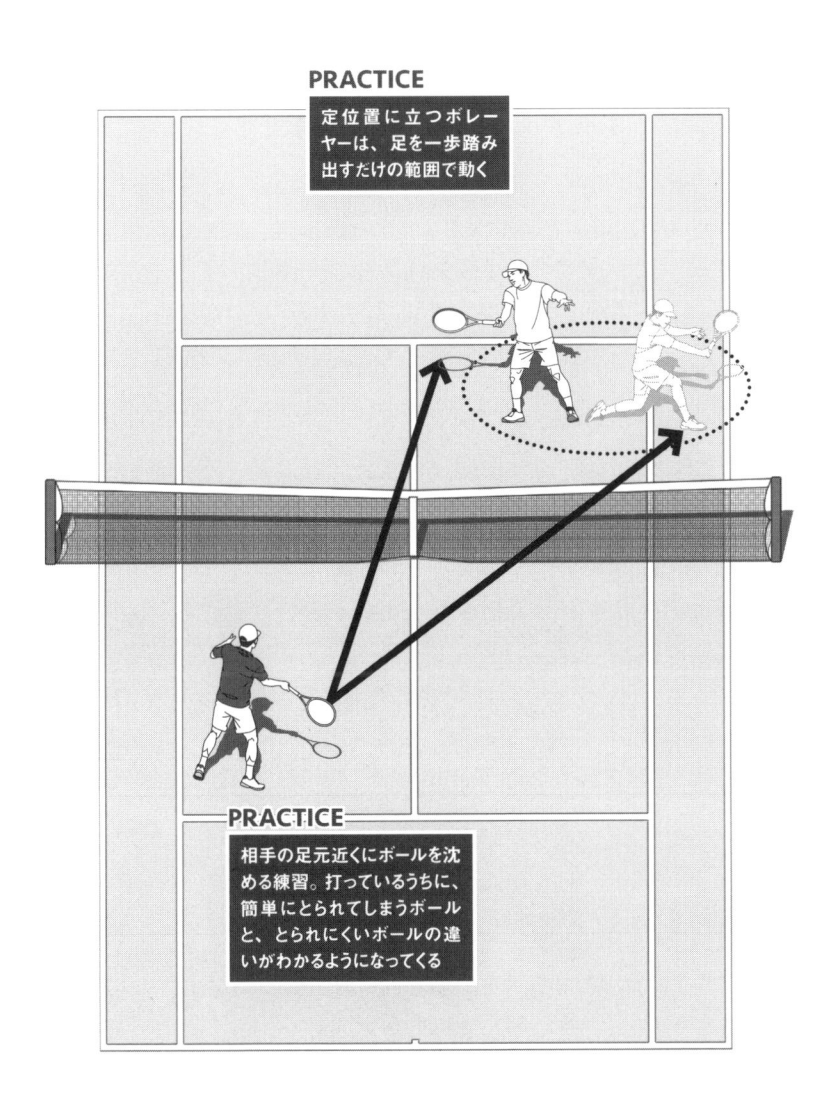

PRACTICE

定位置に立つボレーヤーは、足を一歩踏み出すだけの範囲で動く

PRACTICE

相手の足元近くにボールを沈める練習。打っているうちに、簡単にとられてしまうボールと、とられにくいボールの違いがわかるようになってくる

足と手をクロスさせてラケットを前に出す

アングルボレーは、ダブルスの試合ではとても有効なショットのひとつ。とくに、4人全員がネットについている状態などで、局面を打開するのに役立ちます。

フォアサイドに入ってきたボールをアングルボレーで返すには、**足と手をクロスさせるように**します。右利きの場合は、左足を右方向に踏み込んで、右手は前方に「トン!」と出すような感じです。こうすれば体が開かずにアングルボレーを打つことができます。バックのアングルボレーはその逆です。クロスしないで体が開いた状態で打つと、手でボールを持っていきたくなるので、足の長いボールになってしまうことがあります。上級者になると自分の顔の後ろでボールをとらえてアングルボレーをしたりしますが、通常はラケットは、**必ず自分の顔の前**にくるようにセットしてください。**肘は体の幅の外に出ないように**して打つのがコツです。

ワンポイントアドバイス

- ●アングルボレーは相手をコートの外に追い出せます!
- ●足と手をクロスさせるように意識します
- ●ラケットは必ず顔の前にセットして!
- ●ボールをとらえる位置は顔の前です!

打ちたい方向とは逆に足を踏み込む！

HIT!

ドロップボレーまではいかなくても、インパクトの瞬間に少しだけラケットを引いてボールの勢いを殺すのがコツ。またできるだけラケットを立てた状態でインパクトしてみよう。

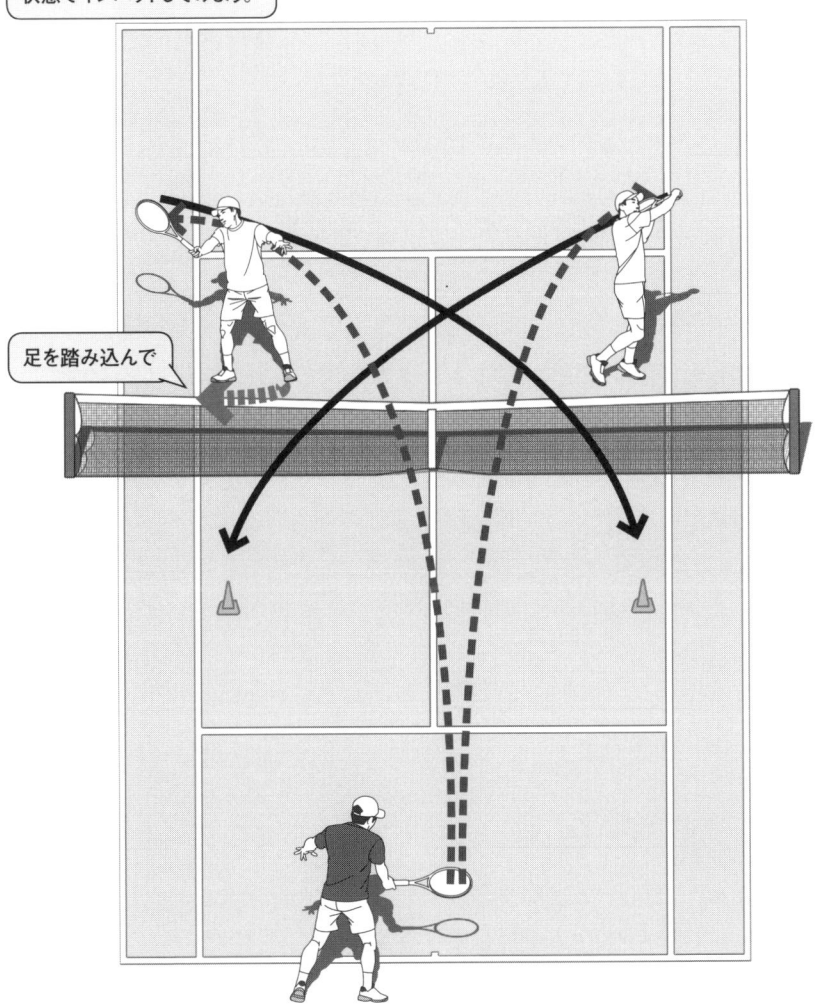

足を踏み込んで

ロブの練習①

返す場所を決めて反復練習

　普段ロブの練習をしていないと、いざ試合で使おうと思ってもなかなかむずかしくて上手くいかないもの。試合などで、コートの外に追い出されたときには、自分が体勢を立て直す時間をかせぐためにも高いロブで返すのが有効です。

　ストロークの練習はよくやりますが、ロブだけの練習というのはあまりやらないようです。練習ではロブ＆ロブ、あるいはロブ＆ストロークだけのラリーを20球以上続けるようにしてみましょう。その場合も**ベースラインの内側どれくらいのところに入れるか**目標を決めて打つようにすると正確なロブが上げられるようになるでしょう。さらに、自分で決めた場所に、5球、あるいは10球入るまで続けるというように目標をもってやってみましょう。

　相手にサーブを打ってもらって、そのボールをロブでリターンする練習も大切です。ロブに対してロブで返すのは比較的簡単ですが、しっかりと打たれたボールをロブで返すというのは意外とむずかしいものです。

ワンポイントアドバイス

- ●ロブ＆ロブだけの練習を繰り返します！
- ●ストロークをロブで返す練習も大切です！
- ●ロブを返す場所を決めて精度をあげて！
- ●サーブをロブで返す練習も忘れずに！

ロブ&ロブ、ロブ&ストロークの練習を

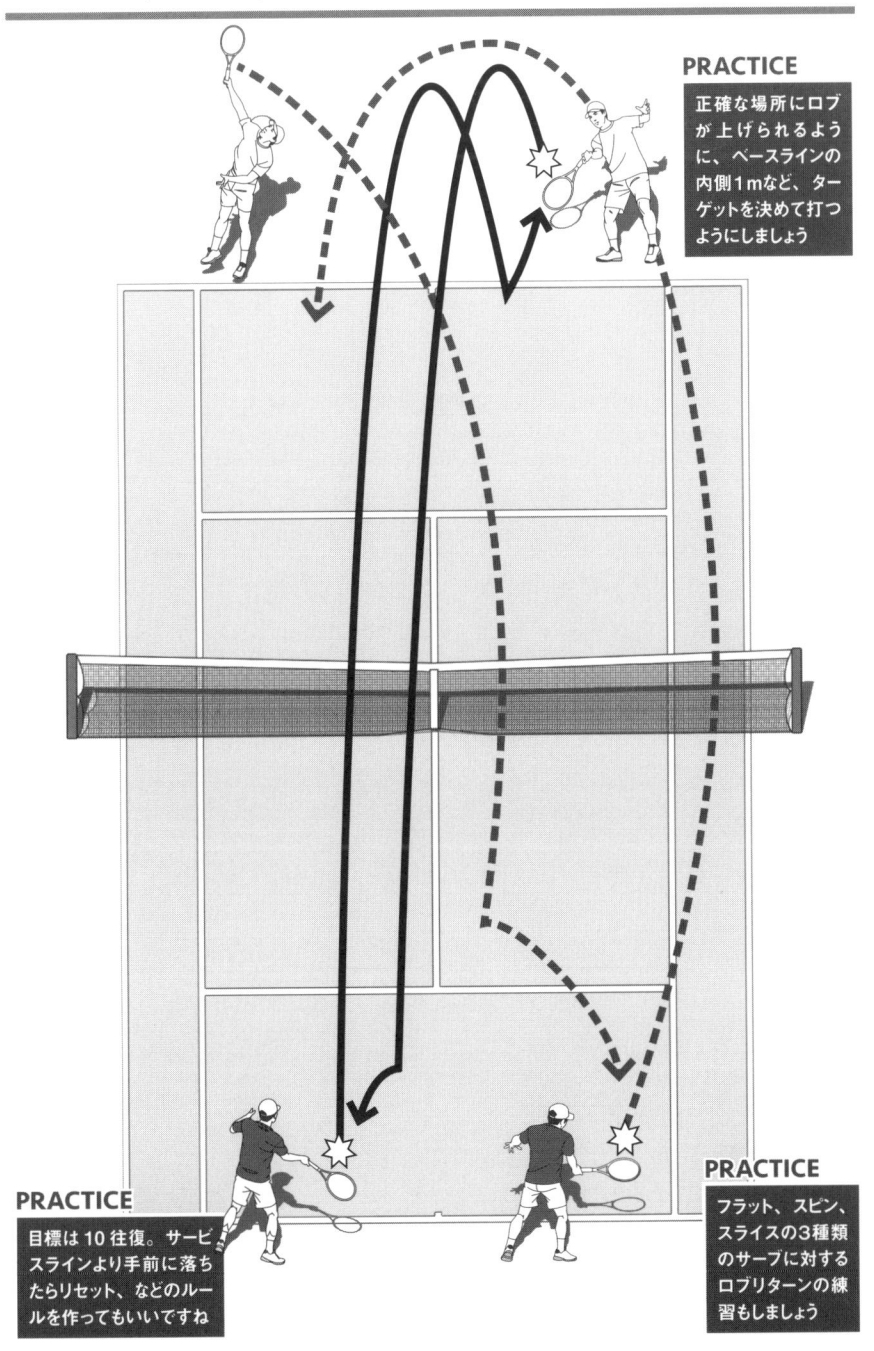

PRACTICE

正確な場所にロブが上げられるように、ベースラインの内側1mなど、ターゲットを決めて打つようにしましょう

PRACTICE

目標は10往復。サービスラインより手前に落ちたらリセット、などのルールを作ってもいいですね

PRACTICE

フラット、スピン、スライスの3種類のサーブに対するロブリターンの練習もしましょう

走って、いろいろな球質のロブを打つ

　トップスピンやスライスなどの**回転系のロブ**を打つ練習もしておきましょう。試合になれば、常に余裕を持ってロブを上げられる状況ばかりとは限りません。コートの外に走らせるボールを出してもらい、それをロブで返す練習です。

　ボールに早く追いついたときは、トップスピンロブで返します。逆にやっと追いついたようなときはスライスロブで返すようにしましょう。走らされたときは、**ラケットを出しながら追いかけるのがコツ**。ボールに追いついてからラケットを出している人がいますが、それだと遅れてボールが浅くなりチャンスボールになってしまいます。ラケットを出しながら走れば、面の角度だけでスライスロブをうまく上げることができます。とくに、相手のボールのスピードが速ければ、当てるだけで飛んでいってくれます。

　ふたりで練習するときは、ロブが浅くなったらスマッシュ、逆にロブでうまく相手を後ろに戻すことができたら前に詰めて、ロブからのゲームの組み立ての練習にもなります。

ワンポイントアドバイス

- 余裕のあるときはトップスピンロブを打てるように！
- 走らされたときはスライスロブでしのぐ！
- ラケットを出しながら走れるようにして！
- ロブからの組み立ても練習しましょう

ギリギリ追いついたときは、面の角度だけで返そう

PRACTICE

出されたボールを追って、余裕があればトップスピンロブ、ギリギリならスライスロブを上げる練習。ロブの高さや回転量にもメリハリをつけて打ち分けてみましょう

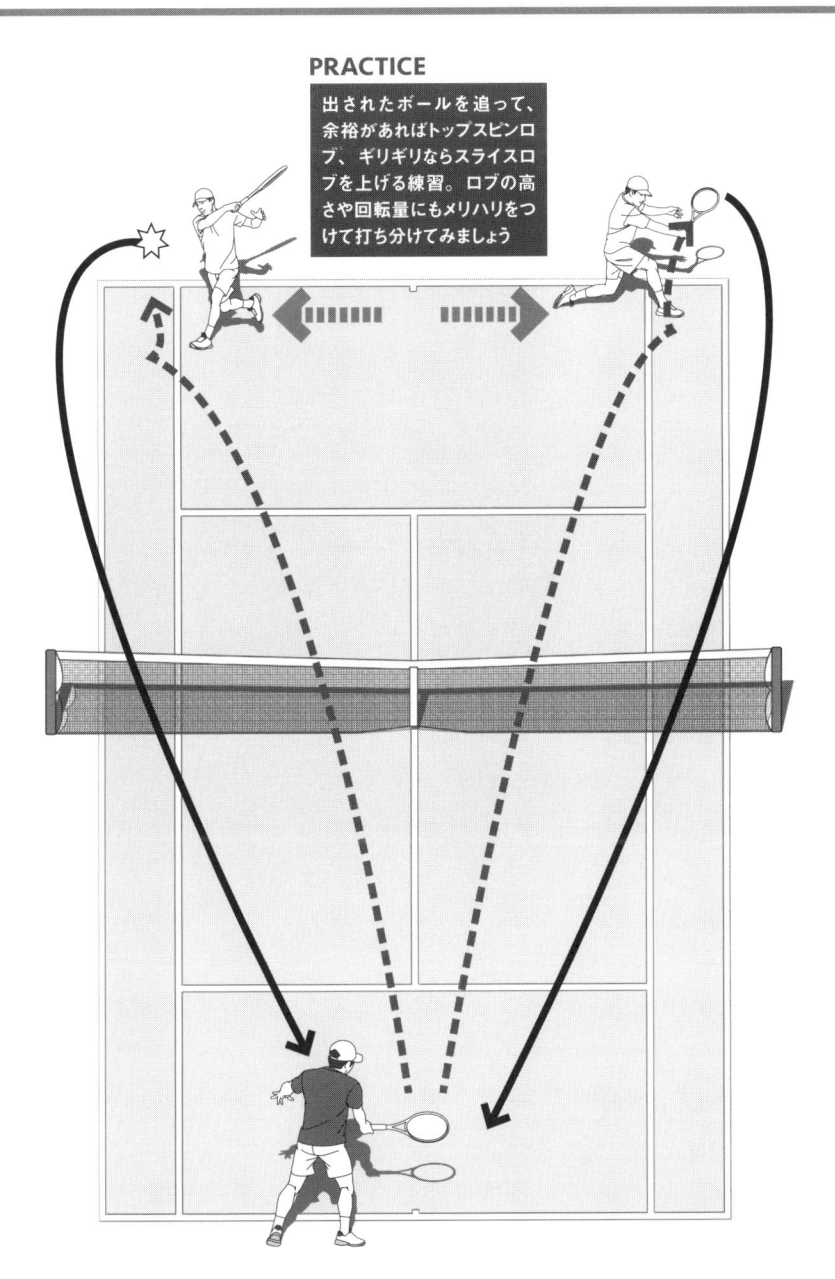

相手の足元に送り込むスマッシュを覚えよう

　浅いボールが上がったときに、一発でエースをとれるのがスマッシュです。ただし、フラットでストレートに打った場合、相手に上手くラケット面を合わせて返されてしまうこともあります。ただやみくもに一方向にフラットで打つのではなく、**相手の足元に送り込むようなスマッシュ**をマスターできると実戦でとても役に立ちます。足元にくるボールは返すのがむずかしいのでポイントがとれる確率は高くなるでしょう。

　バックサイドから打つ場合は、ストレートやセンター方向に打つ振りをして、相手コートのバックサイドにいる人の**アレーに「ポン」と送る**ような感じのボールを打ってみましょう。目標に向けてラケットの面をセットして軽く当てるだけという感覚で打つとうまくいきます。その場合のスマッシュにはスピードは不要です。

　最初はストレートからボールを出してもらい、アレー側にマトを置いて、そのマトを目標にボールを送り込む練習をしてください。

ワンポイントアドバイス

- ●フラットに真っ直ぐ打つと返されやすい！
- ●相手の足元にバウンドさせるスマッシュが効果的！
- ●アレーに打つときにスピードは必要ありません！

ダブルスならではのスマッシュをマスターしよう！

PRACTICE

フォアサイドから打つ場合も、ストレートやセンター方向に打つふりをして、相手コートフォアサイドのアレー方向にスライスで流し込むようなイメージで打ってみましょう

PRACTICE

相手の足元に送り込み様なスマッシュをマスターしよう。スピードは要りません

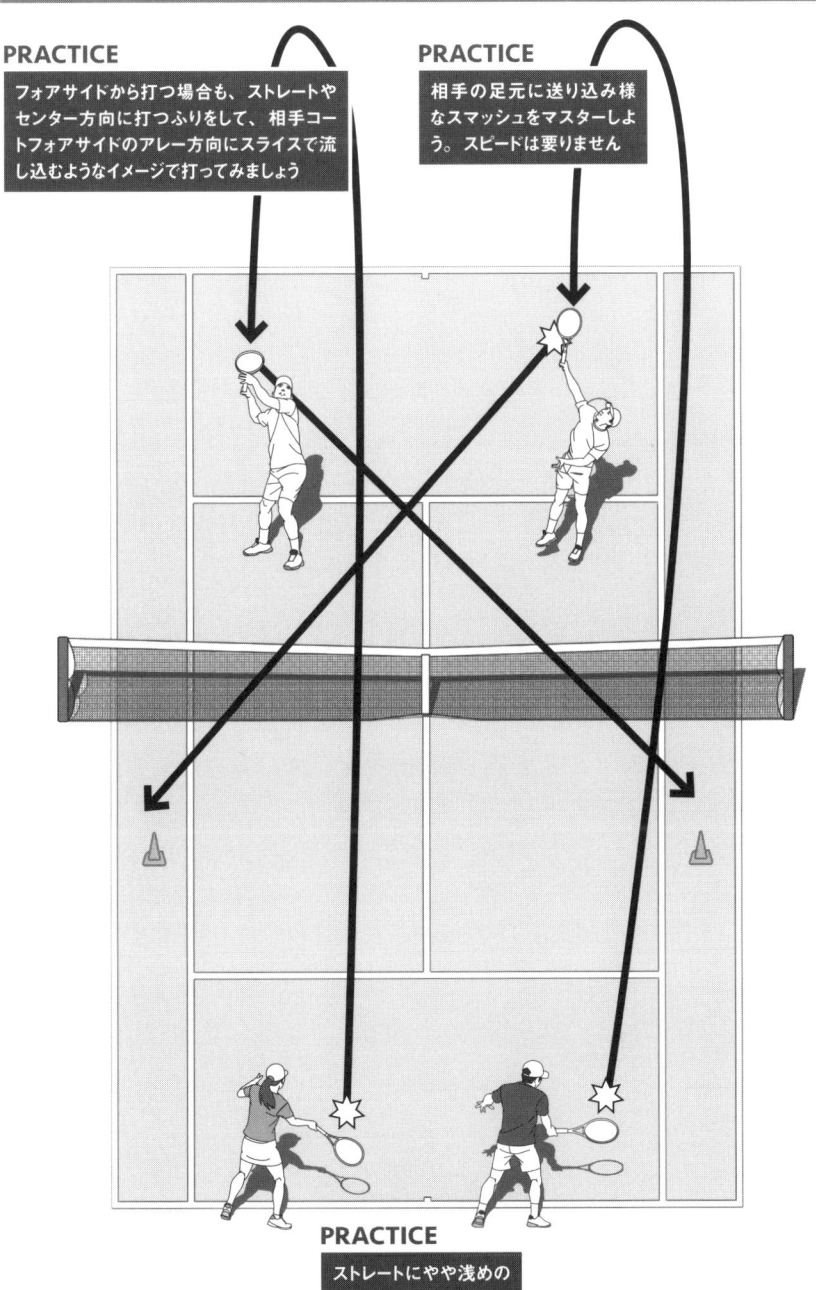

PRACTICE

ストレートにやや浅めのボールを上げましょう

175

ミニラリーで「タタン！」というリズムで打つ練習を

　相手の力を利用して打つライジングショットを使うと、早い展開で相手より先に攻撃を仕掛けることができます。サービスリターンのときに、一歩前に立ってライジングで返せば、相手が詰めてくるより先に自分がネットに出ていけます。ロブ合戦のときに局面を変える場合にも有効です。ほかにも、ラケットのスイング幅が狭いのでミスが少ない、相手のボールが変化する前に叩けるのでバランスが崩れないなど、多くの利点をもつショットです。

　練習は、**ミニラリー**でお互いがサービスラインに立ってライジングで打ち合うのがいいでしょう。上半身は伸ばしたままで、腰のターンと膝をうまく使って**「タタン！」というリズム**で打ちます。テイクバックは低く小さくしていないと打てないので、常に構えている状態が基本です。初心者は、トスでボールを出してもらって練習するのがいいでしょう。ライジングで多くのボールを処理できるようになると、コンパクトな動きで疲れないという利点もあるので、年配のプレーヤーにもおすすめします。

ワンポイントアドバイス

- 相手より先に攻撃を仕掛けられます！
- ラケットのスイング幅が狭くミスを減らせます！
- ミニラリーで練習してみましょう！
- 腰のターンと膝を上手く使いましょう！
- ラケットは最初から低く小さくセットします！

早め早めのテイクバックがコツ！

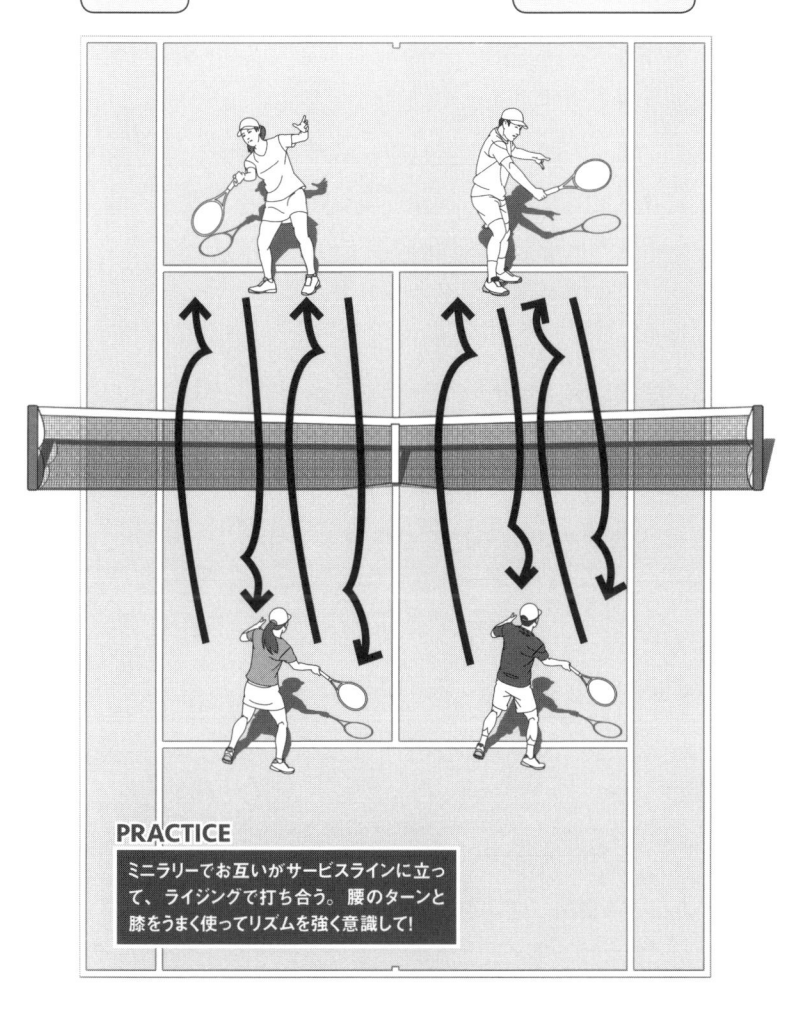

タタン！

サービスラインの
内側、やや深め
に入るように打とう

PRACTICE
ミニラリーでお互いがサービスラインに立っ
て、ライジングで打ち合う。腰のターンと
膝をうまく使ってリズムを強く意識して！

177

走って走って、拾いまくれ！

これは普段の練習の最後や、合宿などで行なうと**楽しみながらフットワークが鍛えられる**練習です。1組はベースライン（チャレンジャー）で、もう1組はネット（チャンピオン）での2対2のポイントゲームです。球出しはチャレンジャーサイドに交互に出し、それをチャンピオンに打ち返すところからスタートです。普通にポイントがとれれば1ポイント、ノータッチで抜くことができれば2ポイントで、チャレンジャーが2ポイントとったら交替です。

その瞬間、球出しの人はチャレンジャー側のコートに高いロブを出します。新しいチャレンジャーは上がってきたロブをグランドスマッシュでチャンピオンサイドに打ち込みます。チャンピオンになったふたりは向こうのコートに全速力で走ってこの**グランドスマッシュを受ける**のです。ノータッチで決まってしまえば、チャンピオン交替。なんとかさわるようにがんばってみましょう。球出しの人はプレーヤーの状況をよく見て、タイミングを調節しながらボールを出すようにしましょう。

ワンポイントアドバイス

- ●ネットにいる並行陣ペアを崩す練習
- ●一発で抜く感覚を鍛えましょう！
- ●抜けなかったら上手く組み立ててポイントを！
- ●交替のときはとにかく走って、いいポジションに入る！

ダッシュしてグランドスマッシュを拾え！

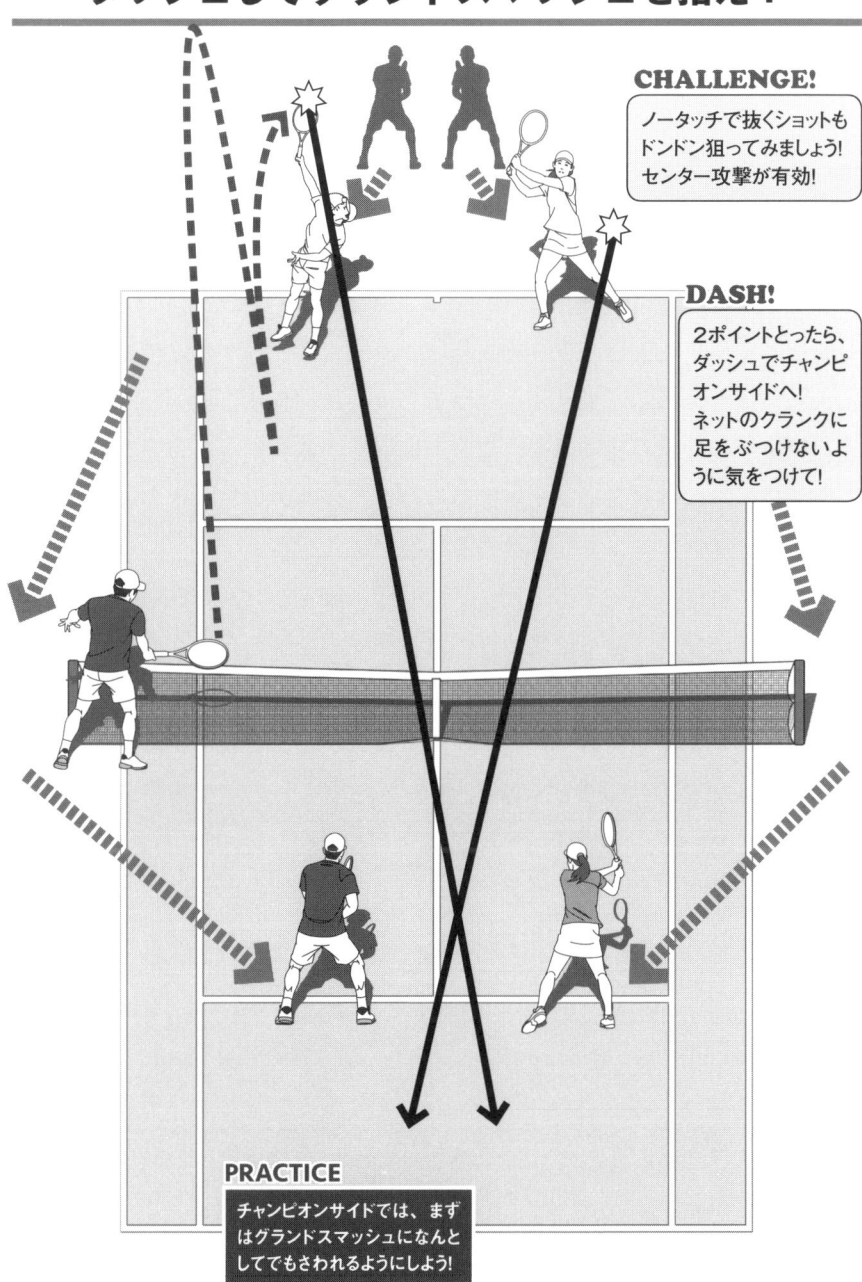

CHALLENGE!

ノータッチで抜くショットも
ドンドン狙ってみましょう！
センター攻撃が有効！

DASH!

2ポイントとったら、
ダッシュでチャンピ
オンサイドへ！
ネットのクランクに
足をぶつけないよ
うに気をつけて！

PRACTICE

チャンピオンサイドでは、まず
はグランドスマッシュになんと
してでもさわれるようにしよう！

アレーだけを使って確実なラリーができるように

　ラリーの練習では、ベースラインだけでなく、サイドラインの内側を狙って練習してみましょう。アレーを利用する場合は、**何がなんでもアレー内**に入れるようにして、少し浅くなってもよしとします。狭いゾーンを狙おうという意識を強く持つほど、**コントロールがよくなる**ものです。試合前のストローク練習はストレートで行なうことが多いので、そのときもシングルスのサイドライン上を狙う意識を持ちましょう。

　実際の試合は、ボールのスピードだけでは勝てません。速いボールを打つのが好きなプレーヤーに多く見られる傾向ですが、走らされたりして苦しいときでも、速いボールで返さなくてはいけないと思っていませんか？

　そんなときの返球こそ、**緩いボールで縦のライン上を狙いましょう。スト**レートを抜こうというときは、「あのあたりに」という曖昧な感じではなく、「このライン上に落とそう！」という意識を持って打ちましょう。

　ボレーで決めるときも、漠然と狙うのではなく、たとえばシングルスのサイドラインとサービスラインの交差しているところを狙って打つなど、目標ポイントをはっきりと決めておくとボールも狙ったところに行きやすいものです。

ワンポイントアドバイス

- サイドラインの内側を狙う！
- 落とす場所の意識を強く持って！
- 試合前のストローク練習も、シングルスのサイドライン上を狙って！

点や線を狙っていけば、コントロールは向上する！

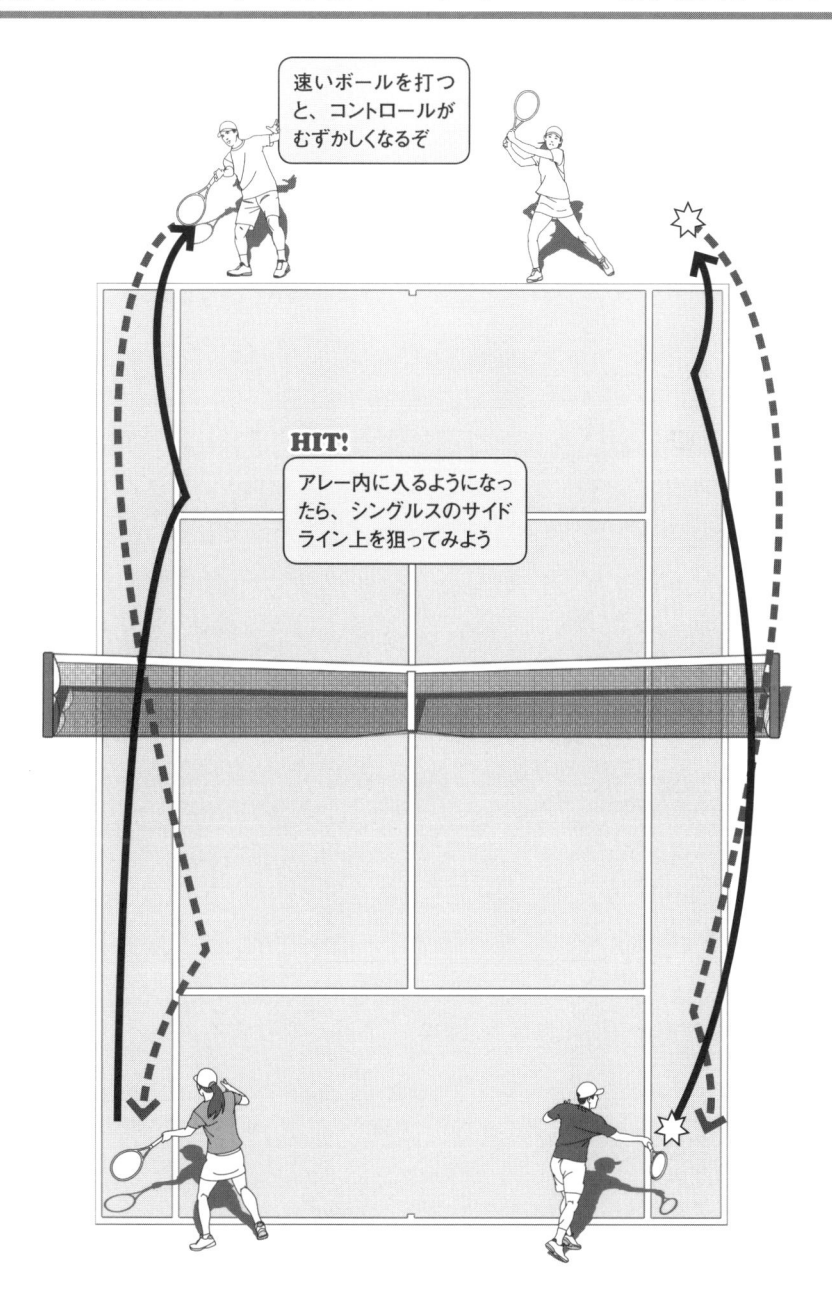

速いボールを打つと、コントロールがむずかしくなるぞ

HIT!

アレー内に入るようになったら、シングルスのサイドライン上を狙ってみよう

スプリットステップで体勢を整える

　まだサービスダッシュができなかったり、慣れていない場合は、ベースラインからスタートして前に詰めていくには距離が長いので、サービスラインとベースラインの間の位置からサーブを打っていきましょう。このボールをコーチ役の人がリターンをして、サーバーが**ファーストボレーの感覚をつかむ**ようにします。サーバーにとっては距離が短いため、ファーストボレーをするまでに余裕があり、その間にスプリットステップをして体勢を整えやすくなります。まず一歩前へ詰めて、返ってきたボールをボレー。そして次に返ってきたボールが浮いてきたら、前に詰めて決めていきましょう。

　サービスダッシュができるようになってきたら、**徐々にサーブを打つ位置を下げて**いきましょう。コーチ役のリターナーは、サーバーがスプリットステップをしているか、必ず確認するようにしましょう。またサーバーは、常にコート内での自分の立ち位置を確認しながらプレーするように。その際、ネットに向かって構えるのではなく、常に**相手コートのボールに対して正対**することを忘れずに。「自分の守備範囲がボールを囲む」ような感じでボールを待つようにすれば、ふところも深くなります。

ワンポイントアドバイス

- 最初はサービスラインとベースラインの間からスタート
- スプリットステップをしているか、コーチ役はチェック！
- 自分の立ち位置を確認しながらプレー

前からのダッシュでコツをつかもう

ちゃんとスプリットステップができてるね!

ここからならゆとりを持ってファーストボレーの準備ができる!

ロブリターンからの展開練習

リターンのコースに合わせた動きを覚えよう

サーブから始まったボールを、リターナーはスライスで深い位置にロブで返して、前に詰めていくことを約束とした練習です。

まずはストレートに返してみましょう。相手はチェンジをして、**サーバーがこのロブを追います**。サーバーが右利きならばバックハンドで打つことになるので、それほど厳しいボールは返ってこないと考えていいでしょう。センターにボールが返ってくることを予想して、リターン側の前衛は、ややセンターに寄ることを忘れずに。

次はクロスへ返してみましょう。この場合、リターナーのパートナーは、ストレートにフォアで打ち込まれることも考慮して、やや前のサイドに寄るようにしましょう。リターンのコースに合わせて、**前衛の立ち位置も変わってくる**ことを忘れないようにしてください。

相手のサーバーがレフティの場合、あるいはアドコートからのサーブでスタートする場合は、ストレートへのロブはフォアで打ち込まれる可能性があるので注意です。

その後の展開で、4人とも前に出たら、できるだけ相手の足元に沈むボールを打って、ボレー＆ボレーでつなぎながら、チャンスボールを作っていきましょう。

ワンポイントアドバイス

- ●ストレートに深くロブリターン。リターナーは前へ詰めてパートナーはややセンターに寄る
- ●クロスへリターンしたらパートナーはやや前のサイドに寄る

前衛はボーっとしていないで！

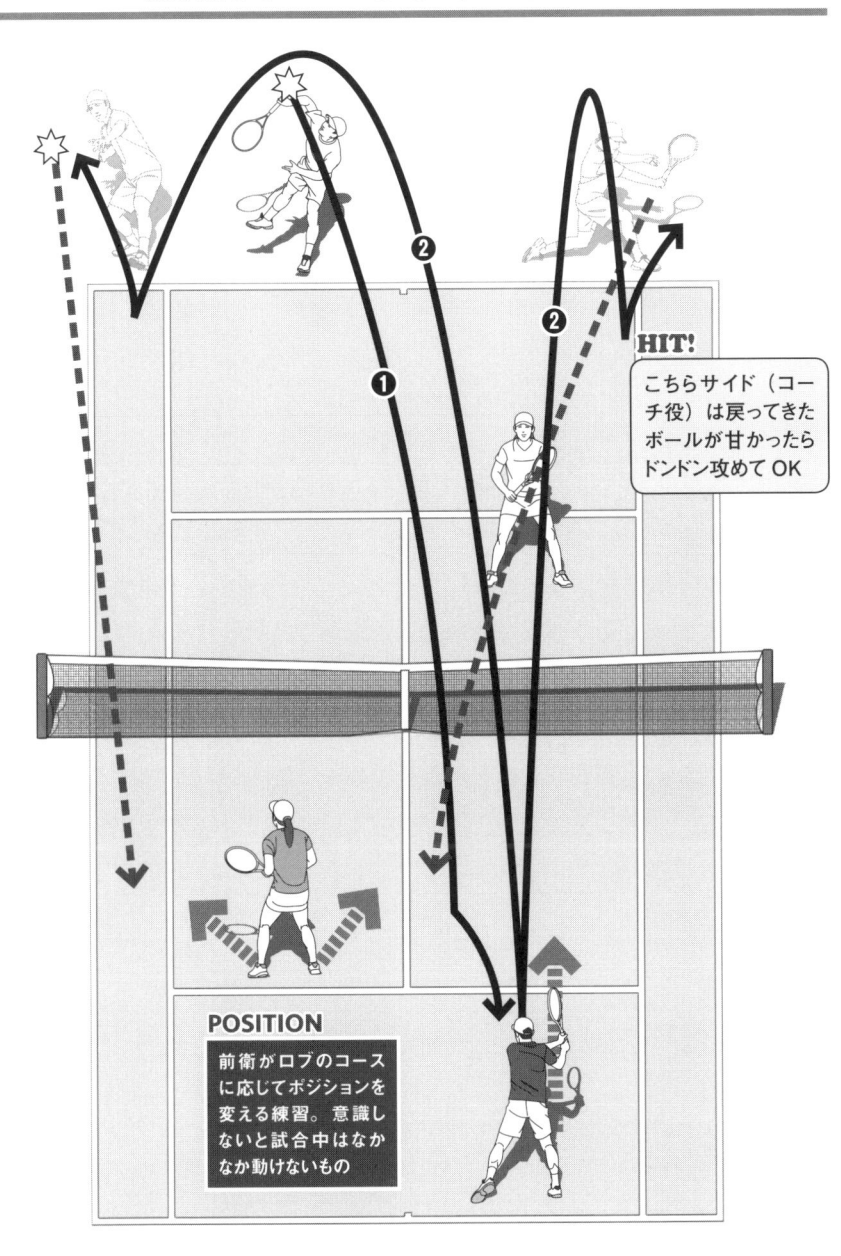

HIT!

こちらサイド（コーチ役）は戻ってきたボールが甘かったらドンドン攻めてOK

POSITION

前衛がロブのコースに応じてポジションを変える練習。意識しないと試合中はなかなか動けないもの

ボレーを４つのコースに打ち分ける

　　ファーストボレーをいろいろなコースに返して、そこからの展開を覚えるサーブ＆ボレーの練習です。スプリットステップをしてから、４つのコースへファーストボレーを打ち分けてみましょう。

　　デュースサイドからサーブし、１本目のファーストボレーを**確実に深いクロス**へ返します。そこからポイントが決まるまでの展開は自由です。ポイントが決まったら、次も同じくデュースサイドからサーブ。今度のファーストボレーは**ややアングル方向**に入れます。次のポイントは**ストレートへロブボレー**、次は**ストレートのアレーに入れる**ようなボレーを打ちましょう。この４ポイントを同じサイドで続けて行い、終わったら次の人と交代。全員が終わったら、逆のアドサイドからサーブを始めるようにしましょう。人数が多い場合は、１ポイントで交代しても OK です。

　　コート内にはサーバーを含めて４人が入り、残りの３人もボレーのコースや球種によって立ち位置を考えて、少し動くようにしましょう。ボレーヤーはとりあえずボールを返すのではなく、決めたコースに確実に返球していくように心がけます。また、どんなリターンが返ってきても、**決められた場所にボレー**で返していきましょう。目標が定めにくかったら、コート上にマークを作ってもいいですね。

ワンポイントアドバイス

- ● ４つのコースへファーストボレーを打ち分ける
- ● スピードよりもコントロールを意識して
- ● 他の３人もボレーのコースや球種によって臨機応変に動く！

どんなリターンも決めたコースに返す

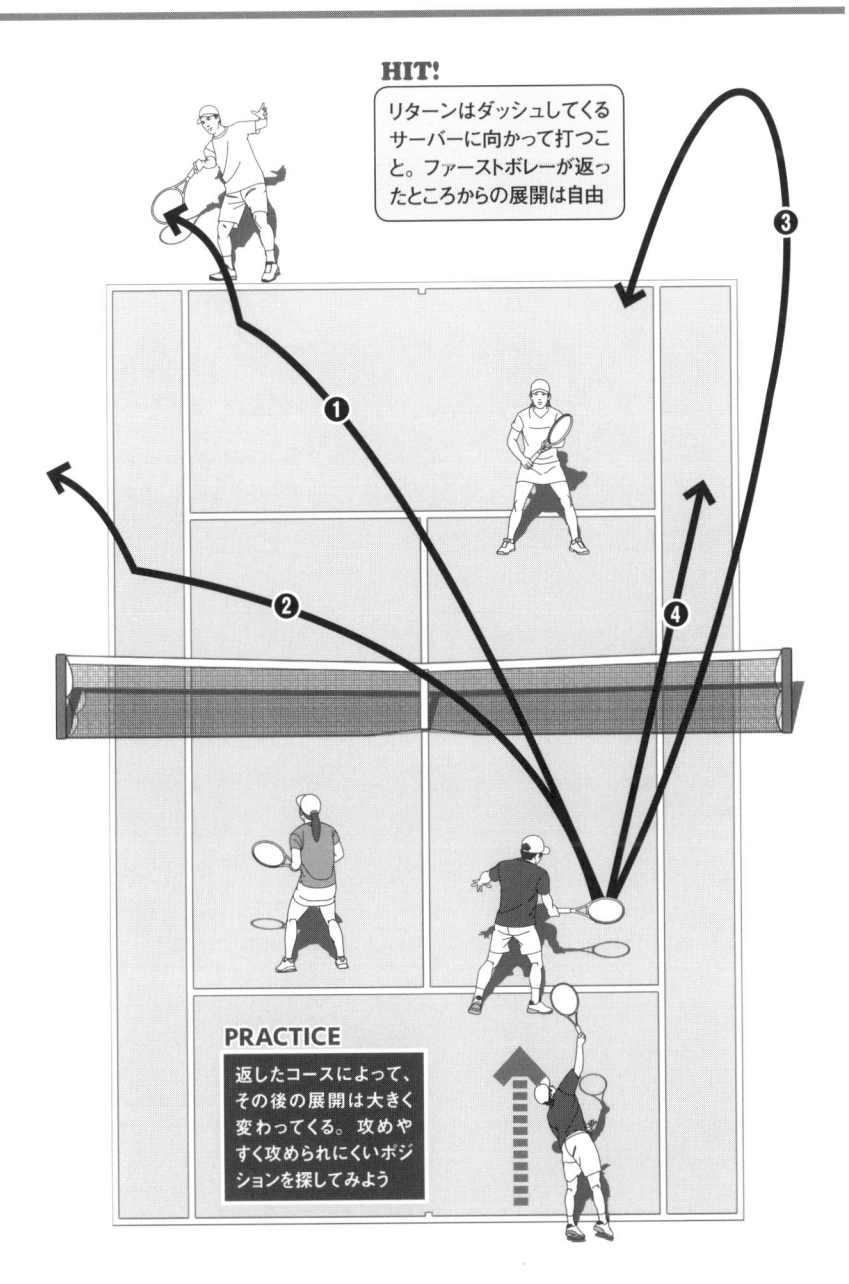

HIT!

リターンはダッシュしてくるサーバーに向かって打つこと。ファーストボレーが返ったところからの展開は自由

PRACTICE

返したコースによって、その後の展開は大きく変わってくる。攻めやすく攻められにくいポジションを探してみよう

回り込んで打つ、走り込んで打つ

どんな体勢になっても、相手コートの決めたコースへ返球し、効率よく次のボールに備えるための練習です。たとえ走らされてもフォアサイドの人はフォア、バックサイドの人はバックでしか打ってはいけないという約束で、クロスコートの中でラリー練習をしましょう。

自分が振られたときに、**どのように回りこんで打てばいいのか**、また**どのような体勢であれば返しやすいのか**、さらには**どんなボールで返せばいいのか**、ということを考える訓練になります。たとえば、ゆっくりとしたロブで返せば、滞空時間を利用して戻る時間を作ることができるし、自分の体勢も整えられます。またフォアサイドにいるときにセンター寄りにきたボールを回りこんで打つときは、緩めのボールで返すと次がラク。逆にフォアサイドに切れていくボールがきたときは、走りこんでアングルに強打するのも効果的など、それらを体で覚えていきましょう。

また、相手側は何でもありで、フォアでもバックでも返してもいいとしておくとよいでしょう。競争心を持って打ち合うようにすると、お互いにより厳しいボールを考えて打つ勉強になるはずです。

ワンポイントアドバイス

- ●フォアサイドはフォア、バックサイドはバックでしか打たない！
- ●どう回り込めばいいか、どう時間を作ればいいかなどをよく考える！
- ●考えたら体で覚える！

体勢によって打つべきショットが違うことを覚える!

PRACTICE

クロスの半面の中で、いろいろな種類のボールを出してあげよう

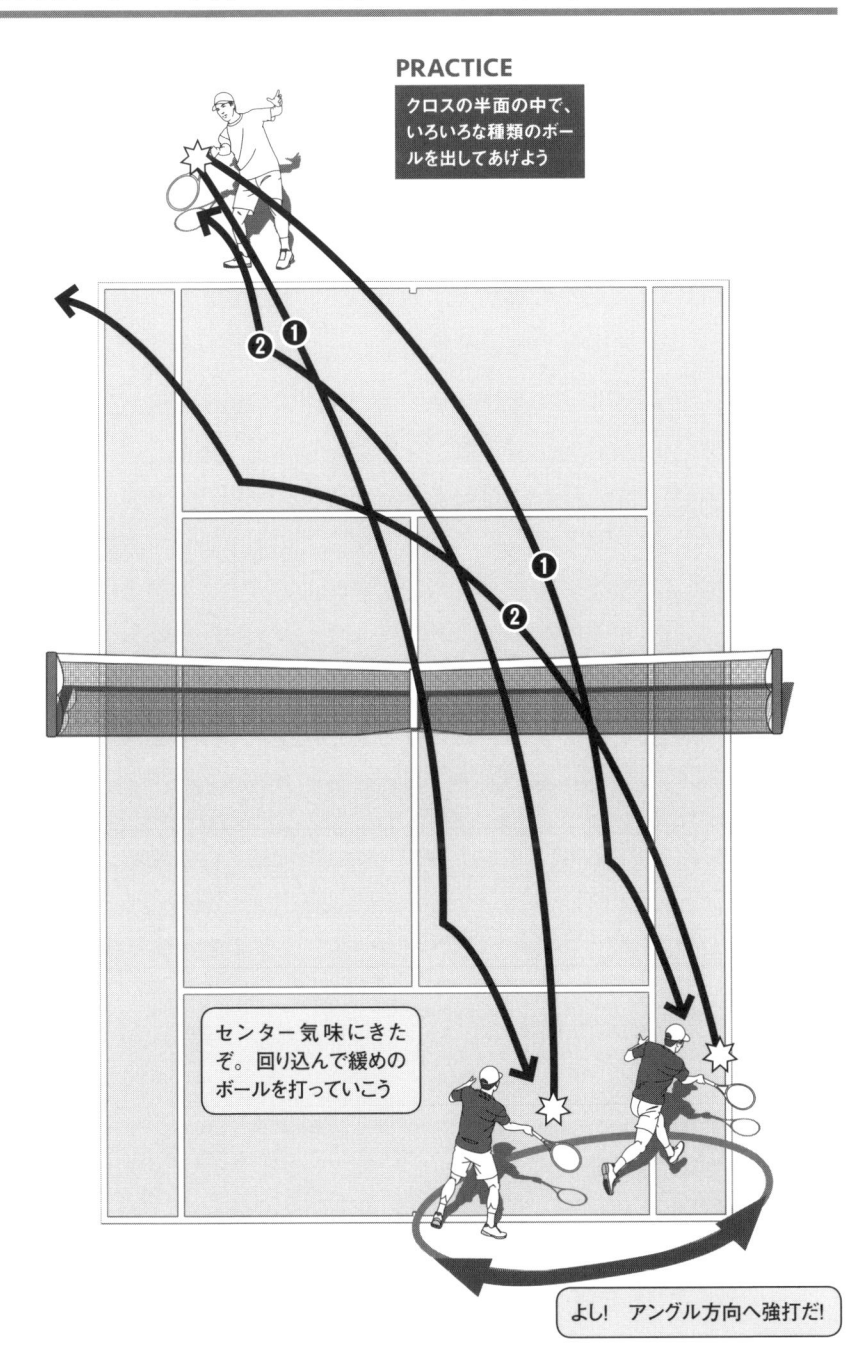

センター気味にきたぞ。回り込んで緩めのボールを打っていこう

よし! アングル方向へ強打だ!

狭い範囲を効率よく守って攻撃する

　ダブルスは４人が各々のエリアを守りつつ、そこから攻撃を加えていくゲームです。コートの半分を**より効率よく、うまく使えるように**、半面でも試合ができる感覚を身につけましょう。このゲーム形式練習では、チャンスボールがきたときには必ず決めるのをルールとします。

　ボール出しをする人は、一球目はサービスライン付近で弾むようなボールを出します。ベースラインのあたりで構えているプレーヤーは前に入ってこのボールを叩いていきます。ただし半面内に確実に入れるには角度をあまりつけられないのでストレートのコースで打つことになり、なかなか一球では決められません。そこで打ったら必ず前に詰めて、返ってきたボールをボレーで確実に決めていきましょう。**どんなボールで相手を押しこんでいけばチャンスボールがくるか、またそれをどう決めていくか、体で覚える**のです。ストロークサイドも、角度を広げないように打つ練習になります。

　これはボレー対ストロークに限定してもいいし、あまり前に詰められたらロブも OK としてもよいでしょう。ただし両サイドのコートを使う場合は、コートのセンター寄りにいったボールをとるときに、ぶつからないように気をつけましょう。

ワンポイントアドバイス

- ●一球で決まらなければ、次のボールに集中しましょう
- ●ストロークサイドは角度をつけないで打つ練習
- ●ボールを浮かさないように意識して！

角度がつけられないときの攻撃練習

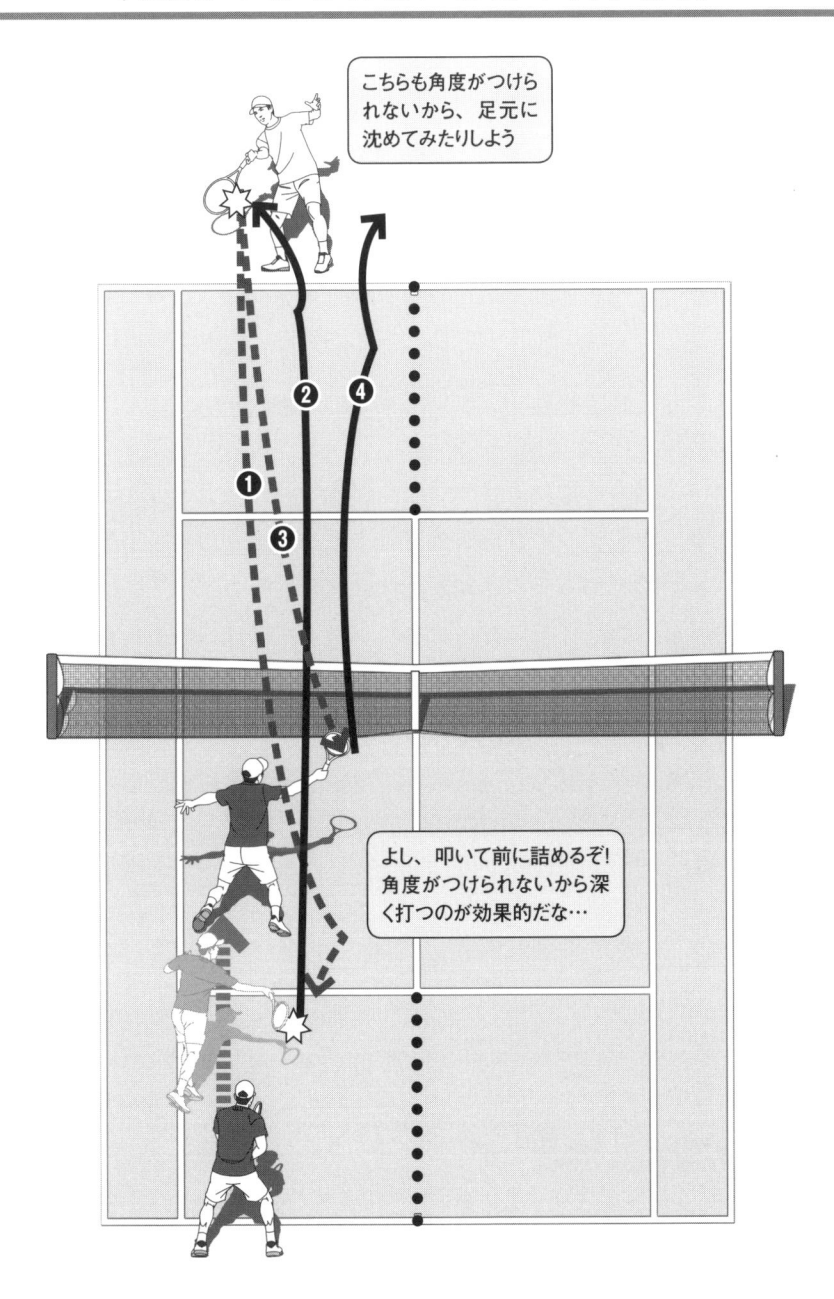

こちらも角度がつけられないから、足元に沈めてみたりしよう

よし、叩いて前に詰めるぞ！角度がつけられないから深く打つのが効果的だな…

相手のボールを浮かせるためのショットを身につける

コート内から球出しされたボールを、ひたすらクロスへ打って、相手から返ってくるボールを前にいるパートナーがポーチで決めにいきましょう。これをポーチが決まるまで続けます。

ただ相手に返球するだけのストロークでは、いつまでたってもパートナーがポーチに出ることができません。自分のパートナーが**ポーチに出やすいようなボールを相手に打たせるには、どんなボールを打っていけばいいのか**、いろいろなコースや球種を試す必要があります。

この練習を重ねていくと、深くて厳しいボールを打ち込むと相手のボールが浮いてパートナーがポーチに出やすくなるとか、低くワイドに外に逃げていくボールはチャンスボールが返ってきやすいなど、相手のミスを誘える自分の得意ショットがわかってくるはずです。またポーチを失敗してすり抜けてきたボールを、ストローカーがカバーする練習にもなります。また前にいるボレーヤーにとっては、ポーチに出るタイミングを徹底的に練習することができます。

ワンポイントアドバイス

- ●相手のミスを誘える自分の得意ショットを見つけられます！
- ●ボレーヤーはポーチに出るタイミングを覚えましょう
- ●ポーチ失敗をフォローする練習にも！

チャンスボール作りを体で覚える！

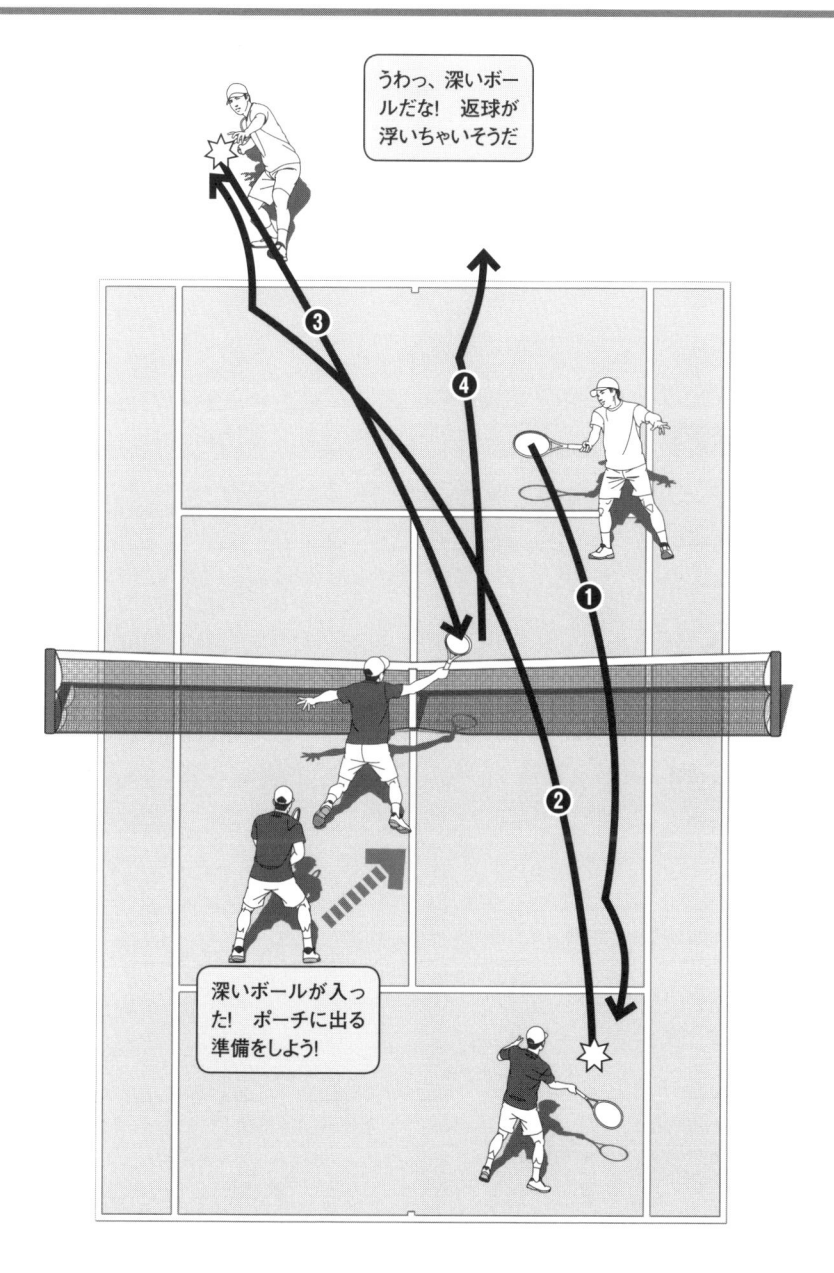

どんな体勢でもクロスに返せるようにする

　球出しされたボールに対して、ストローカーはどんなボールでも、クロスコートの深いところに返球する練習です。フォアサイドにボールがきても、センター寄りのバックサイドにボールがきても、**必ずクロスコートの深いところに返球**するようにしましょう。このときストローカーサイドには、前衛が立つようにしましょう。そしてストローカーは、この前衛に当たらないようにコントロールしなくてはいけません。

　できれば球出しのボールは、フォアサイドはやや短めに出して、**少し走らせてクロス**に返すようにしましょう。反対にバックサイドはやや深めに出して、**下がりながら打たせる**ようにしましょう。とくにこのバックサイドへ出されたボールは、ダブルスの試合中にセンターを突かれたときと同じコースになるので、そこをカバーするいいトレーニングになるはずです。球出しはテンポよく、打ったらすぐに次のボールを出していくようにしましょう。

　前衛の人は球出しのボールを横目で見て、ワイドよりに出されていたらセンターに寄り、センター付近に出されていたらサイドに寄る、といった**細かい動きをする**ようにしましょう。

ワンポイントアドバイス

- ●相手コート前衛にもプレーヤーがいると仮定して軌道を作ってみましょう
- ●ネットにいるパートナーに当たらないようなコースで
- ●返球したらすぐに元のポジションに戻りましょう

ターゲットを強く意識して！

PRACTICE

走らされても確実にクロスに返す
ことができれば、一気に形勢が
逆転するようなことは避けられる

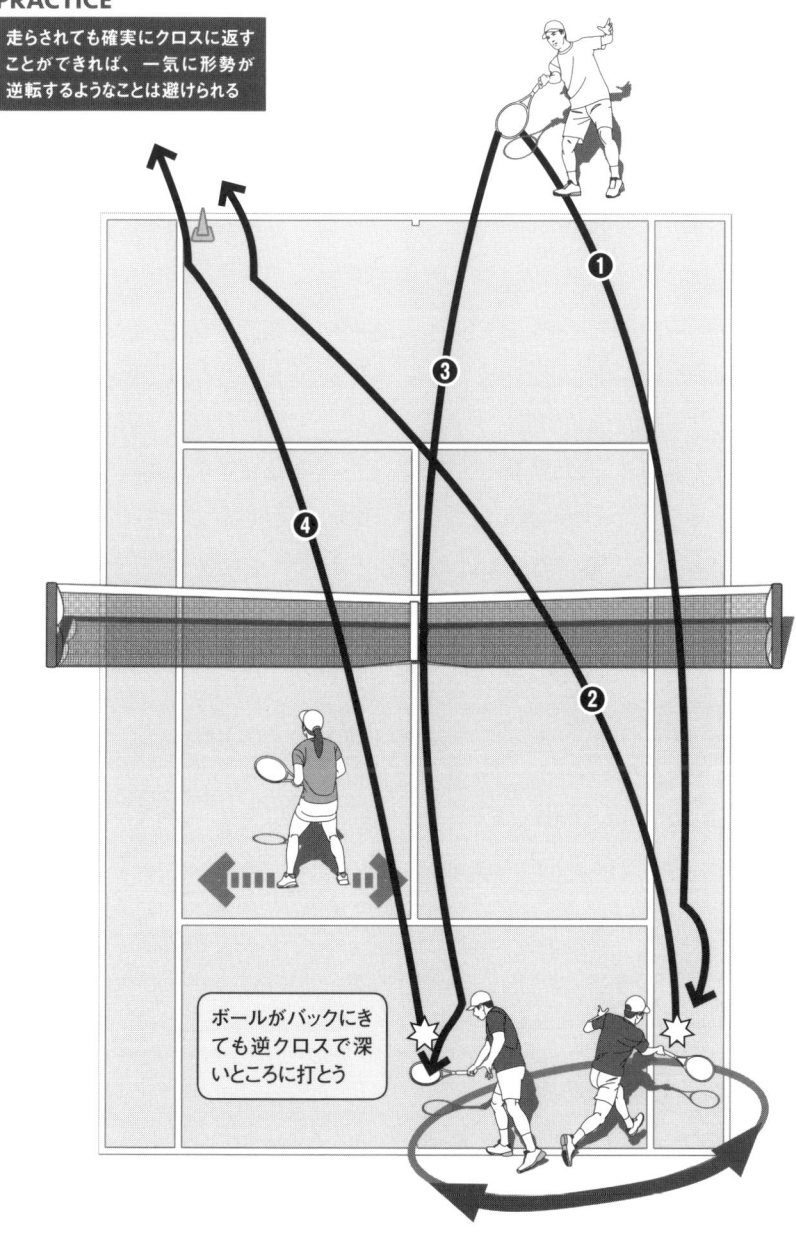

ボールがバックにき
ても逆クロスで深
いところに打とう

前へ詰めるコースと相手のクセを見極める

　出されたボールを、アプローチショットを打って前へ詰めていき、返ってきたボールをボレーしましょう。コートの反対側にはストローカーとして1人入ります。コートはシングルスコートを使います。

　アプローチショットをストレートに打ったらストレート方向に、クロスに打ったらクロス方向へ詰めていくようにしましょう。つまり、**自分の打ったボールの後を追っていけばいい**のです。そして、返ってきたボールをボレーで決めましょう。ストローカーは、打ち込まれたボールをひたすら拾いまくるのです。お互い、最初のうちは抜かれても仕方ありません。ただ、少しずつ相手のクセなどがわかってくるはずです。人によって打つタイミングが違ったり、ラケットの面などを見て飛んでくるコースがわかったりと、**お互いに駆け引きの練習にもなります**。

　バックサイドも同じように行いますが、バックハンドでアプローチショットを打ってもいいし、回り込んで打っても OK とします。実際の試合で、どんなボールに対してもすばやく反応できるように、普段からいろいろなボールで練習しておくことが大切です。またこの練習は**シングルスの練習としても役に立ちます**。

ワンポイントアドバイス

- ●アプローチショットはボールを追ってネットへ
- ●ストローカーもいろいろなアプローチショットが体験できる
- ●シングルスの練習にもなる！

アプローチからボレーのタイミングを身につける

スライスのアプローチは
クロスにしかこない…

高い打点からのアプローチ
ショットはストレートが多いな…

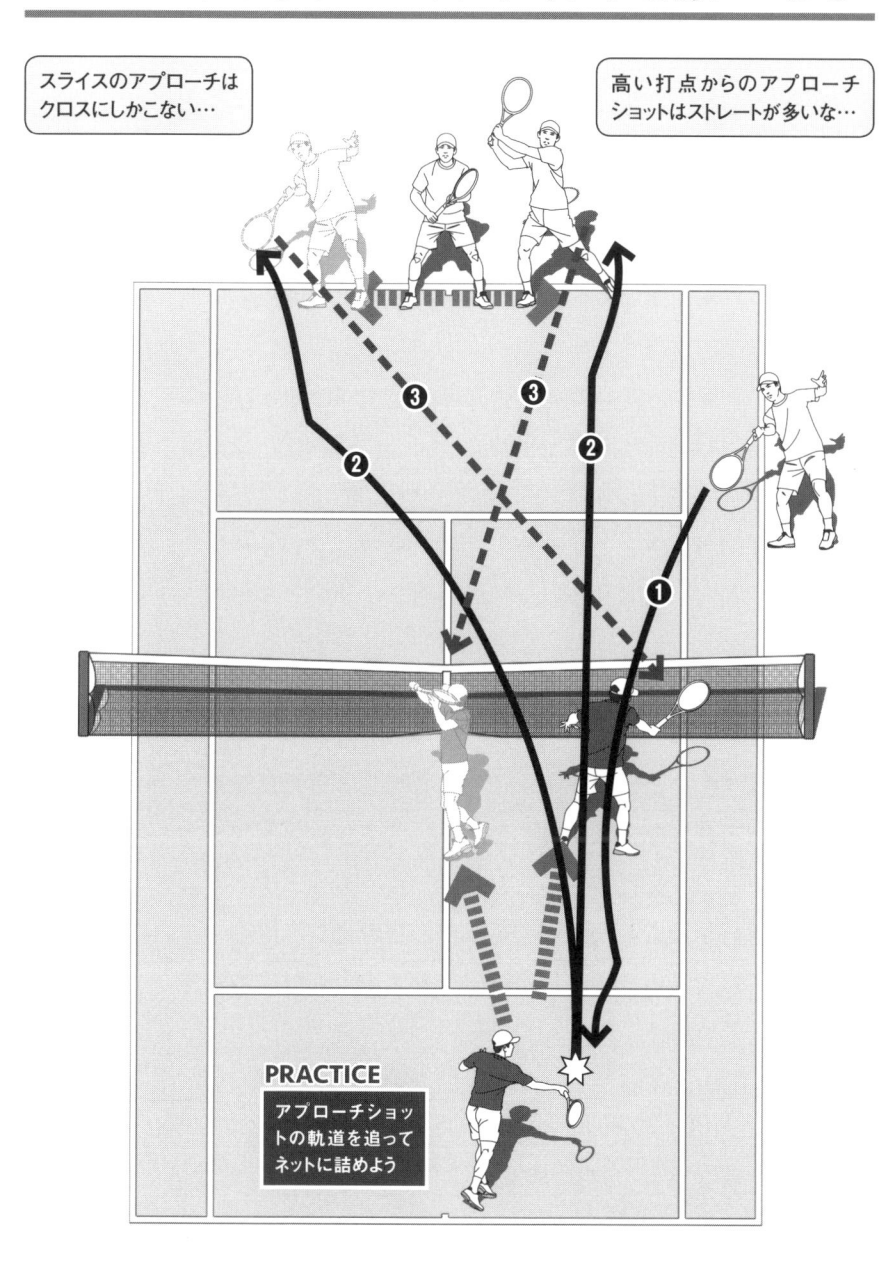

PRACTICE

アプローチショッ
トの軌道を追って
ネットに詰めよう

生きたボールをしっかりとパッシング

コートの半面を使ってのパスとボレーの練習です。ボレーで返す人は前衛の位置に、ストロークをする人は逆のコートのベースライン付近に立ちます。コーチ役の人がベースラインからストローカーに球出しをして、ボレーヤーに1回ボールを返しましょう。これは人のいるところにボールを返す練習になります。次に前衛からボレーで返ってきたボールを、ストローカーがパッシングしていきます。球出しされたボールは打ちやすいので、1回ボレーヤーから返された、生きたボールをパッシングするようにしましょう。このパッシングショットのボールは、半面の中であればボレーヤーのどこに打ってもいいことにします。

ボレーヤーが打ちやすい高さにフラットで速いボールを打てば、ボレーヤーからはさらに速いボールが返ってきます。**足元に沈めたボールを打てば浮いたボールが返ってくる**ことが多いのです。ストローカーは自分がどのようなショットを打つと、どんなボールが返ってきやすいのかを、実際に打って確認することが大切です。また反撃された場合、次のショットを落ち着いて処理するための**効率のいい動き**や、**返球のしかた**なども考えましょう。

ワンポイントアドバイス

- 打った球種、コースで返ってくるボールが違います！
- 実際のラリーの中で効率のいい動きを覚えましょう

ボレーヤーもパスを止める練習になる！

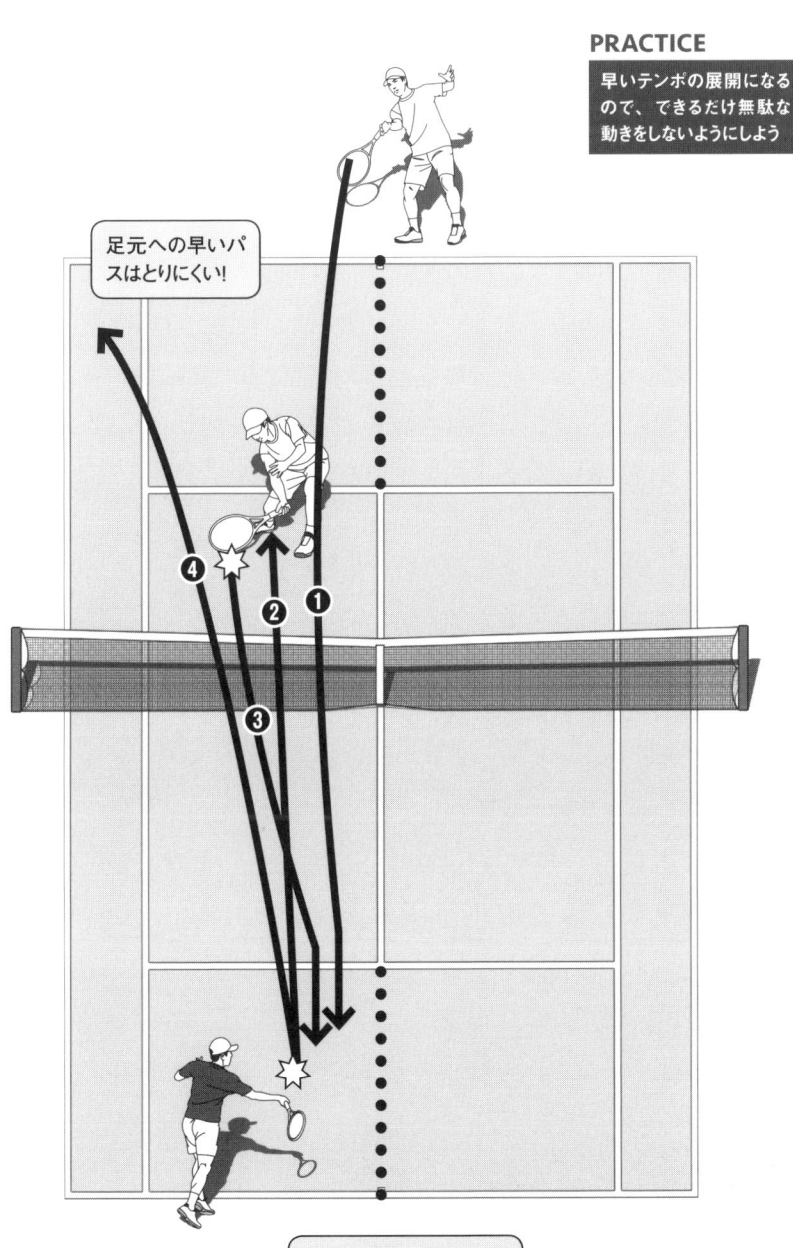

足元への早いパスはとりにくい！

ボールを沈めるとチャンスボールが返ってくるぞ！

ボールの位置に あわせて動く

　４人ともサービスラインの内側に入ります。球出しの人は、コートの奥から反対側のコートのフォアの人に、ややサイドライン側に走らせるボールを出します。この動きに合わせてパートナーも一緒にややセンターへ寄ります。このときには反対側の２人は、ボールの位置にあわせて、やや斜め前のポジションに入るようにしましょう。１本目は必ずクロスに返して、その後は自由に展開してOKです。

　このときに相手のコートのいろいろなところにボールを散らすと、パートナーもボールの行方にあわせて動くので、振り回されることになり、自分たちの陣形も崩れてしまいます。たとえば２球目のボールを無理してアングルに打つと、さらに厳しいアングルやストレートをケアしなくてはなりません。またその分、センターの守りも手薄になってしまいがちです。

　自分たちの**無駄な動きを減らして**、余裕をもったネットプレーでスムーズに攻撃をするには、相手の**１人にボールを集めて、その人を動かしてチャンスボールを作っていく**ようにしましょう。

ワンポイントアドバイス

● ボールの方向に合わせて動きましょう

● 攻めているときは、ボールを散らさないのがコツ

ボールを散らすとこちらの陣形も崩れる…

POSITION

ボールが入ったサイドへ半歩動くだけで、より効率よく守ることができる

いきなり角度をつけたボールを送ると、切り返しの厳しいボールが戻ってくるかも！

すばやい判断と動きでロブをカットしよう

　ロブへの適切な判断とすばやいチェンジは、ダブルスでは必須の技術です。ここでは攻守を逆転させずに攻め続けることができる、ハイボレーを使っての**ロブカットの練習**をしましょう。

　サーバーからのボールを、フォアサイドにいる人がクロスにリターンを返して前に詰めます。そして、サーバーはこのボールをストレートロブで返しましょう。リターナーはロブがパートナーの頭の上を越えると判断したら、瞬時に斜め後ろに下がってポジションチェンジをしましょう。この段階で、上げられたロブの性質を判断する訓練と、ポジションをすばやくチェンジする練習になります。

　そしてこのロブを下に落とさずに、バックのハイボレーで返すようにしましょう。この場合のバックのハイボレーは、ラケットを振らずに面を作ってうまく送り込めるかがポイントです。ネットミスをしないように、深くていねいに返すように！

　このプレーができると、ロブを落として処理するよりも追いかける距離を大幅に短くできるので、早くボールに追いつけるし、コートの中でボールをカットしてステイできるので、**次の攻撃に早く備えることができます。**逆サイドでフォアのハイボレーも練習しましょう。

ワンポイントアドバイス

- ●バックのハイボレーはむずかしいけど、面を作って深めに！
- ●ロブを落とさないで処理できれば、ペアの力はすごくアップ！

ボールを落とさず、攻めの体勢をキープ！

PRACTICE

こちらは前衛の頭上を確実に越すようなロブの練習にもなる

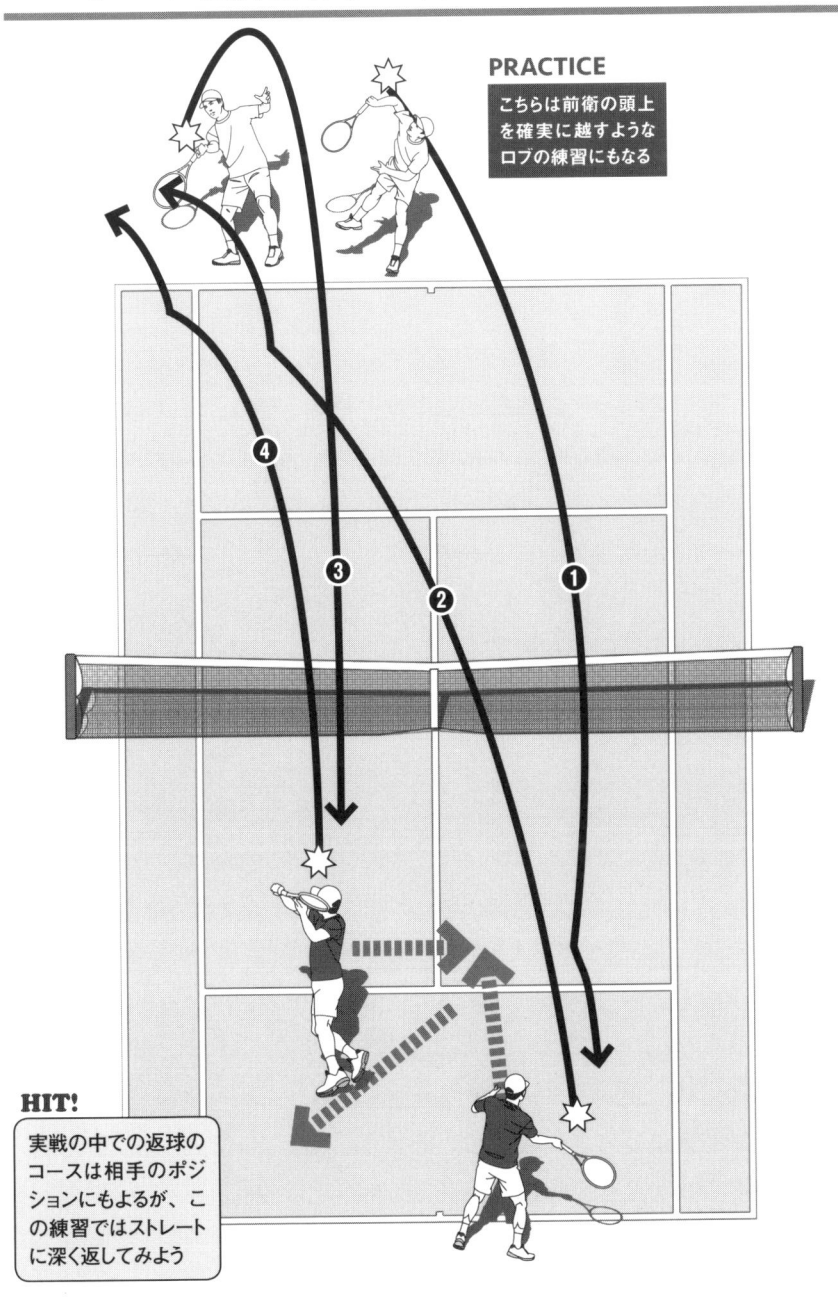

HIT!

実戦の中での返球のコースは相手のポジションにもよるが、この練習ではストレートに深く返してみよう

確実なプレーと余裕のあるしぐさで
相手を "威圧" する

　試合前の練習で相手をどのくらい「威圧」できるかは、その試合の主導権を握れるかどうかに大きく影響します。試合前練習で、思いっきり打ってミスを重ねるのではなく、緩くてもいいので確実にラリーをして、相手に「この人はミスをしない」という印象を与えてしまいましょう。試合を始める前のトス（which）でも必ず自分が仕切るようにして、最初から主導権を握ることも大事です。

　試合中、エースを決められたときも「ナイスショット！」と大きな声で褒めてあげると、相手には「この人たちには心に余裕があるな」という印象を与えることができます。チェンジコートでは、相手の目を見ながら直接「ハイ、どうぞ」とボールを手渡すなどをして、自分たちのペースに持ち込んで、優位に立てるようにしましょう。

　反対に、自分たちの欠点は決して相手にさとられないように。ミスをしたときに「またやっちゃった！」とか「今日はボレーの調子が悪いなあ」なんて声に出してはいけません。また、試合中に自分たちがされて困ったプレーは、実は相手も苦手なことがよくあるもの。そこで次は同じプレーを自分たちが相手に仕掛けてみてください。

　負けている試合はお互いに余裕がなくなって無口になりがちですが、こういうときこそ話し合うことが大切です。次のサーブやリターンに入る前は、毎回お互いに歩み寄って、自分たちのプレーの確認や次の作戦を話し合うなど、会話を増やすようにしましょう。話す内容がなかったとしても、ふりをするだけでも OK。相手にその姿を見せて、次に何を仕掛けてくるのかと警戒させることはとても大事なことです。

セルフジャッジは相手に有利な判定が原則

　セルフジャッジは、微妙な場所や自分がわからなかった場合には、相手に有利なコールをするのが基本です。自分のコート内でのジャッジは、ボールに近い人がコールをするのはもちろんですが、微妙な判定で自分のペアがアウトと言ったら、そのコールに従うようにしましょう。また相手コートのジャッジに間違いが多い場合は、ジャッジは変わらなくとも、抗議をする姿勢が大切です。あまりにひどいときは、大会本部からレフェリーに来てもらいましょう。ただし、抗議することで、自分たちのリズムを崩さないように。

　やってはいけないのは、ボールが浮いている状態でのコールです。微妙な場合はウォッチコールをして、ボールが落ちてからコールする習慣をつけましょう。間違ったコールをしてしまった場合は、やり直すのではなく、相手にそのポイントをあげるのがルールです。

　相手のフットフォルトは、わかった時点で伝えたほうがいいでしょう。どうしてもゲーム中に伝えられなかった場合は、チェンジコートの際に伝えるようにするといいですね。

　サーブのテンポが早く、こちらが準備していないのに打ち込んでくるようなプレーヤーに対しては、抗議をしても直らない場合は、靴紐を結び直すなどをして、テンポを止めるように。いずれにしても、気になっていることがあったら、試合が終わる前にひとつずつ解決していくようにしましょう。

試合に勝つための7つの力

試合で勝つために必要な要素は7つあると思います。

① 同じコースに何本も続けて打つことが
　できる忍耐力

② 勝つ喜び、負ける悔しさを知っている
　闘争心

③ 練習と同じようにプレーし、まわりの
　状況を把握できる冷静さ

④ 得意とするボールは絶対に決められる
　自信

⑤ 一つのボールから何種類もの返球が想
　像できる予測力

⑥ 相手の弱点やポイントの決まり方を覚
　えておける記憶力

⑦ 1ゲーム、1本のショットにすべてを集
　中できる集中力

1セットマッチのような短期決戦では、これらの要素すべてを高い水準で発揮できるように、普段からトレーニングしておきましょう。

あとがき

みなさん、テニスを楽しんでプレーされていますか？

アマチュアのダブルスは、セオリーや戦術をしっかり理解して身につけておけば、突出した運動神経がなくても勝つことができます。
オープンスペースを作るためにアングルショットから組み立てるとか、回転系のサーブからポーチに出やすいリターンをさせるとか、チェスや詰将棋のような「頭脳合戦」のような側面があるスポーツなんです。

ですので、年齢を重ねてもゲームを楽しむことができます。強烈なショットを打つ若手ペアに、老獪な戦術を持つベテランペアが勝つなんてシーンもよく見かけます。

テニスコートで、「前作を今でも読んでいます！とても分かりやすく、役に立っています」と声をかけていただくことがあります。
本書は以前出版した『試合に勝つテニスダブルス 55 の鉄則』と『試合に勝つテニスダブルス超実戦テクニック』の 2 冊を改めて見直して、現代のダブルスのシーンに合うように再編集しました。また今回も出版のきっかけを与えて頂いた実業之日本社の芦沢泰仁さんに感謝いたします。

ぜひ、試合の前に読んでいただき、パートナーとの息を合わせて「上手くて強い」ペアを目指してください！

杉山貴子

STAFF
カバー・本文イラスト　庄司 猛
カバーデザイン　　　　柿沼みさと
本文デザイン・DTP　上筋英彌・木寅美香（アップライン株式会社）

※本書は『試合に勝つテニス ダブルス55の鉄則』、『試合に勝つテニス ダブルス超実戦テクニック』（ともに
　2003年、小社刊）を加筆・修正して再編集したものです。

パーフェクトレッスンブック

テニス ダブルス全戦略ガイド

著者　　杉山貴子
発行者　岩野裕一
発行所　株式会社実業之日本社
　　　　〒153-0044　東京都目黒区大橋1-5-1　クロスエアタワー8階
　　　　[編集部] 03-6809-0452　　　[販売部] 03-6809-0495
　　　　実業之日本社ホームページ　http://www.j-n.co.jp/

印刷・製本　大日本印刷株式会社